우리 문화 예술 속에 담긴

치유의 빛

이 저서는 2020년 대한민국 교육부와 한국연구재단의
인문사회분야 신진연구자지원사업의 지원을 받아 수행된 연구임(NRF-2020S1A5A8043358)

우리 문화 예술 속에 담긴

치유의 빛

박정혜 지음

odos

"우리 문화를 어떻게 생각합니까?"

이 질문에 정해진 답은 없다. 생각은 자유이므로 다양한 답이 나올 수 있다. 대학에서 학생들한테 물어보니 이런 반응들이 나왔다.

"별생각 없는데요."

"잘 모르겠어요."

"우리 문화는 좀 뒤처져 있잖아요. 서양에 비해서요."

"글쎄요, 생각해본 적이 없어서요."

어느 학생은 심오한 표정으로 이렇게 말했다.

"우리 문화는 표현을 잘 하지 않아요. 속말을 삼키고 잘 드러내지 않습니다. 한이 많아요."

생각이 자유라는 말을 번복할 생각은 없다. 하지만 갑자기 속에서 뭔가 뒤틀린 기운이 울컥 올라왔다. 단 한 사람이라도 우리 문화에 대해 긍정의 말을 해주면 좋으련만. 마치 오랫동안 햇빛을 보지 못한 지하 세계인한테 물어본 격이 되고 말았다. 이러한 세태를 어떻게 하면 좋을까. 우리는 흔히 가장 가까운 사이에 관해 잘 생각해보지 않는 경향이 있다. 부모님을, 아내를, 남편을, 자식을 어떻게 생각하느냐는 질문을 좀처럼 하지 않는다. 그러다가 드물게 누군가 물어보면 그제야 잠시 생각해보면서 일단 눈치를 살핀다. 속내를 말해도 되는 분위기인가, 혹은 예의상 그저 좋다고만 말해야 할까. 그런 다음 상황 파악이 되면 입을 연다. 긍정적인 말 혹은 부정적인 말이 진솔하게 나올 수도 있지만, 여의치 않으면 이렇게 마무리한다. 부모님요? 당연히 존경해야지요.

친밀한 관계인 가족에 대해서 '어떻게 생각하는가'라는 질문을 잘 하지 않는 것은 그 관계의 바탕에 '사랑'이 있기 때문이다. 사랑 안에서 숨 쉬고, 부딪히고, 먹고 자는 것이다. 그렇지만 '사랑'은 바탕이 되는 것이지 당연한 것은 아니다. 모든 것을 '당연'하게 여길 때, '사랑'은 깊숙이 아래로 가라앉는다.

사랑의 기운을 풍성하게 느끼려면 당연한 것에 대해 '감사'해야 한다. 그럴 때 '사랑'은 실체를 보인다.

조금 더 범위를 넓혀서 내가 소속되어 활동하는 곳, 이를테면 직장에 대한 생각을 묻는다면? 아마 가족에 대해 말할 때보다는 조금 더 객관적으로 얘기할 수도 있겠지만, 갈등이 많을수록 긍정보다는 부정의 답이 많을 것이다. 주저리 나오는 한탄을 다 듣고 있자면 밑도 끝도 없다. 참으로 신비스러울 지경이다. 도대체 이렇게 많은 미움과 고민을 간직하면서 어떻게 그 직장을 견뎌내고 있을까.

더 범위를 넓혀서 내가 속한 '문화'는 어떤가. 이 질문은 앞의 질문보다 확장된 개념인 듯 보이나 그렇지 않다. 문화는 가장 내밀하다. 개인이나 사회에 속속들이 스며들어 있다. '문화'는 의식주, 언어, 풍습, 종교, 학문, 예술, 제도 따위를 아우른다. 문화는 민족의 정신을 말한다. 삶 속에서 하나가 되어 살아가는 것이다. 그것도 고대로부터 내려온 전통, 관습, 믿음, 신념들이어서 '문화' 속에 머물러서 우리의 삶, 그 자체가 된 것이다. 우리 문화에 대한 질문은 곧 '나'에 대한 질문과 같다. 동해를 헤엄치며 살아가는 물고기한테 동해에 관해 물어보는 것이기 때문이다. 부정의 답은 곧 나에 대한 부정이다. 그것의 귀결은 결국 아픈 것이다.

팔짱을 낀 채 쏘아보며 이렇게 묻는 장면이 불현듯 떠오른다.

"뭔가 긍정적인 게 있어야 긍정적인 말을 하죠!"

이 말을 십분 이해한다. 긍정하고 사랑할 무엇이 보여야 사랑한다는 말이 나오는 것이다. 자랑할 것이 눈에 띄어야 자랑할 것이다. 우리는 스스로가 지극히 합리적이고 논리적이며 예리한 판단력을 가진 존재인 것처럼 착각한다. 이성과 합리성을 동원해서 의지로 노력할 수는 있지만, 동시에 무수히 많은 감정과 마음이 개입한다. 그것이 인간이다. 또한, 이것은 약점이 아니다. 그러한 특징을 충분히 활용하면 놀랄 만한 효과를 거둘 수 있다. 유명해서 오히려 진부한 말을 인용해본다.

'웃으면 복이 온다.'

칭찬하면 칭찬한 일이 생기고, 사랑하면 사랑하게 된다. 긍정할 마음을 내면 긍정하게 된다. 기적이 아닌가? 우리는 기적을 창출해내는 놀라운 힘을 가지고 있다.

다시 우리 문화에 대한 물음으로 돌아가보자.

우리 문화에 대한 이성적이고 합리적인 추론에 의해서가 아니라 대부분은 무심하거나 못마땅한 느낌을 담아 답을 한다. 이 질문은 나 자신에 대한 생각과도 같다. 살짝 질문을 바꿔보자.

"나는 나를 어떻게 생각하나요?"

글쎄요. 혹은 뭐, 이런 질문이 다 있냐는 식의 뜨악한 표정으로 바라볼지도 모른다. 그러다가 곰곰이 생각해보며 간신히 하나의 답변을 낼 수도 있을 것이다. 부정이 틀렸고 긍정이 답이라는 말이 아니다. 누군가는 이런 무례한 질문에 답할 필요가 없다는 듯 빤히 쳐다보며 이렇게 반문할지도 모른다.

"굳이 살아야 할 이유가 있어야 사나요?"

이런 선문답 같은 질문을 반복하고자 하는 것은 물론 아니다. 산이 거기 있어서 오를 뿐이고, 삶이 주어졌으니 살 뿐이다. 태어나자마자 문화가 주어졌기에 그 문화에 속해 살아갈 뿐이다. 좋고 싫고가 없다. 맞는가? 고개를 끄덕인다면, 당황스럽다. 분명, '어떻게 생각하는지'에 대해 물었지 좋은지 싫은지 묻지 않았다. 그렇지만 대부분 긍정의 감정을 가지고 깊은 사유의 향기가 보이는 답을 하지 않는다. 그동안 생각해보지 않았기 때문이다. 뭐, 당연할 걸 생각하고 그래? 이렇게 반문할지도 모른다. 앞에서 잠시 언급한 말을 조금이라도 염두에 두어주길 바란다. 당연하게 여기게 되면 당연하지 않은 일들이 일어나게 된다. 오래 머물고 자연스럽게 흡수되어 살아가는 것일수록 당연해질 수 있다. 그 속에서 '당연'이 아니라 '감사'를 하면 '성숙'이 일어날 수 있다. 이제 차분하면서도 진지하게 다시 묻고 싶다.

우리 문화를 어떻게 생각하십니까?

이제 진지해졌으니 말인데, 솔직하게 생각해보지 못했다면 지금부터라도 사유의 자락을 잡아야겠다고 마음을 낼 필요가 있다. 이 정도만 떠올려도 참으로 감사한 일이다. 부정으로 낙인을 찍는다면, 생각과 마음에 품을 수도 없기 때문이다. 문화 속에는 '나'도 '당신'도, 이 '사회'도 존재한다. 그리고 이 시대의 패러다임^{paradigm}도 있다.

이 시대의 패러다임은 한마디로 규정짓기가 쉽지 않다. 새로운 밀레니엄이 시작된 지 이제 겨우 20년이 흘렀을 뿐이다. 긴 시간이라고 말하겠지만, 100년을 기준으로 보면 아직 초반이다. 하지만 열려 있는 시각에서 보자면 이렇게 말할 수 있을 것이다. 21세기의 패러다임은 '통합'이다. 그러니까 이를 현시대를 이끌고 가는 대세라고 여겨보자면, 누군가는 목소리를 키우면서 말할지도 모른다.

"지금 통합 시대에 맞게 살아야지. 요즘 세상에 고유문화라는 것이 어디 있어? 문화도 통합이 돼야 하는 거야!"

이처럼 위험천만한 말이 또 있을까. 글로벌한 시대에 '고유문화'는 점점 사라져가고 있는 것이 현실이다. 사라져가는 것은 보호받고 육성되어야지 그러니까 없애야 한다는 것은 맞지 않다. 고유한 특성을 가진 문화를 일부러 없앨 수도 없지만, 진정한 통합이란 각각의 고유성이 살아 있을 때 이뤄진다. 그것은 제자리에서 충실하게 역할을 다할 때 함께 어우러져 하나가 되는 원리와도 같다. 우리 문화를 제대로 경험해보지 않아서 모르거나 접해볼 기회가 없어 어렵게 느낄 수도 있다. 하지만 생각해보라. 우리가 살아가고 있는 이 땅은 바로 우리 선조들의 오랜 터전이었다. 우리에게는 선조들이 심어놓은 문화의 혈통이 면면히 흐르고 있다. 우리말, 우리글을 쓰고 있다면 인식하건 하지 못하건 간에 우리 문화 속에서 살아가고 있는 것이다. 다만, 전통문화를 직접 경험해보지 않아서 어색하게 느껴질 수도 있고 서투를 수도 있다. 그럴수록 더 다가가고 친해져야 한다. 잘 모른다고 차단해버리지 않고 존경과 다정함을 가지고 다가가는 용기를 낸다면, 우리 문화는 자연스럽고 정결한 물살이 되어 우리를 시원하고 충만하게 해줄 것이다.

흔히 패러다임은 이전 시대의 가치관을 전복시키는 특성을 가지고 있다. 한 시대의 견해와 사고를 규정짓는 인식의 틀을 일컫는 '패러다임'을 잠시 들여다보자. 말장난일 거라고 여길지 모르겠지만, 패러다임은 패러독스^{paradox}라는 알을 안고 있다가 깨어나게 한다. 패러독스는 진리를 향해 뻗은 모순의 날이라는 성질을 가지고 있다. 언뜻 보면 앞뒤가 맞지 않는 모순인 듯 보이지만, 패러독스는 '진리'를 향하고 있다는 점에서 사유의 폭을 넓게 한다. 예를 들자면, 이런 것이다. 바그너의 오페라 〈파르지팔Parsifal〉에는 다음과 같은 대사가 나온다. "네가 이 창으로 준 상처는 이 창으로 낫게 될 것이며 너의 이 거짓스러운 호화는 통곡이 울리는 폐허가 되리라!" 나를 찌른 창이 나를 구한다. 단, 심리적 트라우마에 빠져서 창을 보는 것만으로도 피하고 겁에 질려 도망치고 마는 상황을 멈출 수 있다면 말이다. 이것은 내면의 힘이 제대로 갖춰져야 가능한 일이다. 심하게 다친 상태라면, 당장은 기대하기 어렵다. '창'이라는 말만 들어도 고개를 내저을 것이다. 분명 극복이 일어나야 자신을 스스로 구할 수 있다. 이것이 바로 극복의 절댓값이다. 이를 애초에 다루었던 주제로 가져와보자.

'나'라는 존재가 '나'를 구한다.

이를 문화에 그대로 적용해 말해보자. 우리는 우리 문화를 사랑하지 않는다. 그래서 많이 아프다. 결국 우리 문화를 사랑하는 것만이 치유에 이르는 길이다. 눈에는 눈, 이에는 이라는 말이 복수할 때만 통용되는 것은 아니다. 이제 회복과 치유로 이르는 길에 이 논리를 활용해보자. 함부로 대하고 비하하던 문화를 존중하고 귀하게 여기면서 치유에 이를 수 있다. 새로운 시대, 새로운 패러다임의 과제는 한마디로 분열과 병리를 뛰어넘어 '통합'과 '치유'로 향하는 것을 일컫는다.

PART 1 / 문화 예술 치유 - 이론편

PART 2 문화 예술 치유 – 실전편

PART 1

문화 예술 치유
- 이론편 -

01 문화 예술을 통해 치유로 다가가기
- 치유의 이해와 접근

이 시대는 통합적 측면에서 우리 문화로 치유를 일으키는 것이 절실한 시대다.

이제 하고 싶은 말의 골자가 드러났으니 한숨 돌려본다. 그렇다. 바로 이 말이다. 우리는 모순과 부정을 거듭하면서 살고 있지만 매 순간 인간의 정신은 자유를 향하고 있다. 부정변증법을 주창한 철학자 아도르노Adorno는 "인간이 자신을 해방하고자 하는 한에서 자유에 대한 경험은 분명한 현실이다. 이러한 자유는 부자유와 얽혀 있어서 주체는 때로 자신을 자유로운 것으로 경험하기도 하고 때로는 자신을 부자유로운 것으로 경험하기도 한다."라고 했다. '해방'에 대한 부단한 움직임이 결국 우리를 자유롭게 한다는 것이다. 움직임이 멈출 때, 자유에 대한 갈망마저 잃게 된다. 그것은 시시포스 Sisyphus가 마침내 바위를 밀어 올리기를 멈추고 그만 바위에 깔려 사망하는 격이다. 이런 끊임없는 반복은 힘들기 마련이다. 그렇지만 이러한 '자유'와 '해방'은 시시포스의 바위가 점점 줄어들고 있다는 사실을 알아차리는 것이다. 생각해보라, 그 바위는 오랜 세월 구르고 또 구르면서 점점 닳고 있다. 얼마나 경이로운 사실인가. 자유를 향한 멈추지 않는 날갯짓을 하면 할수록 순간순간, 그 모든 과정에서 자유가 성취된다. 물론, 퍼덕거리는 날갯짓이 고달프고 힘겨워서 멈추고 싶은 욕망이 일어나기도 한다. 때로는 무의미하게도 느껴지며 여전히 부자유스러운 현실을 체험하기도 할 것이다. 그렇지만 많이 행할수록 하늘을 나는 법을 익히게 되는 것은 자명한 사실이다. 그런 의미에서 보자면 이제 우리는 우리가 속한 문화를 치유로 가져와야 한다. 치유의 에너지는 '사랑'으로 인해 일어나며 그것이 바로 '나'를 사랑하는 것이다. 진정한 사랑이 바로 '치유'이기 때문이다.

한마디로 말하자면, 이 시대는 '사랑'이 필요하다. 총체적인 병폐가 진행되고 있기 때문이다. 이런 병리적 현상은 인간이 점점 기계화되어가는 데서 비롯된다. 또한, '기계화'되어가고 있다는 것은 인간끼리 소통하는 시간보다 기계와 소통하는 시간이 많기 때문이다. 인간을 인간으로 대하는 것이 아니라 기계의 부품을 교체하듯이 피상적으로, 이용에 목적을 두고 대한다. 무수한 기계 중에서 성능 좋은 기계를 선택하듯이 특정한 목적에 부합하는 인간만을 취하고 나머지는 탈락시킨다. 우주의 한 존재이며, 그 자체로 소우주이기도 한 인간이 기계화된다는 것은 본성을 거스르는 일이기 때문에 아플 수밖에 없다. 문명의 이기를 누릴수록 인간은 아프다. 언젠가는 이 아픔마저 느끼지 못하도록 고통을 마비시키는 기계가 나올지도 모른다. 눈에 보이는 성장만 목표로 할 때 분명히 잘못되고 있다는 것을 처절하게 체험하게 된다. 인간이 인간으로서 인간답게 인간이 가진 책임을 다하게 될 때 건강할 것이다. 그것을 응축해서 말하자면, '사랑'이다.

지금의 시대적 흐름은 병리적 현상을 더욱 심화시키는 상황으로 가고 있다. 이 세상은 이미 4차 산업혁명으로 진입했으며, 이는 인공지능으로 자동화와 연결성이 극대화되어 정보통신 기술의 융합으로 이뤄지는 차세대 산업혁명의 시대이다. 기계는 생활화되고 보편화되어가고 있으며, 일상생활 속에 깊이 침투되어 인간은 기계 없이는 살 수 없는 시대로 들어서게 된 것이다. 기계와 친밀해질수록 인간은 아프기 마련이다. 자연 속의 한 존재인 인간이 자연답지 못할 때 오는 당연한 결과이다. 그러니 이 당연한 것을 '당연하지 않게' 바꾸기 위해 '치유'가 필요하다. 이대로 두면 인간은 점점 기계를 닮아갈 것이다. 인간이 기계화된다는 것에는 여러 측면의 의미가 있겠지만, 핵심은 이것이다. 진정한 사랑의 의미를 깨닫고 배우고 나누는 것의 상실이다. 즉, 사랑을 잃어가고 마비가 되는 것이다.

이 시대의 화두는 단연코 '치유'이고, 속성은 '변화'이고, 핵심은 '사랑'이다. '치유'는 변화를 수반하고, 치유는 사랑으로 인해 일어나기 때문에 이 시대를 한마디로 요약하자면, '치유의 시대'이다. 이 말은 지금은 무엇보다 병리적 현상이 만연하므로 치유를 다양한 각도에서 총체적으로 접근해야 한다는 사실을 포함하고 있다. 즉, 사회, 경제, 문화, 예술, 정치, 환경에서 '치유'에 초점을 맞춰야 한다. 그것도 체계적으로 각 방면에서 함께 '치유'가 일어나야 한다. 그것이 바로 우주적 책임을 올바르게 발휘하는 것이다. 우주적 책임이란, 우주적 조화로 생명을 부여받고 태어난 인간이 우주의 기운을 삶에 담아서 주어진 소명을 다하며 적극적으로 살아나가는 것을 뜻한다. 반면, 타인과 세상을 탓하는 것은 영원히 제자리걸음을 하는 것이다. 그런 의미에서 개인, 나아가 개인이 소속된 사회, 문화는 변화를 위한 진원지가 된다. 바꿔서 말하자면, 병폐적 흐름이 일어나는 것 또한 개인, 개인이 속한 사회나 문화에서 비롯된다. 이런 부정적 흐름을 긍정적 흐름으로 전환할 수 있다면 긍정적 변화 즉, 치유가 일어날 것이다. 치유는 개인의 변화부터 개인이 속한 사회와 문화의 변화로 이어져야 한다. 우리는 삶 속에서 올바른 변화의 힘을 느끼고 누릴 수 있다. 그렇게 할 때 사회 전반적인 흐름이 부정에서 긍정으로 자리 잡혀갈 것이다.

그렇다면, 개인은 어떤 변화를 추구할 수 있을까. 개인이 속한 사회와 문화는 또 어떻게 할 수 있겠는가. 여기에는 근원적인 이해와 방법론적인 접근이 체계적으로 이뤄질 필요가 있다. 먼저 근원적인 이해를 위해 '항상성'의 개념을 살펴보자.

항상성은 변하지 않는 성질로서, 생체가 여러 가지 환경 변화에 대응하여 내부 상태를 일정하게 유지하는 현상이나 그 상태를 말한다. 항상성은 신체 내부의 기관과 자율신경에만 제한되어 있지 않다. 마음과 정신의 항상성 또한 존재한다. 심리적 항상성은 인체의 기능을 안정적으로 조절하려는 생체적 항상성과 달리 '일정한 심리적 상태'로 형성된 것을 의미한다. 심리적인 상황을 크게 나눠서 긍정과 부정이라고 할 때, 부정은 원래의 긍정에서 파생되어 나온 것이지만, 이미 부정으로 형성되었을 때는 '심리적 부정 항상성'이 작동하게 된다. 심리적 항상성이 원래의 조절 능력을 잃고, 왜곡되고 변형되어 축적될 때, 여러 가지 조건이 바뀌어도 대상은 항상 같게 지각된다. '심리적 부정 항상성'으로 말미암아 현실은 심하게 뒤틀리고 일그러진 채 되풀이되는 것이다. 원래 가진 건강하고 긍정적인 항상성이 그 반대로 작용하게 되어 변형을 일으킨 경우가 시발점이라고 할 수 있을 것이다. 항상성이 깨졌다는 표현 대신 심리적으로 부정적인 항상성이 형성되었다는 표현을 쓰는 이유는 바로 '항상성'이 일정한 상태를 '유지하려는 성질'에 있다. 이미 형성된 대로 유지하려는 속성이 심리적으로도 그대로 작용하기 때문에 항상성의 개념을 차용해 온 것이다.

즉, '심리적 긍정 항상성'은 긍정적 에너지를 발현시키는 쪽으로, '심리적 부정 항상성'은 부정적 에너지를 내는 쪽으로 일정하게 유지되는 것이다. '부정적 심리'는 정도에 따라 다르겠지만, 다른 말로 표현하면 이상심리나 정신병리라는 말을 사용할 수도 있을 것이다. 심리적 항상성이 자리 잡는 기간은 개인에 따라 다르나 대개 3개월에서 6개월부터 시작한다. 보편적으로 많이 사용하고 있는, 미국정신의학회에서 출간한 정신장애 진단 및 통계 편람(DSM, diagnostic and statistical manual of mental disorders)에서 진단명으로 확증하기 위한 증상에 대해 확인하는 매뉴얼을 보면, 대략 이러한 기간 동안 일어난 정신적 증상을 기준 삼아서 진단을 내리고 있다.

따라서 이미 형성된 긍정이나 부정의 항상성이 순식간에 급속히 와해되어 일정한 흐름에서 벗어나게 되는 경우는 거의 없다. 시간을 두고 순차적이고 지속적인 자극으로 인해 에너지의 흐름을 바꿀 수 있다. 심리적 항상성 또한 항상성이 가진 속성대로 움직이기 때문이다. 긍정 항상성이 원활한 경우라면, 급격하게 일어나는 극한 상황이 아니라면, 스트레스나 충격이 닥쳐온다고 하더라도 일시적인 반응 이후에는 본래의 긍정 항상성이 작동하게 된다. 부정 항상성이 오래도록 작동한 경우라면, 그 어떤 긍정적인 자극에도 일시적으로 환한 느낌이 들 뿐 이내 익숙한 부정적 에너지에 흡수되어버린다. 그렇지만 부정적 항상성을 가진 사람이 처음부터 그런 기전을 가졌다고는 볼 수 없다. 긍정적 에너지 상태에서 부정적 에너지가 '항상성'을 형성할 때까지는 일정한 기간이 필요하다. 이미 부정이 형성된 상태라면, 그 부정을 긍정으로 변환시키기 위해서는 지속적인 긍정적 자극이 있어야 한다. 인간의 마음은 가만히 내버려두면 '긍정성'을 지킬 것 같지만, 그렇지 않다. 그것은 엔트로피 법칙 때문이다.

열역학 제2법칙은 전체 계^system의 엔트로피^entropy는 항상 증가하는 방향으로 일어난다는 것이다. 즉, 우주 전체의 엔트로피가 감소하는 변화 현상은 일어날 수 없다. 엔트로피는 '무질서도'라고 할 수 있다. 이러한 엔트로피 법칙을 심리적으로 차용해보자. '심리적 엔트로피'는 이러하다. 어떠한 상황 속에서 가만히 내버려두면 심리적으로 무질서하게 흘러갈 수밖에 없다. 그것은 무의식에 여러 원초적 충동과 욕망이 들끓기 때문이다. 환경이나 상황에 휩쓸려 떠밀려 내려가지 않는 중심, 자신의 마음을 다시 들여다보는 마음, 내 안에 존재하는 참다운 나에게 초점을 맞추는 것은 반엔트로피가 작동하는 것이다. 따라서 심리적 부정적 항상성을 변화시키는 작용의 기전은 심리적 반엔트로피가 활발하게 작동하도록 하는 것이다. 부정적 에너지는 어둠과도 같다. 어둠을 물리치기 위한 가장 탁월한 방법은 빛을 불러오는 것이다. 빛과 어둠은 공존할 수 없다. 빛이 들어오는 만큼 어둠의 영역은 좁아진다. 인간이 육체를 가지고 살아 있는 한 빛만으로 살 수는 없을 테지만, 빛의 자리가 어둠의 자리보다 훨씬 더 큰 영역을 차지하게 할 수는 있다. 빛의 자리가 넓을수록 영적으로, 정신적으로 건강하다고 말할 수 있다.

심리적인 차원에서 긍정적인 항상성은 회복 탄력성resilience과 관련이 있다. 적응 유연성이라고도 번역하는 이 개념은 역경, 트라우마, 위협 등의 스트레스 요인을 만나게 되었을 때 적극적으로 행동하는 역동적인 과정을 일컫는다. '다시 되돌아오는 경향', '회복력', '탄성'의 뜻을 지닌 회복 탄력성은 스트레스나 역경에 적극적으로 대처하고 시련을 견뎌낼 수 있는 능력을 의미한다. 또 역경이나 어려움 속에서 그 기능 수행을 회복한다는 의미를 가지고 있다.[2] 누구나 시련과 역경을 마주하게 되는 순간이 있다. 강철이나 무쇠같이 대처하는 것만이 건강한 것이 아니다. 작용이 있으면 반작용도 존재한다. 어떤 피치 못할 불운한 상황에 마주해야만 했다면, 마음이 아프고 쓰라리기 마련이다. 그런 상황에 닥쳐도 아무렇지도 않다고 여기는 경우라면, 불안에 대한 방어기제가 과부하에 걸린 것이라고도 볼 수 있다. 심리적 긍정적 항상성이란 역경에 부딪혀서도 부자연스러울 정도로 무쇠처럼 강하게 대처해나가는 것을 의미하는 것이 아니다. 상황에 따라 자연스럽게 감정과 정서의 흐름에 의해 사유가 멈추거나 흐려지거나 부정적으로 흐를 수 있다. 다만, 이러한 부정적 흐름이 그대로 더 부정적으로 흐르거나 걷잡을 수 없이 가라앉아버리지 않는 것을 말한다. 회복 탄력성을 은유적으로 설명하자면, 어두운 공간에 왔을 때 계속 어둠 속에 빠져 있지 않고 벽면을 더듬어 스위치를 켜서 빛을 밝히는 것이다. 완연한 어둠을 느끼면서 어둠 속에서 침잠해 있지 않는 힘, 벽면을 더듬어가는 힘, 마침내 스위치를 누르는 힘은 심리적 긍정적 항상성에서 나온다. 그러한 고난과 역경을 극복한 경험이 결국 삶을 성공으로 이끌 수 있다. 성공은 원하는 목표물을 성취하는 데 있는 것이 아니다. 성공은 역경을 극복하는 것이라고 새롭게 정의 내릴 수 있다.

심리적 부정 항상성은 원래의 긍정 항상성이 왜곡되어 나타난 것이다. 이러한 심리적 부정 항상성의 작동이 바로 우리가 파악해야 할 점이다. 부정성의 가장 기본 단위는 바로 '자기 자신'이다. 문제 안에 답이 있다. 이 극명한 방법으로 파악하자면, '자기 인식'은 부정적 항상성을 긍정으로 되돌릴 수 있는 절묘한 비법이다. 바람직한 자기 인식이란 어두운 곳에서 눅눅하고 축축하게 습기로 가득 차 있는 무의식을 의식 차원으로 끌어올리는 것이다. 햇볕을 충분히 쬐도록 해서 습기를 제거하고 잘 말려 보송보송해진 상태로 돌려놓는 것을 의미한다. 무의식 깊이 스며든 습기와 곰팡이를 제거하기 위해

의식으로 끌어올리는 것은 바로 '알아차림'으로 인해서이다. 무의식은 알지 못하는 마음을 의미하기 때문이다. 알지 못하는 것을 알아차리게 되는 것은 골방에서 벗어나 찬란한 햇빛 아래 마음을 두는 것이다. 그렇게 할 때 찬란한 태양의 햇살로 퀴퀴한 냄새가 증발하고 마음은 그윽한 향기를 내뿜게 된다. 삼라만상에 존재하는 모든 생명체에는 스스로 정상 상태를 유지하려고 하는 자연 복구력, 항상성의 긍정적 원리가 존재하며, 이러한 항상성이 온전히 작동할 때 이를 '치유'라고 할 수 있다.

우리가 고찰해야 하는 것은 '변화'에 대한 구체적인 접근 방법이다. 치유적 변화를 위한 '근원적 이해'를 위해 항상성의 개념과 함께 심리적 긍정적 항상성의 형성이 필요하다는 것을 알아보았다. 이제는 '방법론적인 접근'에 대해 살펴보자.

먼저 '인식'의 개념을 들여다보자. 국어사전에 따르면, 인식은 사물을 분별하고 판단해서 아는 것을 말한다. 심리적인 뜻으로는 자극을 받아들이고, 저장하고, 인출하는 일련의 정신 과정을 말한다. 인간은 인식하는 과정을 통해서 자연이나 사회에 대해 인식하고, 이를 변화시키고 개조할 수 있다. 따라서 인식은 단순히 세계를 객관적으로 아는 지적 만족에 머무는 것이 아니라, 실천적 행동에 따라서 실제 생활에 기여하는 것에 그 의의가 있다. 아는 만큼 실천하게 될 때 진정한 인식이 형성되었다고 할 수 있으며, 그렇게 할 때 인식이 발전하게 된다. 이처럼 인식과 실천은 밀접하게 관련되어 있으며, 인식의 과정은 깊은 사유로 정진하는 과정을 거쳐 이뤄진다.[3]

이러한 인식의 의미를 가장 먼저 제대로 세워야 할 대상이 바로 자기 자신이다. 자신에 대한 인식을 어떻게 하는가에 따라서 자신을 둘러싼 세계에 대한 인식이 달라지기 때문이다. 인간이 제일 처음 소속되는 곳은 가정이다. 자라날수록 대인 관계가 이뤄지는 집단, 소속의 범위가 넓어진다. 더 나아가 지역사회, 국가, 지구로 확장해서 생각해볼 수 있다. 누구나 긴밀하게 관계를 맺고 어딘가에 소속되어 존재한다. 가장 기초적이면서 기본적인 인식의 방향성은 그물망처럼 얽힌 이러한 관계에 지대하고 결정적인 영향을 끼치게 된다. 자기 인식에 대한 뚜렷한 차이를 비교하기 위해 긍정과 부정이라는 개념으로 이해해보자.

자기 자신에 대한 긍정적 인식은 가정이나 지역사회를 포함해 자신이 소속된 여러 집단, 나라, 세상과 긍정적인 영향을 주고받게 된다. 다른 말로 하자면, 긍정 에너지이다. 에너지는 상호 교류하게 되며 이로써 긍정성은 증가하여 심리적 긍정적 항상성을 형성하게 된다. 그와 반대되는 경우라면, 부정적 인식이다. 이런 경우 개인뿐만 아니라 개인이 소속된 모든 사회, 세계에 대한 부정성 때문에 역시 부정적인 영향을 주고받게 된다. 즉, 부정의 에너지가 항상성을 이루는 것이다.

긍정적 인식은 주어진 모든 상황이 긍정적이기 때문에 생겨나는 것이 아니다. 앞서 말한 심리적 긍정 항상성은 개인이 경험하는 온갖 경험들이 지복至福의 상황이어서 가지는 것이 아니다. 고난과 역경을 겪더라도 회복 탄력성을 발휘해서 그 상황을 극복하며 이미 확보한 긍정성 안에서 운행하는 것이다. 긍정적 인식은 더없이 쾌적하고 안락한 상황이나 환경 위에서 형성되는 것이 아니다. 그것은 여러 부정성 안에서 일어나는 것이다. 마치 연꽃의 '이제염오離諸染汚'와 같다. 연꽃은 진흙탕에서 자라지만 잎과 꽃이 진흙에 물들지 않는다. 주변의 부조리와 환경에 물들지 않고 고고하게 자라서 아름답게 피어나는 것이다. 긍정적 인식은 부정성을 껴안고 피어난다. 다시 말해서 가장 근원적인 부분에서 접근해야 한다. 부모에 대한 긍정적 인식은 곧 자신과 가까운 이, 형제, 자매, 친구로 이어지고 소속된 사회와 이어진다. 그것이 결국 나라와 세계와도 연결된다.

그러므로 삶의 시작점에 대한 긍정적 시각은 매우 중요하다. 최소한 '치유'가 일어나기 위해서, 이 땅에 태어난 본래의 이유에 충실하기 위해서는 '부정적 인식의 긍정적 전환'이 필요하다. 억지로 할 수는 없지만, 자연스럽게 사고의 전환이 일어나서 결과적으로는 인식의 개혁이 일어나게끔 해야 한다. 억지로 하지 않으며 자연스럽게 받아들일 수 있는 실천적 방법이 바로 심리 및 정신적 기법이고, 그런 일환으로 심상 시 치료가 존재한다. 심상 시 치료에 관해서는 다음에서 면밀하게 기술할 예정이다. 이제 더 나아가 개인이 속해 있는 큰 단위인 문화를 떠올려보자.

문화의 사전적 의미는 한 사회의 개인이나 인간 집단이 자연을 변화시켜온 물질적, 정신적 과정의 산물이다. 이러한 정의에서 한 걸음 더 나아가자면, 문화는 다양한 방식으로 정의될 수 있다. 인간적 산물들의 관계를 이해하는 방식이 무수히 다양하기 때문이다. 문화의 속성은 '인간의 창조성'에 있다. 또한, 그 창조성은 '조화'를 이룰 때 긍정적인 효과를 지니게 된다. 즉, 긍정적인 문화의 창출은 시대적인 흐름에 의해 조화롭게 인간이 창조해나갈 수 있는 능력에 의해 좌우될 수 있는 것이다. 정신과 심리적인 작용을 논하고 있는 여기에서는 물질이 아니라 정신적 산물로서의 문화에 초점을 맞춰보려고 한다.

우리나라 사람들은 우리 문화에 대해 탐탁지 않게 여기는 경향이 있다. 우리 문화에 대한 관심 자체가 없기도 하지만, 지금의 문화를 긍정적으로 받아들이려는 마음의 여유조차 없다. 대부분 '문화'에 대한 감수성이 무디며, 문화에 대한 중요성을 인식하지 못하는 실정이다. 생각해보자. 문화 속에서 살아가는 존재인 인간이 자신이 소속된 문화에 대한 인식을 하지 않거나 부정적 인식 안에 갇혀 있다는 것은 무엇을 의미하는가.

이쯤 되면, 누구나 아픈 것이다. 내가 서 있는 자리에 대한 혐오는 곧 나에 대한 부정으로 이어진다. 무감각조차 그러하다. 그것은 살아나갈 당위성과 의미를 상실하는 것이다. 부정에 휩싸이는 것은 곧 심각한 병리적 상황 속으로 빠져드는 것이다. 그러므로 치유는 '나' 자신과 '내'가 소속된 자리에서 시작되어야 한다. 생명의 시작에서부터 살아가고 있는 자리에 대한 치유적 접근은 다음과 같이 명확하게 밝힐 수 있다.

즉, 치유는 자신에 대한 긍정성 회복과 내가 속한 문화에 대한 긍정성 회복을 말한다. 여기에서 '회복'이라는 말을 쓰는 이유는 에너지의 법칙 때문이다. 앞서 말한 대로 아무런 공을 들이지 않고 그대로 내버려두면 에너지의 흐름은 엔트로피 법칙대로 움직여서 결국 무질서로 가기 마련이다. 무관심과 방치와 외면은 그것 자체로 부정을 의미하며, 이미 지금 우리 사회에는 이러한 부정성에 만연하다. 지금이야말로 '회복'의 속성을 지닌 '치유'가 필요하다.

'자신에 대한 긍정성 회복'을 한마디로 하면 '자중자애'이다. 사는 게 사는 것이 아닌 상태, 마지못해 연명하듯 살아가는 것, 삶의 의미를 상실한 채 그냥 하루하루를 버티는 것, 에너지를 가지지 않은 상태로 사는 것인지 죽은 것인지 혼동될 만큼 힘들게 지내는 상태를 '자포자기'라고 한다. 그러니까 자중자애는 이에 대한 정반대의 상황이다. '나'에 초점을 맞춰서 심리적 부정성의 상징으로 쓰이는 말이 '자포자기'라면, 심리적 긍정성의 상징은 '자중자애'다. 말이나 행동, 몸가짐 따위를 삼가 신중하게 한다는 이 말은 자신을 소중히 여기고 아낀다는 의미이다. 이는 자신만을 생각하는 이기주의나 개인주의와는 다르다. 스스로 소중하게 여긴다면, 자기를 둘러싼 모든 것을 귀하게 여길 수 있다. 자신을 아낀다면, 자신과 연관된 모든 것을 더불어 소중하게 여기는 마음이 함께 작동한다. 따라서 '자중자애'는 '공존'이나 '상생'과 맥락이 통한다. 혼자 외따로 존재하는 것이 아니라 함께 존재하면서 서로 조화롭게 살아나가는 이치를 깨닫는 것이다. 이런 마음가짐으로 살아나갈 때 심리적 긍정성은 확대되고 확장될 수 있다.

내가 속한 문화에 대한 긍정성은 그 문화에 대한 긍정적 인식과 지식 및 체험으로부터 일어난다. 자신이 속한 문화에 대한 면밀한 이해와 탐구가 있으면 좋겠지만, 그것이 치유로 곧바로 연결되는 것이 아니다. 문화와 예술에 대한 전문가적인 지식이 아니라 예술과 문화의 매체를 활용하는 능력이 매우 중요하다. 이에 대한 구체적인 사항은 '치유 비평의 실제' 부분에서 다룰 것이다. 다만, 여기에서 말하고자 하는 것은 문화에 대해 치유적 속성을 발휘할 수 있는 이유에 대해서이다. 내가 속한 문화에 대한 자긍심을 가지는 것은 곧 나를 긍정의 자리에 세우는 것이다.

우리는 흔히 '헬조선'이라는 말을 쓰고, 우리 민족의 기본 정서가 '한'이라 말하기도 한다. '헬조선'은 지옥을 뜻하는 'hell'과 '조선'의 합성어로 대한민국이 살기 힘들고 희망이 없음을 풍자하는 말이다. 한국 사회의 부조리한 모습을 지옥에 비유하여 2010년도에 나온 인터넷상의 신조어이다. 내가 살고 있는 곳이 '지옥'이라니 생각만 해도 끔찍한 노릇이다. 비록 이 말이 힘든 심정을 대변하는 말이라 하더라도 몇 번 연거푸 발음하는 것만으로도 자괴감과 불행감이 따라온다. 이 땅에 더는 살고 싶지 않다는 말이 연이어 나올 것만 같다. 한 맺힌 삶은 '화'를 불러오고 심지어는 '화병'을 일으켜서 우리 민족의 대다수는 화병에 시달리고 있다는 식의 말을 하기도 한다. 현재 사용되고 있는 진단 기준인 2013년 미국정신의학회의 정신장애 진단 및 통계 편람(DSM-5)에서는 삭제하였으나 1994년에 발간한 'DSM-4'에는 문화 관련 증후군의 하나로 'hwa-byung'이 등재된 것도 사실이다. 병명조차 우리말 발음을 그대로 사용하고 있었다. 우리 민족의 대표적인 정서가 '한'이라는 말이 무조건 잘못되었고 터무니없다는 말이 아니다. 그런 사실이 하나의 부분일 수는 있지만, 전부는 아니라는 것이다. 부분을 전체로 통틀어 칭하는 것은 맞지 않다. 게다가 '한'이라는 감정은 어느 특정한 민족이나 나라가 아니라 동서고금을 막론하고 인간이라면 누구나 갖고 있는 정서이다. 굳이 그 '한'을 우리나라 고유의 정서로 치부하는 것은 맞지도 않고 아무런 도움이 되지 않는다. '헬조선'이나 '한'이라는 말로 대변했지만, 그 외에도 우리 문화를 폄하하며 부르는 습관이 많다. 이러한 부정성은 집단적인 정신병리 증상을 부추길 수 있다. 따라서 나와 세상을 이루는 것에 대한 부정적인 시각에서 벗어나야 한다. 벗어나는 것은 앞서도 언급했지만, 부정적 인식을 그저 멈추는 것이 아니라 적극적으로 긍정적 인식의 불을 켬으로써 일어난다.

정리하자면, 근원적 이해는 '나'에서 비롯하여 '나'를 둘러싼 전체의 심리적 긍정 항상성이 곧 치유로 연결된다는 것을 이해하는 것이다. 여기에 대한 방법론적인 접근은 내가 속한 문화에 대한 긍정적 인식으로부터 시작되는 것이다.

따라서 한국인으로서 한국 문화를 존중하고 귀히 여기는 것은 곧 치유로 연결된다. 그것은 태생적 조건을 긍정성에 두고 건강한 뿌리를 내리는 것과 같다. 물론 한국 문화만을 추종하고 다른 문화를 낮잡아 보는 편협한 사고를 가지라는 것이 아니다. 앞서도 말했듯, 자중자애의 원래의 뜻을 충실하게 이행하려면 내가 속한 문화를 소중히 여기는 만큼 다른 문화도 존중해야 한다. 다만, '문화 치료'라는 개념이 현재 동서양을 막론하고 전무후무한 이 시점에서 '문화 치료'라는 용어를 처음으로 사용하면서 그 중요성에 힘을 실어 말하고자 한다.

앞서 언급한 대로 자신이 속해 있는 문화의 소중함을 깨닫고 이를 치유 방안으로 개발, 활용하는 것이 절실하므로 실존하고 있는 한국 문화 안에서 치유성을 발굴해내는 것이 급선무라고 할 수 있다. 다음에서 '문화 치료'에 대해 구체적으로 알아보자.

02

문화를 치유에
활용하는 법
- 문화 치료

우리 민족에게는 힘이 있다. 그 힘이 때로는 지배 세력의 교묘한 논리에 의해 폄하되거나 훼손되기도 했지만, 아무리 부인하더라도 진리는 살아 있다. '진리만이 우리를 자유롭게 할 것이다.' 이 말은 성경에서만 통용되는 것이 아니다. 진리를 찾고 알게 되고 이를 누릴 때 삶은 더없이 '자유'로울 것이다. 그러므로 우리 문화 속에서 면면히 흐르는 진리를 발굴해내고자 한다. 한 번 더 언급하자면, 이러한 작업을 하려는 것은 지금이 바로 치유가 절실한 시대이며, 우리가 속한 문화를 귀하게 여기는 것이 치유의 핵심을 이루고 있기 때문이다.

문화는 민족의 정신이다. 그리고 '문화 치료'는 고유한 문화를 치료적으로 활용한 것을 말한다. 아직 서양에서는 문화를 치료에 대입시키는 작업을 해내지 못했다. 서구의 학문을 가져오는 것이 거의 전부라고 할 수 있는 정신·심리 치료에서 '문화 치료'라는 말이 낯선 것은 이 때문이다. 아직 서구에서 '문화 치료'라는 용어를 쓰지 않는 이유는 여러 가지가 있겠지만, 다문화적인 사회에서 민족 고유의 독특한 상황을 추출하기 어려워서라고 할 수도 있을 것이다. 또한, 동양에 비해 비교적 그 역사가 짧기 때문일 수도 있겠다.

문화는 문화를 이루는 구성원들의 힘이다. 인간이 존재하고 존속할 수 있는 근거는 바로 '문화'로 인해서이다. 대부분 의학에서는 서구 학문을 도입해 '정통'이라는 이름을 붙인다. 그렇다고 '문화 치료' 또한 서양에서 그저 들어오기만을 기다리는 것은 어리석은 일이다. '문화'를 '치료'로 활용할 정도로 고유한 문화를 자신 있고 자랑스럽게 내세울 수 있는 것은 서양이 아니다. 동양, 그것도 우리 한민족이야말로 그 선두에 서기에 부족함이 없다. 우리나라도 다양한 인종이 뒤섞여 역사를 이루어왔지만, 그럼에도 우리 스스로를 한민족이라고 부를 수밖에 없는 것은 혈통만이 아닌, 오랜 시간 공유해온 고유의 역사와 문화가 있기 때문이다.

즉, '문화 치료'라는 이름을 내걸기에 가장 적합한 곳은 바로 동양, 그중에서도 '우리나라'이다. 서구에서 유입되는 치료 학문에만 의존하지 말아야 할 이유가 바로 여기에 있다. 치료 학문적인 영역에서 보자면, 생성하고 개발하는 것은 상당히 보수적이라고 할 수 있다. 검증되지 않는 차원에서 무분별하게 적용하는 것이 위험할 수도 있을 것이다. 하지만 서양의 체계화된 치료 학문 또한 처음부터 검증으로 시작한 것이 아니다. 그 어떠한 증명 또한 그러하다. 필요성과 시도, 가설과 실험, 그리고 증명이라는 절차가 수반되어 학문으로 정착할 수 있는 것이다. 시도해보지 않고 밀쳐만 둔다면, 발전과 성장의 기회는 없다. 대부분 심리, 정신 치료 학문을 배우고 온 선두 주자가 서양에 뿌리를 두고 자신이 배워왔던 분야에서 후학을 양성하고 있다. 따라서 이러한 절실한 필요성에도 불구하고 지금까지 '문화 치료'에 대한 혁신적이고 획기적인 개발이 이뤄지지 않았다.

동양에서는 고대로부터 학문의 근간을 직관과 지혜로 이끌어내고 이를 자연스럽게 삶 속에 녹여내면서 살아왔다. 반면, 서양은 어떠한 원리를 적극적으로 증명하고 증거로 삼아 과학적으로 분석하고 해석해서 고유한 학설로 발표해왔다. 주로 20세기 이후 동양에서는 과학적인 분석에 의해 체계화된 연구들을 새롭게 배우게 된다. 이 점은 정신·심리 치료에서도 예외가 아니다. 이제 우리 문화의 탁월성에 기반을 둔 '문화 치료'를 개발하여 제시해야 한다. 그렇게 하는 것은 두 가지 면에서 탁월한 영향을 끼칠 수 있기 때문이다.

첫째로 우리 문화 치료를 체험함으로써 내가 속한 문화의 일원으로서 자신에 대한 긍정적인 정체성이 형성된다.

둘째로 '문화 치료'를 통해 나와 타인의 연결과 소통이 이뤄진다. 즉, 나는 외따로 존재하는 것이 아니라 긍정성 안에서 공동체를 이루고 있다는 건강한 인식이 자리 잡게 되고, 이는 곧 치유의 시작이자 연결점이 된다. 통합 예술·문화 치료인 심상 시 치료에서 말하는 '문화 치료'란 이처럼 우리 문화의 치유적인 속성을 발굴하여 이를 심리 및 정신 치료로 활용하는 것을 일컫는다.

우리 민족은 우수한 전통문화를 보유하고 있지만, 현재를 살아가고 있는 국민들의 대다수는 문화적 풍요나 행복과 거리가 먼 삶을 살고 있다. 빛나는 보석을 가지고 있으면서도 그것을 낡은 것으로 잘못 인식하거나 오해하고 있다. 내면의 힘, 자기의 힘을 자각하지 못할 때, 삶은 곤고하고 피폐해진다. 없는 것을 억지를 부려서 만들어내자는 것이 아니다. 분명 존재하는데도 스스로 깨닫지 못하고 깊숙이 묻어두었던 것들을 꺼내어 고스란히 바라보자는 것이다. 탁월하고 우수한 것을 바르게 인식하고 수용하자는 것이다. 그런 의미에서 특히 이 시대에 활발하게 발굴하고 충분히 활용되어야 할 분야는 바로 '문화 치료'이다. 긍정적인 인식 지평의 확산이 결국 부정성을 잠식시킬 것이다. 횡적·종적인 면을 통틀어 존재하는 인류 보편적인 문화를 염두에 두지 않는 것은 아니다. 그런 보편성을 무시하고자 하는 것도 아니다. 하지만 치유적인 측면에서 한 문화의 특수성과 우수한 면을 활용하는 것은 조금도 이상하지 않다. 오히려 우리 문화의 탁월한 점을 포착하여 이를 임상 현장에서 활용할 때, 치유의 체험은 전 인류적으로 광범위하고 포괄적으로 일어날 것이다. 다시 말하지만, 진리는 모든 이에게 통하며 결국 우리를 자유롭게 한다.

이러한 접근은 인성 교육과도 연관된다. 인성 교육은 변화와 회복이 필요하다는 점에서 치유적 속성을 지니고 있다. 인성 교육이 절실한 우리나라의 실정에서 교육의 방법은 멀리 있는 것이 아니다. 인성, 즉 인간을 이루는 성품을 고스란히 찾으면 된다. 제대로 된 인성 교육이란 인간됨을 바르게 이루는 것이다. 우리나라의 인성 교육은 우리 문화를 바로 알고, 문화 속에서 치유의 힘을 찾는 것에서부터 시작해야 한다. 개인 혹은 나라의 역사에서부터 지금, 현재, 이 순간까지 면밀하게 흐르고 있는 정신의 강이 바로 '문화'이기 때문이다. 가장 가까이에 답이 있지만, 우리 문화를 사랑하고 존경하는 모습을 거의 찾아볼 수 없다. 오히려 우리 문화를 낮잡아 보거나 수치스럽게 여기거나 아예 관심조차 없다. 이래서는 인성이 성장할 수 없다. 삶의 토대인 우리의 문화를 경멸하고 멀리할수록 우리의 인성은 피폐해진다. 특별한 다른 방법으로 인성을 회복시키는 것은 오히려 부자연스럽다. 우리 문화 속에서 여타의 문화와 비할 수 없을 정도로 빛나고 훌륭하며 독특한 면을 포착해서 문화의 힘을 감성과 감수성으로 받아들일 때 인성이 회복될 것이다.

지금 현재를 살고 있는 현대인들이 충분히 자각하고, 내면의 힘으로 치유의 길로 들어서기 위해 어떤 방식으로 접근할 수 있을 것인가. 통합 예술·문화 치료인 심상 시 치료는 어떻게 치유의 에너지를 창출해나갈 수 있는가? 결론부터 말하자면, 그것은 우리의 삶과 문화 속에서 치유의 에너지를 자각함으로써 이뤄질 수 있다. 그것이 바로 심상 시 치료가 추구하고 있는 치유적 접근이다. 다음 장에서 심상 시 치료에 대해 구체적으로 기술하려고 한다.

03

전인격적인
통합 문화·예술
치료법
– 심상 시 치료

통합 예술·문화 치료

심상 시 치료^{Simsang Poetry-Therapy}는 감성과 감수성으로 접근하여
내면의 힘을 자각하게 하는 '통합 예술·문화 치료'이다.' 인
간의 정신 활동과 고유한 오감(시각·청각·후각·미각·촉각)과 더
불어 초감각, 지각을 아울러서 감성으로 내면의 힘을 일궈내
어 궁극적으로 온전한 마음과 영혼의 치료에 이르는 것을 목
적에 두고 있다. 심상 시 치료는 2011년에 논문으로 처음 발
표된 이후 꾸준한 연구를 통해 성장하고 있다. 심상 시 치료

에서 말하는 '통합'은 인간을 이루는 정신, 육체, 영혼의 통합을 포함하여 예술과 문화와 인간의 통합이라는 포괄적인 의미를 지닌다. 또한, 나와 더 큰 내가 끊임없이 통합하는 것을 뜻한다. 그리고 영혼의 성장과 성숙을 향한 '지향적 삶'과 지금, 현재의 삶을 연결해서 통합한다는 의미까지 포함한다. 치유적 직관력은 자신의 삶을 끊임없이 성찰하고 통찰함으로써 형성되기 때문이다.

'통합 예술·문화 치료'는 '통합 예술 치료'와 '통합 문화 치료'를 포함하고 있다. '통합 예술 치료'는 각 예술 장르들을 치료의 목적에 맞게 통합해서 치료 기법으로 활용하는 것이다. 통합 문화 치료는 특정한 문화를 주축으로 삼아 다른 문화를 아우르면서 인간의 정신적 차원을 발굴해내어 치료로 활용하는 것을 일컫는다. 심상 시 치료에서는 우리 '한문화'에 구심점을 두고 활용하고자 한다. 즉, 우리가 속해 있는 문화를 긍정성에 두고 인식하며 치유로 활용하면서 동시에 타문화(한국 문화 외의 문화)를 포함하여 함께 치유성을 가지고 나아가는 것이다. 타 문화를 포함하는 구체적인 방법은 크게 다음의 세 가지로 나눌 수 있다.

첫째, 타 문화에 속한 대상자에게 심상 시 치료를 행하는 것

둘째, 심상 시 치료의 통합 문화 기법의 주제를 공통된 맥

락을 통해 타 문화와 접목하는 것,

셋째, 심상 시 치료의 통합 문화 기법을 타 문화에 맞게 재해석하여 치유 비평을 하거나 메타 치유 비평을 하는 것.

또한, 통합 문화 치료는 정신적 산물로 면밀하게 이어져 표현된 예술과 통합을 이룬다. 예술은 문화와 밀접하게 연관되어 승화한 정신이자 산물이다. 따라서 예술 안에 문화가, 문화 안에 예술이 스며들어 있다고 말할 수 있다. 즉, 통합 문화 치료는 한국 문화를 주축으로 해서 타 문화와 접점을 이루는 열린 방법이며, 예술과 통합을 이루고 있다고 정의할 수 있다.

한편, 심상 시 치료는 에너지, 자각, 사랑, 향유의 원리를 통해 운용된다. 심상 시 치료의 윤리는 생명 존중과 사랑, 영혼의 성장과 변화, 치유의 에너지로 이뤄져 있다. 여기에 관한 자세하고 구체적인 설명은 『마음의 빛을 찾아서』 책을 참고하면 된다.

심상 시 치료 개념

심상의 통합적 의미

'심상 시 치료'에서 '심상'과 '시'의 통합적 의미에 대해 알아보자.

먼저 '심상'의 통합적 의미이다. 이는 심상 시 치료에서 '심상'이라는 단어의 영문자 표기에 이미지^{image}를 쓰지 않는 이유와 연관된다. 심상은 감각에 의하여 획득한 현상이 마음속에서 재생된 것^{心象}이라는 의미에서 이미지, 서로의 마음을 본다는 심상^{心相}을 기본으로 하여 마음속의 생각^{心想}이라는 뜻을 포함하고 있다. 더 나아가 심상은 포괄적인 정신 활동이자 인간의 감각, 초감각, 지각까지 아우르는 광범위한 개념을 일컫는다. 또한, 심상은 무의식의 핵심, 우주의 에너지와 소통하고 연결하며 개인의 삶과 사회적 관계를 지향해나가는 과정이기도 하다. 즉, 심상^{Simsang}은 마음의 근원의 힘, 에너지이고 한마디로 '빛'이다. 뒤에서 설명할 심상 시 치료 기법에 대한 과정에서 심상의 단계는 바로 이러한 '빛'을 체험하는 내용으로 짜여 있다. 그리하여 심상은 이미저리^{imagery}를 떠올리는 것에만 초점을 두지 않는다. 끊임없이 내면과 대화를 나누고 갈등과 문제를 해결해나가는 힘까지 내면의 근원적인 힘인 '빛'에게 물어보는 것이다.

즉, 심상 시 치료의 심상^{Simsang}은 한마디로 '빛'이다. 빛은 우주의 에너지, 신과 소통하는 근원적인 힘이며, 영혼의 본질이자 핵심이다.

　다음으로 '시'의 통합적 의미를 알아보자. 심상 시 치료에서 말하는 '시'는 문학 장르에 속하는 시만을 의미하지 않는다. 삶은 시이고, 시는 삶이라는 뜻을 담고 있다. 시처럼 살아간다는 것은 어떤 의미인가. 폴 발레리[Paul Valery]는 "산문은 산책하는 것과 같고 시는 춤을 추는 것과도 같다."[5]라고 했다. 살아가는 행보가 그저 느릿하거나 속절없이 바삐 동동거리는 걸음이 아니라 마치 춤을 추듯 앞으로 나아갈 수 있다면 그것만큼 멋진 일이 없을 것이다. 고단한 삶의 길을 춤을 추듯이 신바람을 내며 갈 수 있다는 것은 활기찬 에너지를 간직하는 것이다. 또한, 시인 김종삼은 「누군가 나에게 물었다」라는 시에서 '엄청난 고생 되어도 순하고 명랑하고 맘 좋고 인정이 있으므로 슬기롭게 사는 사람들이' 시인이라고 말하고 있다. 시는 곧 삶이며, 삶은 곧 시이다. 심상 시 치료에서는 이런 의미로 '시'라는 단어를 쓰고 있다. 즉, 심상 시 치료에서 '시'는 삶을 뜻한다. 이 '삶'이라는 단어는 신바람 나서 춤을 추면서 살아간다는 의미를 포함하고 있다.

　심상 시 치료에서 말하는 '시'가 삶을 의미하고 있지만, 하필이면 다른 단어가 아니라 '시'라는 말을 차용한 까닭은 다음과 같은 시의 본래의 의미 또한 포함하고 있기 때문이다.

하이데거에 의하면, 모든 예술은 존재자 자체의 진리, 그것의 도래를 일어나게 함으로써 본질에 있어 시라고 하였으며, 시는 인간 현존재를 본래적인 '자기'에 이르게 한다.[6] 기존의 시 치료는 시 창작과 더불어 감정 표현에만 치중되어 있어서 시의 고유한 아우라를 치료로 연결하는 연구가 없었다. 심상 시 치료는 시를 창작하는 행위에서의 '글쓰기'라는 표현 위주의 접근이 아니라 심혼을 자극하는 시에서 심상을 일궈내고, 함께 심상을 공유하며 재창조하는 과정을 거친다. 즉, 시의 중추적인 의미로서의 '심상imaginary'을 통해 심상Simsang 즉, 마음의 빛으로 정신과 영혼의 성장을 위해 나아가고자 하는 것이다.

심상 시 치료는 통합적인 차원에서의 인간을 활성화한다. 즉, 인간을 이루는 신체와 정신의 작용을 원활하게 하며, 이런 총체성을 이루기 위한 방법에서 여러 매체와 다양한 장르의 예술과 문화적 접근이 가능하다. 많은 매체를 열거하고 접근하는 식의 통합이 아니라, 총체적인 차원을 이루고 있는 인간의 고유 형질을 그대로 활용하는 방식이 바로 심상 시 치료의 접근 방법이다.

따라서 심상 시 치료는 기존의 문학 치료의 카테고리에 국한되지 않는다. 기존 문학 치료의 개념을 초월하는, 보다 실질적이고 다차원적인 통합적 접근 방법이다. 정리하자면, 문학 장르의 일종인 시뿐만 아니라 삶이 시라는 의미에서 열려 있는 개념에 의한 '시'이며, 여기에는 통합 예술·문화가 함께 포함되어 있다.

심상 시 치료의 영역

심상 시 치료의 영역은 매체 활용적인 면, 활동성의 면, 표현 방법의 면이라는 세 가지 영역으로 구분할 수 있다.

매체 활용적인 면에서 다음의 다섯 가지로 나눈다. 즉, 미술, 음악, 영화, 문학, 기타 장르 및 활동의 영역이다. 매체 활용적인 면이란, 심상 시 치료를 행함에 있어서 매개하는 매체를 활용한 것을 말한다. 미술 영역 중 그림 활용은 그림을 통해 심상 시 치료를 행하는 것을 말하며, 음악은 음악을 통해 심상 시 치료를 행하는 것이다. 기타 장르 및 활동의 영역이란 대표적인 매개 수단인 미술, 음악, 영화, 문학 이외의 활용 수단을 말하는데, 여기에는 문화를 비롯하여 연극, 춤, 웃음, 침묵과 비언어적 활동 등등이 포함되어 있다.

심상 시 치료는 활동성에 따라서 정적인 것과 동적인 것으로 나눌 수 있다. 정적 심상 시 치료란 자리에 앉은 채 행하는 치료 방법이며, 동적 심상 시 치료란 한자리에 가만히 머물러 있지 않고, 치료사가 인도하는 대로 몰입해서 적극적인 활동을 행하는 치료 방법이다.

심상 시 치료는 표현 방법에 따라서 언어적 측면과 비언어적 측면으로 나눌 수 있다. 심상 시 치료를 실시한 이후, 피드백에 관한 내담자의 표현은 글쓰기나 말하기 등의 언어적 측면으로 표현될 수 있으며, 그림 그리기와 동작(몸짓과 눈짓과 발짓)과 특정한 언어가 아닌 소리로 표현하기를 할 수 있다. 주로 언어적 측면의 표현 방법을 많이 사용하지만, 치료 분위기와 내담자의 상황이나 무의식의 측면을 두드리기 위한 목적으로 비언어적 측면을 권장할 수 있다.

심상 시 치료의 과정

① 매개체에 따른 과정

심상 시 치료의 과정은 매개체에 따른 과정과 심상 시 치료의 효과에 따른 과정으로 구분된다. 먼저, 매개체에 따른 과정부터 살펴보자.

매개체(媒介體)란, 어떤 일이나 작용 따위를 양쪽의 중간에서 맺어주는 것을 말하며, 심상 시 치료에서 매개체는 심상과 치료를 연결해주는 역할을 담당하는 개체를 말한다. 심상 시 치료를 매개체에 따른 과정으로 볼 때, 표면화 과정, 내면화 과정, 심상 시 치료 과정이라는 세 단계 과정을 거친다.

표면화 과정이란, 앞에서 기술한 매체 활용적인 면으로 나눈 대표적인 다섯 영역인 미술, 음악, 영화, 문학, 기타 장르 및 활동의 영역 중 그 어떤 경우에도 막론하고 먼저 매체가 가진 고유한 특성에 따른 느낌을 감성으로 받아들이는 단계를 말한다. 매체란 무엇을 한쪽에서 다른 쪽으로 전달하거나 퍼뜨리는, 의사소통이나 예술 표현의 도구를 말한다. 심상 시 치료에서의 매체란, 심상 시 치료 효과를 극대화할 수 있도록 전문가인 심상 시 치료사에 의해 심상 시 치료에 맞게 고안된 특별한 치료적 매체를 말한다. 내담자가 매체 자체에 대한 느낌을 표현할 때는 언어적 측면과 비언어적 측면을 모두 사용할 수 있다. 다만 충분하고 풍성하게 느낌을 나누는 것이 중요하며, 이러한 표면화 과정은 그다음 단계로 들어서기 위한 윤활유 역할을 한다.

표면화 과정을 거친 이후에는 내면화 과정을 거치게 된다. 표면화 과정이 매체로 인해 체험한 느낌 그대로를 표현하는 과정이라면 내면화 과정은 심상 시 치료 과정의 핵심을 이루는 사고와 느낌을 유추해나가는 과정으로 바로 다음 과정인 심상 시 치료 과정을 향해 길을 내는 단계이다. 즉, 자유롭게 자신이 느끼는 그대로를 표현하는 것이 표면화 과정이라면, 치료적 의미에 맞게 심상 시 치료사가 인도하는 대로 핵심과 초점을 맞추어서 느끼고 공감하며, 매체 속 내용과 감정 이입을 하는 단계를 말한다. 표면화 과정에서처럼 감성을 표현할 때는 언어적 측면과 비언어적 측면 둘 다를 쓸 수 있다. 이런 표현 방법상의 운용은 내담자 개인의 의사를 존중하며 진행하면 된다. 단, 심상 시 치료사가 전문적인 식견으로 판단해서 효과적인 방법으로 행할 수 있도록 인도하되 이에 대한 내담자의 협조가 필요하다.

심상 시 치료 과정은, 각 매체와 연관 지어, 심상 시 치료사가 특별히 치료적 의미와 내면의 힘을 자극할 수 있도록 개발한 방식에 따라서 심상으로 유도해나가는 과정을 말한다. 내면화 과정은 매체에서 주는 주요한 핵심을 포착하여 매체의 고유한 특성은 살리되, 사고와 지각의 반경이 확대되고 확장된 상태에서 진행하는 것이다. 심상 시 치료 과정은 도입 단계에서 눈을 감고 몸과 마음을 이완하면서 진행하는 방법과 눈을 감지 않고 심상 시 치료사의 인도대로 행하는 두 가지 방법이 있다. 활동성에 따라 구분되는 심상 시 치료의 영역에서 정적 방법이 전자의 것이라면, 동적 방법은 후자의 방법에 속한다. 심상 시 치료의 목적은 내담자의 문제 상황을 해결하는 힘이 바로 스스로의 내면에 있음을 인식하는 계기를 마련해주고, 보다 핵심적으로는 마음의 빛을 자각할 수 있도록 이끄는 것이다. 마음의 빛이 존재한다는 사실을 깨닫는 것만으로도 내담자의 마음에는 지각변동이 일어날 수 있다. 심상 시 치료가 제대로 이뤄진다면 문제 상황을 직면하고 수용하며, 극복할 수 있는 긍정적인 에너지가 발생할 것이다. 심상 시 치료 과정은 표면화, 내면화 과정 다음으로 순차적으로 일어나는 과정이며, 심상 시 치료적 의미가 풍성하게 담긴 핵심적인 과정이다.

② 치료 효과에 따른 과정

심상 시 치료의 치료 효과에 따른 과정은 다음 두 가지로 나눌 수 있다. 치료에 대한 과정과 기법에 대한 과정이다. 이 두 가지 과정은 각각 주어진 절차를 지니고 있으며, 이들 절차에서 중요한 것은 심상 시 치료 진행 전에 내담자(혹은 집단원)와 충분한 치료적 관계 형성[rapport]이 이뤄져야 한다는 것이다. 또한, 진행의 마무리에서는 심상 시 치료를 행했던 내용에 관해서 내담자(혹은 집단원)와 충분히 나누어야 한다. 심상 시 치료를 행하는 것만큼이나 체험한 내용을 나누는 마무리 과정 또한 중요하다. 나누는 과정에서 더욱 깊은 치료적 접근과 내면의 갈등, 해결의 실마리, 첨가하거나 부연해야 할 점 등을 심상 시 치료사가 알아차릴 수 있기 때문이다. 따라서 나누기를 할 때, 충분한 시간을 배정해서 진행하는 것이 바람직하다.

▶ 치료에 대한 과정

치료에 대한 과정은 다음 다섯 단계를 지닌다. 즉, 마음 잇기 단계, 내면 진입 단계, 깊은 내면 단계, 마음의 빛 단계, 마음의 빛 확산 단계이다.

마음 잇기 단계는 마음 잇기의 각 단계인, 마음의 빛깔 나누기(동감)와 '마음 나누기'(공감)와 마음 합하기(감정이입), 마음을 이끄는 교감의 단계를 포함하고 있다. 무엇보다 내담자와 치료사의 마음을 잇는 초기 과정을 말한다.

'내면 진입' 단계는 내담자의 마음으로 들어서는 단계를 말하며, 심상 시 치료를 위한 매개체 활용과 기법이 활발하게 이뤄지는 단계이다. 이 시기에는 내담자가 마음의 문을 열고 스스로 내면을 자각하며, 자신 속으로 걸어 들어가는 체험을 하게 된다. 이 단계는 그다음 단계를 위한 핵심 역할을 한다.

'깊은 내면' 단계는 내담자의 마음 깊은 곳까지 도달하는 단계를 말한다. 심리적인 역동과 저항이 함께 일어날 수 있으며, 끈기 있게 치료에 임했을 때 '마음의 빛'을 자각할 수 있는 발판이 된다. 이 단계에서 내담자는 이제까지 고수해오던 생활 방식에 변화를 가져올 수 있으며, 고착된 지각에 대한 변화를 이룰 수 있다.

'마음의 빛' 단계는 내면 깊숙이 존재하는 생명의 빛을 자각하고 발현하는 단계이다. 마음의 빛은 실체로 느껴질 수 있다. 마음의 빛을 알아차리는 순간은 큰 희열이 일어나는 순간이고, 온몸과 마음에 감사함의 에너지가 충만하게 되는 특별한 체험의 순간이다. 마음의 빛이 생명이 잉태된 순간부터 지금까지 늘 자신의 안에 존재해왔다는 사실을 알아차리면서, 동시에 문제와 갈등 상황을 통찰할 수 있는 능력을 함께 발견하게 되는 것이다.

'마음의 빛 확산' 단계는, 본디부터 지니고 있었던 마음의 빛을 자각할 때 우주와 소통하게 되는 원리로 인해 일어난다. 즉, 우주의 무한한 에너지와 연결되어 있는 자기 자신을 깨닫게 되고, 우주의 에너지가 자기 안에서 마음의 빛과 교류한다는 사실을 알아차리면서 우주와 자신이 하나가 되는 일체감을 경험하게 된다. 긍정적인 에너지의 교류가 원활하게 이뤄지며, 갈등과 문제 상황의 매듭이 풀어지는 것을 스스로 체험하게 된다.

▶ 기법에 관한 과정

심상 시 치료는 문화와 예술이 부여하는 감수성의 힘으로 감성을 자극하여 치료의 효과를 끌어내는 것이다. 심상 시 치료의 기법에 관한 과정은 다음 다섯 절차로 이뤄져 있다.

먼저 감각의 단계이다. 감각의 단계는 신체 기관을 통하여 안팎의 자극을 느끼거나 알아차리는 것을 말한다. 오감은 신체로 지각하는 것이지만, 내면의 지각이나 머릿속에 떠오르는 감각으로도 느낄 수 있다. 이러한 영상의 차원에서 체험되는 오감은 전적으로 우뇌에서 떠오르는 영역이다. 이미저리imagery를 통해 내면의 영역까지 감각이 체험될 수 있다. 즉, 심상 시 치료에서의 감각이란, 육체와 정신의 차원까지 포함한다.

두 번째 단계는 감성의 단계이다. 감성이란, 자극에 대하여 느낌이 일어나는 능력을 말한다. 감각이 다만 느끼는 것이라면, 그 느낌을 풍성하게 직접 체현하는 것이 감성의 단계이다. 이 감성의 단계로 이끌기 위해서 심상 시 치료사는 치료효과를 낼 수 있는 적절한 질문과 피드백과 더불어 상황에 알맞은 분위기를 유도해나갈 것이다.

세 번째 단계는 감수성의 단계이다. 감수성은 자극을 받아들여 느끼는 성질이나 성향을 말한다. 감성은 '마음으로 보는 것'이며, 감수성은 '마음의 빛깔과 향기를 내는 것'이라고 할 수 있다. 어떤 빛깔과 향기를 낼 수 있는가 하는 것은 바로 '마음의 빛'을 자각하고 근원적인 우주의 빛과 얼마나 잘 소통하는가에 달려 있다.

네 번째 단계는 심상Simsang의 단계이다. 심상은 '마음의 빛과 향기로 영혼을 울리는 것'을 말한다. 정적 심상의 단계에서는 대개 명상의 호흡법을 활용한 심상 시 기법을 행한다. 명상은 외부로 향해 있는 눈을 내면으로 돌리게 만든다. 내면의 깊은 핵심에 존재하는 마음의 빛을 향하도록 하는 것이 바로 명상의 역할이다. 그러한 방법을 통해 영혼을 울리게 되고, 한번 울려진 영혼의 울림은 자기 자신뿐만 아니라, 주위에 울려 퍼지게 된다. 제대로 된 공명은 끊이지 않고 연이어 공명을 불러온다. 공명이 오랫동안 지속될 때, 삶은 크게 변화하며, 고여 있는 삶을 자연스럽고 원활하게 흘러가게 한다.

다섯 번째 단계는 자유의 단계이다. 자유란 무엇에 얽매이지 않고 자기 뜻에 따라 마음대로 할 수 있는 상태를 말한다. 마음대로 한다는 말은 삶의 주체성을 회복하고 가치관대로 움직이는 것을 말한다. 어떠한 관념이나 사상이나 습관에 얽매여서 과거의 실패를 거듭하는 상태를 벗어나는 것이다. 자유의 또 다른 말은 '꿈'이다. 꿈은 가능성과 에너지를 담아서 삶을 빛나게 하고 더 높은 곳으로 끌어올리는 원동력이다. 진정한 자유는 꿈을 포함하고 있다. 꿈이 없는 자유는 허황되며 자유 없는 꿈은 거짓이다. 꿈을 꿀 수 있다는 것은 자유를 품는 것을 말하며, 꿈을 이루는 것은 자유를 누리는 것을 말한다. 진정한 자유는 진리 속에 존재하기 때문이다. 우주의 진리는 에너지를 활발하게 움직이게 한다. 자유는 '꿈'을 날아오르게 하는 원천이다. 누구나 꿈을 꿀 수 있고, 꿈을 품을 수 있고, 꿈을 실천할 수 있다. 꿈을 잃어버린다면 삶의 의미를 잃어버리는 것이며, 꿈을 간직하고 실천해나가는 것은 올바른 삶의 방향을 찾아서 나아가는 것을 뜻한다. 자유는 우주의 에너지와 원활하게 소통하는 것이며, 자유는 꿈이라는 단어와 합칠 수 있다. 즉, 강한 삶의 의미와 에너지를 지니기 위해서는 꿈을 갖고 실현할 수 있어야 하며, 그럴 때 삶은 자유를 얻게 된다. 이러한 꿈과 자유는 물리적인 나이와 상관없이 적용할 수 있으며, 나이가 많을수록 중요성은 오히려 더 커진다. 성취와 달성이 초점이 아니라, 에너지와 삶의 의미를 자각하는 것이 치유적 삶의 초점이기 때문이다.

04

온전한 마음과 영혼을 위한 심상 시 치료
– 심상 시 치료 이해하기

비평은 크게 나눠서 실천비평, 이론비평, 비평에 대한 비평으로 구분할 수 있다.[7] 실천비평은 문학 작품의 기본적 의미에 대한 이해, 기본적 의미 너머 심층적 의미에 대한 해석, 문학 작품의 가치에 대한 평가를 말한다. 이론비평은 문학 작품의 본질과 기능에 관한 체계적인 이해를 비롯하여 작품을 해석하고 평가하는 데 필요한 용어나 개념에 대한 비평을 일컫는다. 비평에 대한 비평인 메타비평metacriticism은 실천비평과 이론비평을 대상으로 그에 대한 이해, 해석, 평가 작업을 하는 것을 일컫는다.

비평에 관한 접근 방법적 측면을 보자면, 20세기 러시아 형식주의자들이 주축이 된 '형식주의 비평'과 카를 마르크스와 프리드리히 엥겔스의 철학을 논점으로 적용한 '마르크스주의 비평', 개별 텍스트들에 내재하는 기본 구조의 체계적인 방식에 대한 의미를 찾는 '구조주의 비평', 지그문트 프로이트의 심리학에 의거하여 무의식의 억압을 들춰내는 '정신분석 비평'이 있다. 그리고 언어의 불안정성에 기초하여 텍스트의 결정 불가능과 텍스트를 구성하는 이데올로기의 복잡성을 드러내는 '해체 비평'과 독자의 반응에 관심을 갖는 '독자 반응 비평', 여성의 사회적 지위와 역할에 대한 자유, 해방에 초점을 맞춘 '페미니즘 비평', 식민주의와 반식민주의 이데올로기의 작동 방식에 주목한 '탈식민주의 비평'이 있다.

이들 비평의 방법 중에서 인간의 심리와 연관된 '정신분석 비평'은 '심리주의 비평'이라고도 하며 작가의 창작 심리, 문학 작품의 내적 심리, 문학 작품을 수용하는 독자 심리 등 세 가지 영역을 인간의 심층 심리, 의식의 흐름, 리비도, 콤플렉스, 꿈의 이론, 자동기술법 등의 방법으로 해명하고 분석하는 방법을 말한다.

'심리주의 비평'은 단언하자면 작품을 정신분석학적 요소로 분석하며, 성 본능과 성 충동을 일컫는 리비도^{Libido}의 입장에서 작품을 들여다본다. 그러다 보니 인간의 병폐적인 성향, 이상 행동적 요인, 무의식 깊숙이 움직이는 성적인 욕망에 주로 초점이 맞춰져 있다. 프로이트가 주창한 정신분석은 '리비도'를 제외하고는 존재할 수 없기 때문이다.

최근 예술의 치유성을 정신·심리 치료 현장에서 활용하는 예술 치료가 활발하게 일어나고 있다. 다양한 예술 장르와 문화를 임상 현장에서 유효하고 적절하게 활성화하기 위해서는 기존의 비평적 접근으로는 부족하다. 치료에 활용할 수 있는 분명하고 실리적인 방법론적 접근이 필요하다. 이에 치유를 목적으로 임상 현장에서 적용할 수 있는 작품의 분석과 구체적인 활용 방안까지 포함한 실용적인 비평이 절실한 상황이다.

치료 현장에서 실제 작품을 활용할 수 있으려면, 치료적인 식견에서 작품을 파악하고 이를 모색하고 제시할 수 있어야 할 것이다. 이에 따라 치료적 비평은 몇 가지 특징을 지니고 있다. 용어를 사용함에 있어 '치유 비평'이라고 명명하면서 동시에 '심상 시 치료 비평'이라는 말을 쓰려고 한다. 이렇게 용어를 정의하는 것은 두 가지 이유 때문이다.

첫째는 비평 분야의 확대와 확산을 위해서이다. 앞서 언급한 대로 심상 시 치료는 예술의 영역 중 하나인 문학만을 활용하지 않는다. 광범위하고 포괄적인 다양한 매체를 활용할 수 있다는 측면에서 문학을 포함한 여러 매체를 치료적 비평으로 활용할 수 있을 것이다.

두 번째는 치료 기법적인 차원 때문이다. 하나의 매체나 여러 혼용된 매체나 문화를 통해 통합 예술·문화 치료인 심상 시 치료의 방법과 기법으로 특별히 고안해낼 수 있고, 이를 적용할 수 있는 방법을 제시할 수 있기 때문이다.

'심상 시 치료 비평'이라는 용어를 탄생시키는 것은 그 어느 때보다 치유가 절실한 이 시대에 치유 효과적인 방안을 제시할 수 있는 새로운 비평의 영역을 열었다는 점에서 의의가 크다. 앞에서 충분히 기술했지만, 다시 한번 언급하자면, 통합 예술·문화 치료인 심상 시 치료는 인간의 정신 활동과 오감(시각·청각·후각·미각·촉각)에 초감각과 지각을 아울러서 감성과 감수성으로 내면의 힘을 일궈내어 궁극적으로 온전한 마음과 영혼의 치유에 이르는 것을 말한다.

본격적으로 '치유 비평(심상 시 치료 비평)'에 대한 정의를 내려보고자 한다. 먼저 치유 비평의 테제부터 세워보고자 한다.

첫째, 작품(문학을 포함한 예술 및 문화 매체를 포괄해서) 중에서 심상 시 치료적 활용 가치가 있는 작품을 대상으로 하되 '감성'

과 '감수성'을 끌어올릴 수 있는 효과적인 작품을 선별해서 작업한다.

둘째, 작품과 작가의 상관관계에 대한 논의보다 작품의 내용을 위주로 파악한다. 즉, 작품의 형식과 구조적 비평을 하지 않는다. 작품의 내용에서 치료적 의미를 발굴하고 이를 적극적으로 활용하는 것에 의의를 둔다.

셋째, 심상 시 치료에 작품을 활용하는 기법을 구체적으로 제시하고자 한다. 이에 의거하여 활용할 수 있는 매체를 심상 시 치료의 치료 효과에 대한 과정인 '마음 잇기', '내면 진입', '깊은 내면', '마음의 빛', '마음의 빛 확산' 중에서 어떤 과정에 적합할지 권장하는 단계를 명시할 수 있다. 임상 현장에서 실제로 행할 수 있다는 것을 전제로 하기 때문이다.

넷째, '치유 비평'을 실제로 활용할 수 있는 이는 다른 제한 없이 '관심 있는 누구나'이다. 관심 있고 의지가 있다면 누구나 글에서 제시한 방법대로 행할 수 있다. 단, 인도하는 자가 누구냐에 따라 치료의 효과에 차이가 날 수밖에 없다. 치료사는 무엇보다 인격과 인성의 성장과 성숙이 필요하기 때문이다. 기법은 중요하지만, 기법이 전부가 아니다. 치료사가 깨닫고 보는 만큼 내담자를 이끌어줄 수 있다.

다섯째, 심상 시 치료 기법은 감성과 감수성을 자극하고 상상력과 잠재력을 끌어올려준다. 치유 비평은 부작용이 없는 대체의학으로서 정신 및 심리 치료인 심상 시 치료의 기법과 치료 효과가 구체적으로 기술되어 있는 글이다.

분석심리학자인 카를 융Jung은 다음과 같은 말을 한 바 있다. "우리가 태어난 이 세계는 거칠고 잔인하며 동시에 신성한 아름다움을 지니고 있다. 무의미냐 의미냐, 어느 쪽이 더 우세하다고 믿느냐 하는 것은 그 사람의 기질에 달렸다. 만약 무의미성이 절대적으로 우세하다면 우리의 정신적 발달과정에서 인생의 의미 충족이 점점 사라지고 말 것이라고 가정할 수 있을지 모른다. 그러나 그것은 그렇지 않다. 적어도 내게는 그렇지 않은 것처럼 보인다. 모든 형이상학적 문제에서 볼 수 있듯이 십중팔구 양쪽이 다 진실이다. 즉, 일생은 의미가 있기도 하고 없기도 하다. 나는 의미가 우세하며 전투에서 이기리라는 애타는 희망을 가지고 있다."[8]

그리하여, 새롭게 창안한 치유 비평이 치유 현장에서 의미 있게 적용될 수 있으리라는 간절한 희망으로 시작하려고 한다. 정리하자면, '치유 비평'은 문학을 비롯한 예술과 문화를 심리 치료 현장에서 활용할 수 있도록 매체를 치유적 시각으로 가지고 와서 비평하면서 동시에 활용 방안을 제시하는 것을 일컫는다. 또한, '치유 비평'은 심상 시 치료의 원리와 윤리, 치료 과정과 매체 활용 영역을 포함하고 접근하기 때문에 통합 예술 · 문화 치료인 심상 시 치료 비평이라고 할 수 있다. 다음 글에서 치유 비평의 구체적인 예와 활용 방안을 제시하고자 한다.

05 문화 예술 속에서 발견하는 치유의 속성과 범위
- 치유 비평의 범주

치유가 일어나는 것은 치유의 속성을 가진 자극으로 인해서이다. '치유적 속성'이란 긍정적 에너지의 발현을 일컫는다. 치유가 절실한 상황에서 그대로 내버려둔다면 심리적 엔트로피 법칙과 심리적 부정 항상성으로 걷잡을 수 없는 지경에 처할 수밖에 없다. 치유의 속성을 명확하게 잡아서 범주로 엮는 과정에서 근본적인 착안점을 먼저 밝히고자 한다. 동양과 서양, 남녀노소, 옛날과 현재에 국한하지 않는, 보편적이고 일반적인 개념을 가지고 오는 것이다. 이렇게 할 때 범세계적이며 범시대적인 치유 기법으로 통용될 수 있을 것이다.

이러한 의미에서 다음의 세 가지 점을 토대로 범주를 구성하였다.

첫째, 긍정 심리학의 창시자 격인 마틴 셀리그먼^{Martin Seligman}과 크리스토퍼 피터슨^{Christopher Peterson}의 VIA^{Virtues in Action} 분류 체계에 근거하였다. 이 체계는 고대에서 현대에 이르기까지 전해 내려오는 덕목을 망라하여 대표적으로 여섯 개의 영역으로 나누고, 해당 영역에 스물네 개의 성격적 강점을 포함한 것이다. 이들의 연구를 가져온 이유는 분류 체계의 강점 요인을 선정할 때 따른 기준 때문이다. 이 체계의 기준은 보편성, 행복 공헌도, 도덕성, 타인에게 끼치는 영향, 반대말의 부정성, 측정 가능성, 특수성, 모범의 존재, 결핍자의 존재, 풍습과 제도적인 면을 가지고 있다.[9] 이는 치유적 속성을 내포하고 있다고 볼 수 있다. 여섯 개 영역은 지혜, 자애, 용기, 절제, 정의, 초월이다.

둘째, 데이비드 레이먼 호킨스^{David Ramon Hawkins}가 밝힌 특정한 끌개 에너지장들에 의해 자리 잡힌 널리 인정되는 일련의 태도 및 감정과 정확히 일치하는 가치들의 범주 중에서 인간 의식의 건설적인 에너지 수준인 200 이상의 수준을 따왔다. 호킨스에 의하면 200 이하의 모든 수준은 개인과 사회 전반에 걸쳐 생명에 파괴적이고 200 이상의 모든 수준은 힘의 건설적 표현들이기 때문이다. 호킨스는 '200'이라는 결정적 수준이 위력과 힘의 일반 영역을 가르는 '지레 받침'이라고 명명한 바 있다.[10] 해당하는 의식 수준은 용기, 중립성, 자발성, 수용, 이성, 사랑, 기쁨, 평화, 깨달음이다. 이 가운데 '용기'는 위에 언급한 VIA 분류 체계와 중복된다.

셋째, 우리 문화의 대표적 치유성을 밝힌, 필자의 이전 연구의 다섯 가지 핵심어가 있다. 즉, 용서, 해학, 포용, 극복, 깨우침이다. 이는 우리 문화의 치유적 힘을 인성에 접목해서 새롭게 뜻을 세워나가면서 변화를 가져온다는 의미로서 심상시 치료 기법으로 활용해서 창안한 '창의 인성 치유'로 제시한 바 있다.[11] 이들 핵심어를 포함하고자 하며, 이 중에서 '깨우침'과 호킨스의 에너지 수준에서 '깨달음'은 성격상 맥락이 같으므로 '깨달음'이라는 단어로 통일하고자 한다.

이들 열아홉 가지 범주와 함께 치유 비평을 위해 선택한 우리 문화와 예술 매체의 선정 기준은 다음과 같다.

첫째, 범주에 근거한 내용이 충분히 포함되어 있어 치유의 주제로 접근할 수 있는 우리나라 문화와 예술이다.

둘째, 전문가들만 알 수 있는 난해하고 어려운 내용이 아니라 우리나라 사람이라면 보편적으로 접할 수 있는 문화와 예술이다.

셋째, 실제 치유가 필요한 임상 현장에서 활용하고 적용할 수 있는, 치유 효과적인 실리에 맞는 문화와 예술이다.

넷째, 우리 문화와 예술의 정신을 현대에서 재해석하고 재조명하고, 내면의 근원적 힘을 일궈낼 수 있는 문화와 예술이다.

이에 따라 각 범주마다 세 가지의 매체를 제시하고, 치유 비평과 더불어 활용 방안을 제시하고자 한다. 치유 비평을 위한 범주와 매체를 다음 〈표 1〉에서 제시하였다. '구분'에서 'VIA'에 해당하는 것은 '긍정'으로, 의식의 에너지에 해당하는 것은 '에너지'로 창의 인성 치유에 해당하는 것은 '빛'으로 표시하였다.

범주	구분	한국 문화와 예술 텍스트
지혜	긍정	강강술래, 똬리, 행주치마
자애	긍정	금동미륵보살반가사유상, 골무, 덕담
용기	긍정, 에너지	연날리기, 옹헤야, 대문놀이
절제	긍정	세한도 : 김정희, 차 문화, 보자기
정의	긍정	단군, 유관순, 흰 소 : 이중섭
초월	긍정	고수레, 정화수, 솟대
사랑	에너지	달항아리, 약손, 봉선화
중립성	에너지	담장, 장독, 오동나무
자발성	에너지	줄타기, 복조리, 명당
수용	에너지	조각보, 공무도하가, 김소월 : 진달래꽃
이성	에너지	온달과 평강공주, 절, 사랑방
기쁨	에너지	부채, 복주머니, 마당
평화	에너지	풍경, 정자, 엄마야 누나야
깨달음	에너지, 빛	아리랑, 상엿소리, 까치밥
포용	빛	따오기, 자장가, 고주몽 설화
용서	빛	처용, 한용운 : 나룻배와 행인, 불국사
극복	빛	바리데기 설화, 해와 달이 된 오누이, 댓돌
해학	빛	하회탈, 민화 속 호랑이, 도깨비
조화	빛	춤추는 둥근 호흡 : 벽강, 품앗이, 한글

06

올바른
치유의 기법과
마음에 대하여
– 치유 비평의 전제 조건

기법에 대하여

앞서 제시한 범주대로 예술과 문화에 대한 치유 비평을 서술하고자 한다. 해당 매체에 대한 이해를 위한 설명, 치유성의 발굴, 심상 시 치료 프로그램 활용 방안, 치유적 효과 순서로 나열할 것이다.

이에 앞서 밝혀둘 것이 있다. 먼저 기법에 대해서이다. 매체를 다루는 모든 기법에서 활용하는 것은 아니지만, 정적 기법에서 주로 등장하는 것이 명상이다. 심상 시 치료에서 명상은 척추를 곧게 하고 복식호흡을 유지하며 눈은 감은 채 온몸을 이완하는 것을 말한다. 인간은 대부분 명상이나 기 수련을 통해 자신의 뇌파를 스스로 조절할 수 있다. 평상시 깨어 있을 때는 14에서 21헤르츠의 베타파가 주를 이룬다. 이 베타파는 일상적인 활동에 집중하고 있을 때 나타난다. 고요한 평정 상태를 유지하면서도 고도의 각성 상태에 있는 경우는 8에서 13헤르츠의 알파파가 나타난다. 이때, 마음이 편안해지고 쾌적해지면서 안정감을 얻게 된다. 또 창조성이 극도로 활성화되거나 깊은 명상 상태에 있는 경우와 잠잘 때는 4에서 7헤르츠의 세타파가 나타난다. 세타파는 각성과 수면 사이를 반영하며, 세타파가 우세할 때 깊은 통찰력을 경험하기도 하고 창의적인 생각이나 문제 해결 능력이 솟아나게 된다. 세타파는 유쾌하고 이완된 기분과 극단적인 각성과도 관련이 있고, 동시에 어떤 일을 수행하겠다는 의도와 관련이 있는 뇌파다. 오랫동안 명상을 수행한 사람은 명상을 하지 않는 평소에도 세타파를 쉽게 드러내며, 보통 사람들도 어떤 통찰이나 창의적인 생각이 일어나는 순간 세타파를 경험할 수 있다. 깊은 수면, 삼매경에 이르는 명상, 또는 의식불명 상태가 되면 0.5에서 3헤르츠의 델타파가 나타난다. 느린 뇌파일수록 이완되고 느긋한 만족감을 느끼며 마음이 평화로워진다. 심상 시 치료에서는 고도의 각성 상태인 알파파 이상의 상태가 될 수 있도록 이끈다. 따라서 심상 시 치료에서는 뇌파를 알파파 상태가 되도록 하는 단계를 '명상'이라는 말보다 '심상'이라는 말로 대체해서 표현할 수 있다. 이는 심상 시 치료의 원리 중 '자각'의 두 번째 원리인 에너지의 원활한 흐름을 자각하는 것과 연관된다.[12] 즉, 자각의 두 번째 몫은 우주의 에너지와 내면의 빛이 서로 소통하며, 원활한 에너지 흐름을 이뤄냄으로 인해 통찰과 해결을 가져온다는 원리에 기반을 두고 있다. 이러한 소통을 위한 조건으로 알파파 이상의 진입이 필요하다.

또한, 기법의 순서에서 '글쓰기'를 가급적 많이 활용하고 있다. 글로 쓰게 되면 느낀 점을 정연하게 정리할 수 있고, 이 순간에 일어나는 생각과 느낌을 나중에 필요에 따라 들춰볼 수 있다. 그렇지만 즉흥적으로 드러나는 감정의 표출을 정화하거나 차단하는 역효과도 있다. 다음 치유 비평의 본문에서 '글로 적는다'라는 구절이 나오지만, 진행자(치료사)는 내담자의 상황을 면밀하게 검토해서 글로 적는 것이 좋을지, 말로 표현하는 것이 나을지를 판단해서 행하면 된다. 혹은 경우에 따라서는 몸짓, 소리 등을 활용해서 표현할 수도 있을 것이다. 다만, 본문에는 '글로 적는다'라고 통일해서 기술하고자 한다.

마음에 대하여

두 번째로 마음에 대한 전제 조건이다. 사실상 치유는 마음의 감옥에서 풀려나 자유를 만끽하는 것이다. 선천적이나 후천적으로 형성된 성격상의 기질과 가치관을 비롯한 정신적 사고의 틀은 쉽게 깨뜨릴 수 없다. 그렇지만 온전한 변화가 일어났을 때 진리를 향해 눈을 돌리게 되고, 마침내 그 틀이 무너질 수 있다. 그렇게 될 때 진리는 자유를 선물로 안겨준다.

개리 레너드Gary Renard는 치유에 관해 이런 말을 했다. "우주는 그대의 해방을 기다리고 있다. 그대의 해방이 곧 우주의 해방이기 때문이다. (……) 결국 치유는 신의 것이다. 그 수단은 그대에게 세심하게 설명되고 있다. 신을 무엇보다 우선적으로 찾는 이만이 먼저 신을 발견할 것이다. (……) 그대에게 주어진 것은 무엇인가? 그대가 하나의 마음, 사랑으로부터 창조되었기에 영원히 순결하고 두려움이 전혀 없는, 마음 안에 있는 순수한 마음이라는 앎이다. 그대는 창조되었던 그대로 남아 있었으니, 그 근원을 떠난 적이 없다."[13]

인간의 무의식 깊숙이 존재하는 핵심은 '빛'이며, 이 빛은 신(우주의 에너지)과 통한다. 그것은 개리 레너드가 말한 '사랑', '순수한 마음', '근원'이라고 말할 수 있으며, '앎'은 자각을 일

킨는다. 이러한 빛을 자각하고 발현하는 것이 바로 치유가 지향하는 궁극적 목적이라고 할 수 있을 것이다.

치유가 효과적으로 일어나기 위해서는 치료사(진행자)와 내담자 간에 치료적 신뢰 관계를 반드시 쌓아야 한다. 이를 심상 시 치료에서는 '마음을 이어가는 단계'라고 일컬으며, 이는 순차적으로 마음을 이어가는 단계인 동감, 공감, 감정이입, 교감으로 이뤄진다.

동감(同感)은 어떤 견해나 의견에 생각이 같은 것을 말한다. 생각과 느낌을 같게 한다는 것은 바로 마음의 빛깔을 맞추는 것이다. 마음은 상황이나 상태에 따라 제각각 다른 빛깔을 낸다. 검고 암울한 빛깔을 낼 수도, 환하고 밝은 빛깔을 낼 수도 있다. 어떤 빛깔을 품고, 또 뿜어내느냐는 바로 자신의 선택에 달려 있다. 의식적이든 무의식적이든, 자신의 선택이 빛깔을 내게 하는 것이다. 한 개인이 낼 수 있는 빛깔은 마음의 상태에 따라 다양하고 다채롭다. 암울한 빛깔을 지닌 사람이 다음 순간에는 눈부신 빛깔을 낼 수도 있고, 그 반대의 경우도 존재할 수 있다. 하지만 항상성의 원리에 따라 개인의 선택은 늘 하던 대로 같은 방향에만 치우치는 경향이 있다. 어떤 환경과 유사한 상태가 되면 마음 또한 예전에 경험했던 빛깔을 드러내게 된다. 게다가 개인마다 주로 간직하게 되는 빛깔이 존재한다. 즉, 주로 품고 간직했던 대로 개개인의 고유 빛깔이 존재하는 셈인데, 성향이나 성격에 따라 고유한 특징적인 빛깔을 지닌다.

어떤 상황이나 상태로 인해 검고 암울한 빛깔을 지닌 내담자를 상대하게 될 때, 치료사는 주의를 기울여야 한다. 치료사가 밝고 환한 빛깔을 지니고 있더라도, 치료사가 지닌 고유의 빛깔 그대로 내담자의 빛깔에 다가가게 된다면 반감과 강한 저항에 부딪히기 십상이다. 비록 겉으로 봐서 내담자가 치료사의 말에 잘 부응하고, 원활히 치료적 신뢰 관계가 형성되는 듯 보여도, 실상 마음의 깊은 곳에서는 거부 작용이 일어나고 만다. 마음의 빛깔은 그 빛깔을 없애기 위해 강압적이고 강제적인 위력을 가할 경우, 오히려 그 빛깔에 고착해버리는 특징이 있다. 비슷한 빛깔에서는 동화될 수 있으나, 전혀 다른 빛깔 앞에서는 급격히 친화력이 떨어진다. 그것은 행복해 보이는 사람 앞에서 불행이 커지며, 행복한 자가 행복을 전염시키고 싶어 하지만, 이미 불행 속으로 가라앉은 이에게 그러한 교훈들이 잘 와닿지 않는 것과도 같은 이치이다. 불행 안에 웅크리고 있는 자에게 제일 먼저 해야 할 일은, 혼자만 불행하다고 여기며 불행 안에 갇혀 있게 만든 스스로 굳게 닫은 문을 슬며시 열게 만드는 것이다.

치료사는 환하고 밝은 고유의 빛깔을 지니고 있더라도 잠시 그 빛깔을 감추고 내담자의 빛깔에 근접한 빛깔의 옷으로 갈아입고 접근해야 한다. 문을 여는 것이 자신의 마음을 상하게 하지 않을 것이라는 사실만으로도 내담자는 어느 틈엔가 슬그머니 마음의 문을 열게 된다. 내면의 어둠이 의미하고 있는 것은 외로움이며, 내담자는 스스로를 철저히 고립시킴으로써 외로움을 더욱 증폭시키는 행위를 하고 있다. 즉, 내담자는 외부와의 연결을 차단함으로써 외로움을 드러내고, 그 어둠 속에 빠져들어 있다는 것을 정신적 건강의 위험 신호로 보내오고 있는 것이다. 그렇더라도 섣불리 어둠을 없애려고 시도하는 것은 역효과를 불러온다. 내담자가 스스로 선택해서 둘러친 장벽에 대한 이해와 포용이 먼저 이뤄져야 한다. 어쩔 수 없이 둘러친 장벽을 무너뜨리라고 일방적으로 지시하거나 무시하지 않고, 그렇게밖에 할 수 없었던 심리적 과정을 어루만지는 과정을 먼저 거쳐야 한다. 그러기 위해서는 환하고 밝은 빛깔을 숨기고 내담자의 마음 빛깔에 최소한 근접할 수 있는 빛깔을 일부러 낼 필요가 있다.

치료에 대한 자각과 의지가 강한 사람이라고 하더라도 마음의 문을 열지 않을 수도 있다. 무의식은 겉으로 드러난 모습과 달리 전개된다. 감출 수밖에 없는 것들을 지닌 채 깊숙이 웅크리며 들킬까 봐 전전긍긍하며 문을 걸어 잠그고 있는 것이다. 의식으로는 스스로 그러한 자신의 모습을 전혀 상상조차 하지 못하지만, 무의식적으로는 늘 간직했던 빛깔에 고착되어 그 빛깔을 고수하려는 작용을 지니고 있다. 치료사가 자신이 지닌 고유한 마음의 빛깔을 사라지게 하라는 것이 아니다. 다만, 치료사가 가진 원래의 빛깔을 지혜롭게 감춘 채 내담자와 친근한 관계를 형성하는 것이 중요하다. 원숙한 인격에서 나오는 빛깔은 포용의 힘이 있어서 상대방의 마음을 포근하게 감싸주기 마련이다. 그리하여 치료사는 내담자의 빛깔과 동일시를 이루면서 문을 열게 만들어야 한다. 다만, 치료사의 고유 빛깔이 탁하고 암울해서는 곤란하다. 치료사의 고착된 빛깔이 과거에 암울하고 검고 탁한 빛깔이었다고 하더라도 치료사가 된 현재, 치료사의 고유 빛깔은 환하고 밝아야 한다. 만약 그러한 빛깔을 경험하지 못했다면 밝고 환한 빛깔을 마음에 담을 수 있도록 치료사의 길을 유보하고 빛깔을 다듬을 시간을 가져야 할 것이다.

단언하건대, 치료사의 최고의 덕목은 환하고 밝은 고유의 빛깔을 지니는 것이다. 마음의 빛깔이 환하다는 것은 감정이나 기분 따위를 말하는 것이 아니다. '마음의 빛'을 염두에 두고 살아나가는 것을 일컫는다. '마음의 빛'의 실현은 삶은 배움의 장이며, 매 순간은 영혼의 성장을 위한 기회라는 사실을 믿고 실천하는 것을 의미한다. 또한, '마음의 빛'을 찾는 과정 중에서 '용서'가 필연적으로 행해져야 한다는 것을 잘 알고 이를 자신의 삶 속에서 체험하며 성숙한 영혼이 되는 것을 말한다. 또한, 보이지 않는 에너지와 분위기, 기운이 보이는 세계를 이끌어간다는 사실을 체득한 것을 뜻한다. 그 무엇보다 만물에 대한 존중과 사랑이 있어야 한다. 이는 심상 시치료의 윤리와 원리를 삶 속에서 체득하며 살아가는 이를 의미한다. 또한, 앞서 호킨스의 에너지장에 입각해서 설명하자면, 200 이상의 에너지 수준을 가진 이를 말한다. 200 미만은 다음과 같다. 수치심은 20, 죄책감은 30, 무감정은 50, 슬픔은 75, 두려움은 100, 욕망은 125, 분노는 150, 자부심은 175이다. 호킨스에 의하면, 부정적인 에너지는 부정적으로 순환하며, 200 이상의 긍정 에너지는 긍정으로 순환하는 특징이 있다. 치료사가 200 이하의 에너지 수준을 가지고 있다면, 역할을 제대로 수행하기 어렵다. 자신이 어떤 감정에 지배되고 있는지를 자각할 수 있다면 가능성이 있다. 문제는 자신의 에너지 수준을 스스로 돌아보는 것마저 부인하고 자신을 속이는 무의식의 작동에 끌려 다니는 것이다. 그런 이들은 이렇게 말하기도 한다.

"나는 늘 환한 다홍빛이야. 이 빛을 잃어버린 적은 없어. 언제나 환하고 열정적이지!"

이런 말을 하면서도 오랫동안 비교 의식, 열등감으로 이어지는 수치심을 가지고 있다면 성찰의 감각마저 마비된 상태이다. 위험천만하기 그지없다. 자아 만족감에 충만해서 자신을 스스로 돌아보지 못하는 수준에서 치료한다면, 내담자에게 효과도 없거니와 심리 및 정신 치료에 대한 불신만 안겨줄 뿐이다. 200 이하의 에너지 수준에서 이상으로 상승하기 위한 가장 탁월한 지름길은 성찰과 통찰, 용서, 그리고 이에 대한 깨달음이다. 용서는 타인을 향한 용서와 자신을 향한 용서, 돌이킬 수 없는 상황에 대한 용서가 포함되어 있다. 에너지의 향상은 하루아침에 일어나지 않지만, 부단한 의지와 실천으로 천천히 이루어갈 수 있다. 진솔하고 순수한 마음을 가질 때 자기 자신을 제대로 알아차리고 에너지를 고양하는 방향으로 나아갈 수 있다.

물론 200 이상의 에너지 수준을 가진 이들도 때때로 어떤 상황이 발생하면 순간적으로 200 이하의 수준으로 내려갈 수 있다. 늘 환하고 밝은 빛깔을 지닐 수는 없다는 뜻이다. 하지만 암울한 빛깔에서 밝고 환한 빛깔로 돌아오는 환원력과 탄력성이 더 이상 작용하지 않거나 아주 더디게 돌아온다면, 치료사는 충분한 휴식을 취해야 한다. 치료 효과는 치료사의 빛깔 상태에 따라서 크게 좌우되기 때문이다. 이처럼 치료사가 지니는 고유한 빛깔을 숨기고 내담자의 빛깔에 맞춰서 접근하되 지속적으로 감춘 상태로 머물러 있어서는 곤란하다. 내담자의 마음 문이 열리는 시점을 계기로 해서, 치료사의 빛깔을 원래의 빛깔 쪽으로 조금씩 되돌려야 한다. 그런 과정은 치료사 혼자서 하는 것이 아니라 내담자와 함께 하는 것이다. '마음 잇기'의 다음 단계들 속에서 빛깔의 변환은 자연스럽게 이뤄질 것이다. 호킨스의 에너지 수준에 의하면, 대부분의 내담자들이 200 이하의 상태에서 프로그램을 시작하게 되고, 치유는 200 이상의 수준으로 순환하게 되는 기점을 말한다. 앞서 설명했던 심리적 부정 항상성이 긍정 항상성으로 진입하게 되는 것과 같은 맥락이다. 긍정 항상성의 작용으로 긍정 에너지를 가지고 있는 에너지 수준이 높은 치료사가 내담자를 치유로 잘 이끌어갈 수 있는 것은 자명한 사실이다.

빛깔을 통해 마음을 이어갔다면, 다음은 공감의 단계이다. 공감共感은 상대의 감정과 의견이나 주장 따위에 대하여 자기도 그렇다고 느끼는 것, '마음 나누기'를 말한다. 내담자의 문제 상황으로 인해 불거진 정서와 감정에 대해 치료사와 함께 마음을 나누는 것이다. 마음 나누기는 마음의 빛깔과 융화되어 내담자가 마음의 문을 조금이라도 열었을 때, 마음을 나눌 수 있는 공감의 단계로 자연스럽게 진입할 수 있다. 마음을 나눈다는 것은 상대의 말과 표정과 행동에 고개를 끄덕이며 받아들이는 것을 말한다. 마음을 나누는 핵심적인 작용은 '이해'와 '수용'이다. 올바른 이해와 수용이 작용한다면 서로의 마음이 자연스럽게 소통할 수 있게 된다. 그로 인해, 그다음 마음 잇기 단계인 감정이입 단계에 들어설 수 있다.

감정이입感情移入은 다른 사람의 입장에서 생각하거나 다른 사람의 감정·욕구·사고·행위들을 이해하는 능력을 말한다. 감정이입의 차원은 특히 심미적 경험과 관련되어 사용한다. 주체와 객체가 따로 존재하는 것이 아닌, 하나가 되는 상태이다. 감정이입은 치료 현장에서 이미 경험했던 의미 있는 한 대상에 대한 감정을 치료사나 집단원한테 이입해서 투사시키는 것이 아니다. 여기에서 말하는 감정이입은 내담자와 마음의 빛깔을 맞추고 마음을 나누고 난 이후, 내담자가 겪은 갈등과 아픔의 상황 속에서 치료사도 마치 겪은 것처럼 느낄 수 있는 것을 말한다. 또한, 내담자는 경험했던 문제 상황에 머물러 있지 않고, 그 상황을 주시하면서 결국 헤쳐 나오려는 힘을 가지게 된다. 내담자와 치료사의 마음의 원활한 소통이 일어나게 된 것이다. 즉, 내담자의 마음이 치료사에게 고스란히 스며들고, 또한 치료의 힘으로 인도하려는 치료사의 마음이 내담자의 마음으로 스며드는 것이다. 이로써 치료사와 내담자의 마음은 활발히 교류하게 된다. 따라서 감정이입을 '마음 합하기'라고 명명할 수 있다. 치료사가 내담자와 마음을 맞추게 되고, 치료사에게 내담자의 마음이 흘러가게 될 때 치료의 힘에 대한 실마리가 잡히고 치료의 분위기는 무르익어 갈 수 있다.

마음 잇기의 다음 단계는 교감交感이다. 교감은 서로 접촉하여 따라 움직이는 느낌을 말하며, 최면술을 쓰는 사람이 상대방에게 최면을 걸어 의식을 지배하는 관계를 일컫는 말이기도 하다. 심상 시 치료는 최면이 아니지만, 최면으로서의 교감과 맥락이 통하는 면이 있다. 치료사가 자신의 고유 빛깔인 밝고 환한 빛을 지혜롭게 숨기고 전략적으로 내담자의 빛깔에 맞춰서 접근하는 것이 마음 잇기 단계의 시작이라면, 교감은 마음 잇기 단계의 완성으로서, 자신의 원래 빛깔로 내담자를 이끄는 것을 말한다. 다만, 의식을 강압적으로 지배하는 것이 아니라, 마음 잇기의 각 단계인 동감 즉, '마음의 빛깔 나누기'와 공감, 즉 '마음 나누기'와 감정이입, 즉 '마음 합하기'로 이어진 이후에 겪게 되는 자연스러운 과정으로서 마음을 이끄는 단계이다. 다시 말해서, 교감이란 내담자가 처음에 가졌던 마음 빛깔인 암울한 빛깔에서 자신의 고유한 빛깔 쪽으로 에너지를 이끄는 것이며, 따라서 교감은 '마음 이끌기'라고 할 수 있다.

마음의 빛깔을 전환하는 전환점은 내담자가 자신에게 이미 밝고 환한 마음의 빛깔이 존재한다는 사실을 스스로 깨닫는 것에서 시작한다. 심상 시 치료사가 하는 일은, 내담자의 내부에 그 빛깔이 존재하고 있다는 사실을 스스로 통찰할 수 있도록 자극하고 인도하는 것이 전부이다. 처음부터 그러한 빛깔이 있다는 사실을 가르쳐주거나 설명해주어서는 내담자가 그 빛깔을 발견해낼 수 없다. 손으로 움켜쥐려 해서는 결코 흘러가는 물을 손안에 가둬둘 수 없는 이치와도 같다. 다만 소중하게 담기리라는 마음만 가진 채 마치 아무것도 원하지 않는 것처럼 손바닥을 펼치고서 움켜쥐려는 마음을 놓아버릴 때, 손바닥에 물을 가득 담게 된다. 심상 시 치료의 원리도 이와 같다. 무엇인가를 획득하고 꾀하고 노리며 전략과 전술로 접근하려 들어서는 치료 효과를 거둘 수 없다. 치료의 기술과 방법과 목적과 목표는 지니고 있되 치료 현장에서 내담자의 내면이 변화하고 성장해야 한다는 강박적인 고정관념에서 벗어나야 한다. 매 회기마다 내담자가 통찰하고 변화하고 자각하는 등의 기적적인 성장이 이뤄져야 한다는 목표 의식을 놓아버릴 때, 오히려 치료는 성공을 거두게 된다.

그것은 마음 잇기의 각 단계인 마음의 빛깔 맞추기, 마음 나누기, 마음 합하기, 마음 이끌기의 단계가 억지스럽지 않고 자연스럽게 흘러가는 것과 같은 맥락이다. 이성과 의지는 억지가 작동될 수 있지만, 마음은 그렇지 않다. 억지를 부릴수록 마음은 더 자유를 갈망하게 되고, 팽팽한 긴장감이 있는 한 의도한 대로 잘 이뤄질 수 없다. 자연스럽고 편안한 흐름이 될 때 마음이 놓이게 되고 육체와 정신적 긴장을 이완할 때, 비로소 심상 시 치료가 제대로 이뤄질 수 있다. 심상 시 치료사는 매 회기마다, 내담자와 더불어 유희를 일으키고 즐길 뿐이다. 사실상 고통마저 즐길 때, 고통은 자신의 역할이 더 이상 고통답지 못하다는 사실을 알고, 고통 주기를 그치게 된다. 그럴 때, 고통의 '힘'이 작동하게 된다. 부정적인 의미를 뜻하는 단어에 '힘'을 붙일 수 있다면, 신비롭고 신기하게도 그 부정적인 것은 더 이상 부정의 에너지를 지니지 않는다. 부정이 스스로가 부정임을 그만두고, 극복을 향해 방향을

틀게 되는 것이다. 그것은 하나의 극단에 치우칠 때, 다른 극
단으로 옮겨 가려는 원리가 적용되기 때문이다. 또, 부정적인
의미에 가해지는 '힘'의 에너지는 바닥을 차고 날아오르는 것
과 같아서, 마치 비행기가 있는 힘을 다 내어 이륙하듯이 내
면의 활개를 펴고 회복하고자 하는 힘이 증폭된다. 따라서 고
통과 갈등의 '힘'은 고통과 갈등의 상황을 멈추게 할 뿐 아니
라, 급반전을 이루며 치유의 상황으로 전개되도록 한다.

치료사와 내담자 간의 마음을 잇는 신뢰 관계rapport에 따라
같은 내용으로 진행하더라도 치료 효과는 차이가 날 수밖에
없다. 또한, 프로그램을 진행하는 치료사의 마음의 빛깔, 인
격과 영혼의 성숙도에 따라서도 치료 효과는 차이가 난다. 심
리 · 정신 치료는 정형화된 물질이 아니라 보이지 않지만 강
력한 에너지를 가진 정신과 심리, 나아가 결국 영혼을 다루
기 때문이다. 따라서 프로그램을 직접 행하는 치료사의 자질
과 능력이 그 무엇보다 중요하다. 심리 치료 현장에서 치유
비평에 제시된 기법을 그대로 행할 때, 진행하는 치료사에 따
라 확연하게 결과가 달라질 수 있기 때문이다. 따라서 심상
시 치료사의 수련 과정(보건복지부가 주무부로 되어 있으며, 민간자
격 2016-004355호로 등록하여 '심상 시 심리 상담사' 2급, 1급, 전문가 자

격증 교육 과정이 있음)을 이수하고 2급 이상 자격증을 획득한 자가 효과적으로 심상 시 치료 프로그램을 운영할 수 있을 것이다. 또한, 치유 비평의 경우 전문가 과정까지 이수하고 자격증을 획득한 자가 개인 혹은 집단의 치료 목적에 맞도록 심상시 치료 기법을 직접 창안하고 고안해낼 수 있을 것이다. 심상 시 치료의 기법에 대한 과정인 '감각', '감성', '감수성', '심상simsang', '자유' 단계를 이해할 수 있어야 기법을 온전히 개발하고 진행할 수 있기 때문이다.

PART 2

문화 예술 치유
- 실전편 -

CHAPTER 1

—

지혜

—

행주치마
강강술래
똬리

총 열아홉 개의 범주는 앞에서 열거한 대로 세 가지로 구성되어 있다. 즉, 마틴 셀리그먼과 크리스토퍼 피터슨의 'VIA(Virtues in Action) 분류 체계', 데이비드 레이먼 호킨스의 '인간 의식의 200 이상의 에너지 수준', 필자가 밝힌 '창의 인성 치유에서 제시했던 주제'가 포함되어 있다. 먼저, 각 범주가 함의하고 있는 바를 먼저 밝히고 서술하고자 한다.

피터슨과 셀리그먼이 고안한, DSM(Diagnostic and Statistical Manual of Mental Disorders, 정신장애 진단 및 통계 편람)에 상응하는 심리적 강점과 덕성에 대한 분류 체계인 VIA(Virtues in Action)에는 여섯 개의 핵심 덕목과 스물네 개의 감정이 있다. 각 범주에 속해 있는 강점까지 포함해서 설명하면 다음과 같다.[14]

지혜(wisdom)는 사물이나 현상의 이치를 빨리 깨닫고 정확하게 처리하는 정신적인 능력으로서, 사물이나 현상을 전체적인 관점에서 생각하고 다른 사람에게 현명한 조언을 제공하는 능력을 말한다. 지혜 영역은 다섯 개의 강점을 포함하고 있다. 창의성, 호기심, 개방성, 학구열, 지혜이다. 각각을 살펴보면 다음과 같다. 창의성(creativity)은 어떤 일을 하면서 새롭고 생산적인 방식으로 생각하는 능력을 말한다. 참신한 사고와 생산적인 행동 방식을 포함하고 있다. 호기심(curiosity)은 개인이 겪는 모든 경험에서 우선 가지게 되는 신기함, 다양성, 도전을 추구하는 것을 말한다. 개방성(open-mindedness)은 사물이나 현상을 다양한 측면에서 철저하게 사유하고, 파악하면서 검토하는 능력을 말한다. 모든 증거를 동등하게 취급하고 새로운 증거에 따라 신념을 수정하는 태도를 포함하는 것이다. 학구열(love of learning)은 새로운 기술과 주제, 지식을 배우고 숙달하려는 동기와 능력을 뜻한다.

01

행주치마

행주치마의 치유 비평

'행주치마'는 일을 할 때 치마 위에 덧입는 길이가 짧은 치마를 가리킨다. '행주'란 그릇을 훔치거나 씻을 때 쓰는 헝겊을 말하는데, 행주치마는 아마도 이런 용도도 겸해서 사용했기 때문에 붙인 이름일 것이다. 1527년에 최세진이 어린이들의 한자 학습을 위하여 지은 『훈몽자회^{訓蒙字會}』에서는 행주치마를 '말포^{抹布}'라고 풀이하고 있으며, 이는 '닦는 천'이라는 뜻이다. 행주치마는 손에 묻은 물을 훔치거나 그릇 따위를 닦는 천 조각이라고 볼 수 있다. 따라서 부엌일을 할 때 치마 위에 덧입는 짧은 치마 격인 서양의 '에이프런'과는 차이가 난다. 에이프런은 물이 묻거나 오물이 튀는 것을 방지하는 역할을 하지만, 우리나라의 행주치마는 부엌일을 하다가 물 묻은 손을 훔치고, 그릇의 물기를 닦기도 하고, 뜨거운 솥뚜껑을 들어 올릴 때 감싸기도 하는 등 상황에 따라 적절하게 쓰였다. 단순히 얼룩지지 않게 치마를 보호하기보다는 다용도로 활용했다.

또한, 1593년(선조 26년) 2월 행주산성에서 권율權慄이 왜병을 맞아 싸울 때, 성 안의 부녀자들까지 합세하여 치마에 돌을 날라 병사들에게 공급해줌으로써 큰 승리를 거두었다고 전해진다.

흰색 무명류를 사용하여 치마의 반 폭 정도로 만들어 뒤가 휩싸이지 않게 하였고, 길이는 치마보다 짧게 만들었다. 걸을 때나 일할 때는 치마가 늘어지는 불편을 덜기 위하여 위로 걷어 올리고 허리띠로 매어 '거들 치마'를 하였는데, 그 위에 행주치마를 둘렀다. 행주치마를 입고 일을 하다가도 웃어른 앞에 나설 때는 반드시 이를 벗는 것이 법도였다고 한다.[15]

행주치마는 군불에 구운 고구마 등 뜨거운 것을 집어 들거나 그릇이나 상의 물기를 닦는 용도로도 쓰였다. 다채롭고 다양하게 사용했을 뿐만 아니라, 전시 현장에서 용감하게 한몫을 한 것이 바로 행주치마이다. 따라서 행주치마에는 조상들의 지혜가 담겨 있으며, 생활 속에서 가장 먼저 닿고 부대끼는 역할을 했다고 볼 수 있다.

행주치마는 그것을 사용한 사람과 가장 가까이에 있으면서 온갖 사정을 다 알고 있을 것이다. 행주치마를 입은 여자의 눈물을 닦아주기도 하고, 누군가의 눈물을 슬며시 닦아주기도 했을 것이다. 때로는 여러 감정으로 얼룩진 얼굴을 덮어주기도 하고 곳곳의 물기를 훔쳐주기도 했을 것이다. 행주치마는 삶의 터전에서 많이 부대끼면서 슬기롭게 활약한 존재였다. 이처럼 행주치마는 생활 속에서 직면하면서 힘들 때 맞서 싸우는 용기를 지녔다. 지혜롭고 슬기롭게 상황에 잘 대처해가며 행주치마는 보호하고 감싸주면서 힘 있게 대항하는 기능으로 일상에서 널리 쓰였다.

심상 시 치료 기법으로서 행주치마

순서 ────────────────────────────

1   행주치마를 사용했던 쓰임새, 이미지에 대해 이야기를 나눈다.

2 　행주치마에 대한 느낌을 충분히 나눈다.

3 　'내 삶의 행주치마는 ○○○이다'라고 정의하고 그 이유를 간단히 적어본다.

4 　내 삶의 행주치마에 대해 나눈다. 그 어떤 일이든 오롯이 직면하는 용기와 지혜, 힘들 때 맞서서 싸우는 용기와 지혜, 나 자신을 스스로 보호해주고 감싸주는 용기와 지혜를 가진 적이 있는지, '행주치마'와 같은 마음을 낸다면 어떨지 말해본다.

5 　다음 심상 시 치료 멘트대로 행한다('……'표시는 10초 정도 뜸을 들이라는 표시임).

(눈을 감고 복식호흡과 이완을 한 후 진행한다.)

나는 내 삶의 행주치마를 가지고 있습니다. 이 치마는 더러움을 가장 먼저 직면하게 하고, 힘들 때 맞서서 싸우게 하고, 나를 보호하고 감싸주는 용기와 지혜를 가지고 있습니다. 내 삶은 안전하고 소중하게 보호받고 있습니다. 그것을 해내는 것은 바로 내가 가진 행주치마입니다. 이 행주치마는 우주의 강한 에너지이기도 합니다. 나는 강한 우주의 에너지를 받고 있습니다. 내 삶의 행주치마를 나는 고스란히 간직합니다. 언제, 어떤 일이 있더라도 이 행주치마는 생의 마지막까지 늘 나와 함께합니다. 지금의 느낌을 그대로 느껴보시기 바랍니다.

…… 지금, 이 느낌을 그대로 간직합니다. 느낌을 간직한 채 셋을 세고 눈을 뜨시면 됩니다. 하나, 둘, 셋!

6   심상 시 치료 멘트에 따라 행하고 나서 느낌을 적는다. 혹시 아무것도 떠오르지 않았다면, 눈을 뜬 채 멘트대로 장면을 상상해서 적는다.

7   6에서 적은 글을 함께 충분히 나눈다.

치유 효과

행주치마는 생활 일선에서 가장 먼저 직면하고 당당하게 헤쳐나가는 역할을 해왔으며, 행주대첩에서는 적군을 물리치기 위해 돌을 날랐던 역사가 있다. 이처럼 직면하고 맞서 싸우기도 하고 보호하고 감싸주는 행주치마의 이미지를 삶 속에 가져와서 자신 안에 있는 지혜롭고 용기 있는 면을 발견함으로써 내면의 긍정적인 힘을 자각할 수 있다. 심상 시 치료의 과정 중 '내면 진입' 단계에 적합하다.

02 강강술래

강강술래의 치유 비평

강강술래는 대보름이나 한가위에 함께 모여 손을 잡고 추는 민속놀이다. 1966년에 중요무형문화재 제8호로 지정되었으며, 2009년 유네스코 인류무형문화유산으로 등재되었다. 주로 한반도의 남서쪽 지역에서 널리 행해졌지만, 오늘날에는 주로 전라남도의 해남군과 진도군에서 이루어지고 있다. 원무를 추면서 '강강술래'를 반복해서 노래했다. 특히 느린 진양조로 부를 때는 '강강수월래'로 길게 발음하였다. 강강술래

의 원형은 고대 중국의 문헌에 의하면 약 2,000년 전에 존재했던 마한의 농촌 풍습에서 발견된다.[16]

이를 의미 있게 적용한 것은 임진왜란 때다. 당시 이순신 장군이 해남 우수영에 진을 치고 있을 때, 마을 부녀자들을 모아 남자 차림을 하게 하고, 옥매산 허리를 빙빙 돌도록 했다. 바다에서 옥매산의 진영을 염탐하던 왜병은 이순신의 군사가 한없이 계속해서 행군하는 것으로 알고, 겁을 먹고 달아났다고 한다.

고대로부터 우리나라 사람들은 달의 운행 원리에 맞추어 자연의 흐름을 파악하였고, 세시풍속에서 보름달이 차지하는 위치는 가장 중요했다. 달이 가장 밝은 날에 고대인들이 축제를 벌여 춤과 노래를 즐겼던 것이 '강강술래'로 전승된 것으로 여기기도 한다. 이렇게 전승된 '강강술래'를 이순신이 의병술로 채택하여 승리를 거둠으로써 널리 보급해서 큰 의미를 지녔다고 볼 수 있다.

놀이의 진행 과정 및 방법은 다음과 같다. 한가위가 가까워지면 소녀들이 먼저 '강강술래'를 시작한다. 이른바 '아기 강강술래'이다. 소녀들이 수 명 또는 10여 명이 모여 손에 손을 맞잡고 마당에서 원을 그리며 빙빙 돌고 노래하고 춤을 춘다. 이렇게 며칠을 계속하다가 음력 8월 14일 밤이나 15일 밤에는 어른들이 본격적인 '강강술래'를 벌인다. 동쪽 산 위에 만월이 솟아오르기 시작하면 아낙네들도 마을의 넓은 마당이나 평지에 모여든다. 그러다가 달이 뜨면 본격적으로 손에 손을 잡고 오른쪽으로 돌면서 '강강술래'를 시작한다.

목청 좋고 소리 잘하는 여인이 맨 앞에 서서 메기는 소리를 하면, 나머지 사람들은 "강강술래" 하고 받는 소리를 한다. 한바탕 뛰고 노는 시간은 일정하지 않고, 맨 앞에서 노래를 선창하는 사람의 리드에 따라서 길 수도 짧을 수도 있다. '강강술래' 소리는 구절마다 있는 후렴이며, 가사는 일정하게 정해져 있지 않고 즉흥적으로 길게도 짧게도 부를 수가 있으며, 가락 또한 완급을 자유롭게 할 수 있다. 타령이나 노랫가락의 구절이 삽입되는 수도 있고, 가락은 육자배기와 마찬가지로 전형적인 남도악의 계면조로 되어 있다.

강강술래는 우리나라 춤 가운데서 유일하게 손을 잡고 추는 집단 무용이다. 원무를 기본으로 하고 중간에 여러 놀이가 삽입된다. 왼손을 앞으로 하고 오른손을 뒤로 돌린 자세에서 왼손으로 앞사람의 오른손을 잡고, 오른손으로 뒷사람의 왼손을 잡아 원형을 만든다. 잡을 때는 손가락을 오므려서 상대방의 손가락과 얽어 쥐게 된다. 선창자의 노래에 맞추어 서서히 발을 옮겨 원을 그리면서 왼쪽으로 돈다. 처음에는 진양조로 느린 가락에서 시작하다가 가락이 차츰 빨라지면서 가볍게 어깨 놀림이 시작되고, 손을 잡는 간격도 넓어지면서 원이 커진다. 원무를 추다가 흥이 나면 중간에 다른 놀이들이 삽입된다. 예컨대 남생이 놀이, 멍석말이, 고사리 꺾기, 청어 엮기, 문 열기, 기와밟기, 쥔쥐새끼놀이, 가마등, 도굿대당기기, 수건 찾기, 품고동, 봉사 놀이 등을 행한다.

강강술래는 '달의 춤'이다. 꽉 찬 달처럼 손에 손을 잡고 춤을 추는 형태도 달이다. 흥에 겨워 춤을 추면서 스트레스를 해소하고 도타운 정도 느꼈을 것이다. 춤에 몰입하면서 흠뻑 흥취에 젖기도 했을 것이다. 강강술래에는 달이 주는 풍성한 이미지를 담아서 풍요나 축복을 기원하는 마음도 담겨 있다. '원'은 원만한 인격, 인간의 마음, 세상을 모나게 살지 않는 슬기로움, 마음의 구심력을 의미한다. 원을 지어 춤을 출 때, 지난한 삶에서도 서로의 손을 잡고 힘차게 잘 굴러나갈 것을 희망하는 마음과 무리를 지어 합심하는 마음을 함께 담았으리라. 하늘에는 둥근 달이, 땅에는 사람들끼리 만든 달이, 저마다 마음에는 하늘과 땅의 기운으로 만든 달이 담겨 환하게 빛나며 출렁거리는 기운을 느꼈을 것이다. 이처럼 강강술래는 강한 집단 결속의 힘을 드러내었다. 임진왜란 때, 이순신 장군의 기지로 인해 적군을 물리치는 역할까지 해냈다. 춤이 곧 힘이 되었고, 춤이 무력을 진압하였다. 이러한 점에서 강강술래는 '지혜'를 담고 있다고 볼 수 있다.

심상 시 치료 기법으로서 강강술래

순서

1 강강술래에 대한 생각을 먼저 나누고 나서 관련 지식을 3분 정도로 축약해서 설명한다.

2 이 기법은 집단을 대상으로 할 때, 집단원끼리 손을 잡는다. 이때 강강술래식으로 행한다. 즉, 왼손을 앞으로 하고 오른손을 뒤로 돌린 자세에서 왼손으로 앞사람의 오른손을 잡고, 오른손으로 뒷사람의 왼손을 잡아 원형을 만든다. 잡을 때는 손가락을 오므려서 상대방의 손가락과 얽어 쥔다. 개인으로 할 때는 치료사와 내담자가 둘이서 강강술래식으로 잡는다.

3 집단을 대상으로 할 때, '강강술래'라는 말만 반복하면서 2~3분 정도 직접 원무를 행한다. 개인을 대상으로 할 경우 치료사와 내담자는 잠시 자리에서 일어나 제자리에서 2분 정도 원무를 행한다.

4   자리에 앉아서 행해본 느낌을 나눈다.

5   다음 심상 시 치료 멘트대로 행한다.

(눈을 감고 복식호흡과 이완을 한 후 진행한다.)

밝고 환한 보름달 아래, 나는 몇몇의 사람들과 함께 원을 그리고 서 있습니다. 내 주위에 어떤 사람들이 모여 있는지 찬찬히 살펴보시기 바랍니다. 내가 아는 사람들이 얼마나 있는지 살펴보시기 바랍니다. …… 이제 서로서로 손을 잡고 원을 그리면서 춤을 춥니다. 환한 달빛이 나와 춤을 추고 있는 사람들 모두를 포근하게 안아주고 있습니다. 나는 지금 어떤 느낌을 느끼고 있습니다.

…… …… 지금, 이 느낌을 그대로 간직합니다. 느낌을 간직한 채 셋을 세고 눈을 뜨시면 됩니다. 하나, 둘, 셋!

6   심상 시 치료 멘트대로 행하고 나서 느낌을 적는다. 누구와 같이 모여 있었는지, 춤을 출 때의 기분이 어떤지, 추고 나서의 느낌은 어떤지에 대해 나눈다. 혹시 아무것도 떠오르지 않는다면, 눈을 뜬 채 멘트대로 장면을 상상해서 적는다.

7   6에서 적은 글을 함께 충분히 나눈다.

치유 효과

강강술래라는 우리나라 민속 원무를 직접 해보면서 떠오른 느낌과 함께 심상으로 접근해서 느낀 경험들을 통해 심리적인 지지와 연결에 대해 인식할 수 있다. 이로써 심리적 지원과 결속력으로 삶의 확장과 건강함을 이뤄낼 수 있다. 심상시 치료의 과정 중 '마음의 빛' 단계에 적합하다.

03

따리

따리의 치유 비평

따리는 물건을 머리에 일 때 머리와 물건 사이에 괴는 고리
모양의 받침 도구다. 볏짚이나 삼으로 만들어, 딱딱한 물건을
머리에 이고 다닐 때 완충 역할을 했다. 언제부터 따리를 사
용했는지 자세히 알 수는 없지만, 삼국시대 때 바닥이 둥근
토기가 많이 사용되었으므로 토기를 머리에 이고 다니기 위
해서 따리도 함께 사용했을 것으로 추정되고 있다.

1779년 학자 이담과 역관 김진하 등이 만주어를 한문과 한

글로 풀이한 사전인 『한한청문감韓漢淸文鑑』에서는 '두상정물권자頭上頂物圈子'를 'ㅅㄷㅗ애'로 새긴 것으로 미루어 보아, 예전에는 '또애'로 불렸던 것으로 보인다. 형태는 둥글며, 위는 좁고 바닥은 사람 머리 위에 얹힐 정도로 넓게 만든다. 새끼로 10센티미터 정도의 원을 만들어서 짚으로 감아 심을 만든다. 심은 짚이나 새끼로 만들며, 왕골 겉껍질이나 줄껍질, 부들껍질로 겉을 싸서 반질반질하게 마감한다. 전체적으로 둥근 원형이고 가운데 구멍이 나 있으며, 테두리에는 끈을 매달아서 물건을 머리에 일 때 똬리가 움직이지 않도록 한 손으로 잡거나 입에 물기도 했다. 짚을 둥글게 욱이거나 헝겊 따위를 막아서 쓰기도 했다. 똬리는 근대 시기에 상수도가 일반화되기 이전, 우물물을 긷고 다닐 때 흔히 사용했다.[17]

똬리는 무거운 물건을 머리에 일 때, 아프지 않도록 받쳐주는 역할을 했다. 짐을 하중으로부터 머리를 보호해주는 똬리는 각자의 삶을 살아나가야 하는 인간의 존재를 새롭게 사유하게 한다. 저마다 고단한 짐과 무거운 십자가를 짊어지고 가야 하는 삶 속에서 아예 짐을 없애거나 사라지게 할 수는 없다. 주어진 짐을 견디고 이겨내게 하는 힘이 바로 똬리다. 주어진 각자의 짐을 짊어진 채 정해진 길을 걸어가서 목적지에 도달할 때 짐과 함께 머리에서 내려오게 되는 것이 바로 똬리다. 그렇게 짐을 부려놓는 순간까지 똬리는 제 역할을 온전히 감당한다. 삶에서 이러한 똬리의 역할은 중요하다. 힘들고 고통스럽지만 그대로 가지고 살아나가야 하는 경우에 아픔을 견뎌내기 위한 적극적인 개입과 부드러운 완화가 반드시 필요하다. '심리적인 똬리 놓기'는 바로 삶을 제대로 살아나가기 위한 슬기로운 방법이다.

심상 시 치료 기법으로서 똬리

순서 ——————————————————————

1   치료사는 똬리에 대해 충분히 설명하고, 어떤 느낌이
     드는지 충분히 나눈다.

2   '내 마음의 똬리'를 만든다면, 무엇으로 만들 수 있는지
     상상해서 말해본다.
     예) 실패의 경험, 갈등의 극복, 성장의 순간.

3   2에서 만든 똬리 위에 무엇을 놓을 것인지 '마음의 짐'
     을 떠올려서 적는다. 가장 비중 있는 '마음의 짐'을 한
     개나 두 개 정도 적는다. 그리고 그렇게 생각하는 이유
     도 적는다.

4   다음 심상 시 치료 멘트대로 행한다.

(눈을 감고 간단한 복식호흡과 이완을 한 후 진행한다.)

지금 나는 똬리를 만들었습니다. 이제, 내 마음의 똬리를 만들고, 그 위에 마음의 짐을 놓으려고 합니다. 내 마음의 똬리는 ○○○(순서 2에서 적은 내용을 언급)으로 만들어졌습니다. 그리고 내 마음의 짐은 ○○○, ○○○(순서 3에서 적은 내용을 언급)입니다. 이 짐은 그냥 마음에 이고 있기에는 너무나 힘들지만, 똬리를 놓고 일 때는 훨씬 수월하고 아프지 않습니다. 내 마음의 똬리는 내 아픔을 극복하게 하고, 잘 견뎌내게 합니다. 내 마음의 ○○○(순서 2에서 적은 내용을 언급)으로 만든 똬리에 나는 ○○○, ○○○(순서 3에서 적은 내용을 언급) 짐을 올려놓습니다. …… 나는 이렇게 내 마음의 짐인 ○○○, ○○○(순서 3에서 적은 내용을 언급)을 인 채로 걸어가고 있습니다. 삶의 길을 걸어가고 있지만, ○○○(순서 2에서 적은 내용을 언급)으로 만든 똬리로 인해 균형을 잘 유지하고 아프지 않습니다. 잘 버텨내고 있습니다. 지금, 어떤 느낌이 드는지 고스란히 느껴보시기 바랍니다. …… 나는 언제나 내 마음의 똬리를 가지고 가야 할 순간까지 이렇게 가고 있을 것입니다. 어떤 느낌이 드는지 그대로 느껴보시기 바랍니다. …… 이제, 셋을 세고 이 느낌을 그대로 간직한 채 눈을 뜨면 됩니다. 하나, 둘, 셋!

5 심상 시 치료 멘트대로 행하고 나서 느낌을 적는다. 혹시 아무것도 떠오르지 않았다면, 눈을 뜬 채 멘트대로 장면을 상상해서 적는다.

6 5에서 적은 글을 함께 충분히 나눈다.

치유 효과

주어진 짐을 무겁게 이고 가야만 하는 고단한 삶의 행보에서 고통을 함께 견디고 이겨내게 하는 '심리적 똬리'는 외부가 아닌 바로 자신의 내면에서 찾을 수 있다. 이 점을 발견하고 극복하고 있는 자신의 모습을 객관적으로 바라봄으로써 극복의 힘을 극대화할 수 있다. 심상 시 치료의 과정 중 '깊은 내면' 단계에 적합하다.

CHAPTER 2

자애

반가사유상
골무
덕담

핵심 덕목 '자애humanity'는 인간이 가지는 본질, 인간다운 인성을 바탕으로 해서 인류를 사랑한다는 뜻을 가지고 있다. 이 영역 안에는 다음 세 개의 강점이 있다. 먼저, 사랑love은 다른 사람과의 친밀한 관계를 소중히 여기고 실천하는 능력을 뜻한다. 즉, 다른 사람을 사랑할 수 있고 다른 사람으로부터 사랑을 받을 수 있는 능력을 의미한다. 친절kindness은 다른 사람을 위해 호의를 보이고 선한 행동을 하려는 동기와 실천력으로서 타인을 돕고 보살피는 행동을 포함한다. 사회 지능social intelligence은 자신과 타인의 동기와 감정을 아는 것으로서 새로운 사회적 상황에 적응하기 위해 어떻게 행동하는 것이 적절한지를 아는 능력을 뜻한다.

01 반가사유상

반가사유상의 치유 비평

반가사유상은 청동에 도금하여 만든 상으로 사유하는 모습을 하고 있다. 여러 반가사유상 중에서 국보 제78호로 지정된 사유상은 높이 82.3센티미터로 대좌 위에 앉은 모습이며, 발아래는 꽃잎 모양이 아로새겨진 받침대가 놓여 있다. 오른쪽 발을 올려 왼쪽 다리 위에 걸치고 그 발을 왼쪽 손이 살짝 누르고 있는 형상이다. 오른손 검지와 중지는 뺨에 갖다 댄 채 눈을 지그시 감고 은은한 미소를 머금고 있다. 머리에 쓰고 있는 보관에는 태양과 초승달이 어우러진 장식이 있고, 보관의 옆에 달린 드리개가 어깨까지 늘어져 있다. 상체는 곧고 늘씬한 모습이어서 중국 북위 말 이래의 귀족적인 형태미를 느끼게 한다. 옷의 주름이 곡선으로 처리되어 있으며, 전체적으로 부드럽고 우아한 분위기이다. 이 사유상은 6세기 중엽 제작된 것으로 추정되며, 신라시대에 만들어진 것으로 보는 견해와 고구려에서 만든 것이라는 견해가 있다.

국보 83호 반가사유상은 크기가 93.5센티미터로, 금동 반가사유상 중에서 가장 크다. 단순하지만 균형 잡힌 모습이다. 옷의 주름이 부드럽고 섬세하며, 주조 기술 또한 정교하고 완벽하다. 머리에는 세 개의 반원이 이어진 삼산관三山冠 또는 연화관蓮花冠을 쓰고 있다. 관의 장식이 없는 소박한 모습이 특징이다. 이는 가까운 중국이나 인도에서 발견되지 않는 독특한 형태이다. 상체는 가슴 부분이 살짝 도드라져 근육을 표현한 듯하고, 허리는 잘록하다. 오른쪽 발이 왼쪽 다리 위에 올라가 있고 왼쪽 손이 발 위쪽을 감싸 안고 있다. 오른쪽 손가락의 검지와 장지는 살짝 얼굴에 갖다 대고 있다. 오른쪽 팔꿈치를 오른쪽 다리가 안전하게 받쳐주고 있다. 눈은 지그시 감은 채 보일 듯 말 듯한 미소를 머금고 있다. 허리에는 끈이 둘러쳐져 있고, 오른쪽 허리에는 끈에서 동여맨 장신구가 자연스럽게 내려와 있다. 귀는 여느 부처님의 귀들이 그러하듯 귓불이 길고 아래로 처져 있으며, 양 눈썹은 눈 위로 둥근 호를 그리며 이어져서 콧등 위에 일직선으로 내려오고 있다. 눈꼬리는 살짝 올라가 있고 고개는 살짝 숙인 채 깊은 명상에 잠긴 모습이다. 앉은 대좌는 봉오리 진 연꽃을 엎어놓은 형상이다.

이 상에 대해서는 신라의 작품인지 백제의 작품인지 논란이 많다. 그렇지만 일본 교토 호류지 목조반가사유상의 제작지가 있으므로 신라의 작품이라는 주장이 설득력이 있다고 하겠다. 즉, 호류지의 목조반가사유상은 당시 일본 목조 불상 대부분이 녹나무나 비자나무로 제작된 것에 비해서 우리나라의 경상도 일대에서 많이 자생하는 적송으로 제작되었다는 점과 제작 방법도 우리나라의 것과 유사하다는 점에서 제작지를 신라로 보는 것이다. 반가사유상은 우리나라 고대 불교 조각사 연구의 중요한 지점에 있으며, 6~7세기 동아시아의 가장 대표적인 불교 조각품 가운데 하나라고 알려져 있다. 반가사유상을 '미륵보살'로 보는 견해가 있으며, 신라에서는 미래의 구세주인 미륵의 화신으로 화랑을 생각했던 연유로 이 상을 미륵보살로 불렀다고 한다. 그러나 이 상을 미륵보살로 단정 지어 보기에는 문헌적 근거가 미약해서 단순하게 '반가사유상'이라고 부르는 것이 보편적이다.[18]

대표적인 두 가지 반가사유상의 모습을 살펴보았다. 이 두 작품에서 느껴지는 분위기는 다소 다를 수 있다. 구체적인 조형과 표현에서 차이가 나기 때문이다. 그렇지만 공통적인 것은 바로 깊은 사유와 함께 짓는 은은한 미소이다. 이 미소는 자애慈愛도, 자애自愛도 가지고 있다. 즉, 아랫사람에게 베푸는 도타운 사랑이라는 뜻의 자애慈愛와 제 몸을 스스로 아끼며 행동을 삼가고 품행을 바르게 가진다는 뜻의 자애自愛도 들어 있다. 반가사유상이 어떤 사유, 혹은 명상을 하고 있는지, 아니면 무념무상의 경지인지 정확히 판단할 수는 없다. 이는 바라보는 이들의 자유로운 사유의 몫이다. 정해진 답이 없기에 어느 누가 사유의 내용을 얘기해도 통한다. 혹은 아무 사유도하지 않고 있다고 말해도 일리가 있다. 단, '미소'를 초점에 두고 말하자면, 반가사유상의 사유는 '삶'에 대해서일 것이다. 자신의 삶에 대한 깨달음과, 수용을 하면서 지금 이 순간을 사랑하는 자신을 향한 미소일 것이다. 우리의 사유는 여전히 자유롭다. 누구든지 어떤 생각을 하면, 그 생각이 정답이다.

심상 시 치료 기법으로서 금동반가사유상

순서 ───────────────────────────

1 반가사유상 사진을 준비하여 감상한 뒤 느낌을 충분히
  나눈다.

2 내담자 자신이 반가사유상과 하나가 되어 같은 자세를
  취하게 한다. 잠시 눈을 감고 사유하게 한 뒤 어떤 생각
  이 떠오르는지 한 단어로 나타내고 그 이유를 적게 한
  다. 충분히 시간을 두고 생각하고, 어떤 생각이 떠올랐
  을 때 그 행동을 멈추고 눈을 뜨고 나서 적게 한다.

3 다음 심상 시 치료 멘트대로 행한다.

(눈을 감고 간단한 복식호흡과 이완을 한 후 진행한다)

나는 오랫동안 어떤 생각을 골똘하게 하고 있었습니다. 그

생각에 대해 오랫동안 고민해왔습니다. 지금 내 곁에 금동

반가사유상의 주인공인 존재가 있습니다. 이 존재가 나에게

말을 걸고 있습니다. 어떤 말을 하고 있는지 고스란히 들어

보시기 바랍니다. 그리고 나와 대화를 나눕니다. 어떤 말을

하는지 들어보시기 바랍니다. …… …… …… 이제, 이 존재

와 대화를 마무리합니다. 작별 인사를 나누어 보시기 바랍

니다. 지금의 느낌을 그대로 간직합니다.

…… 지금, 느낌을 그대로 간직한 채 셋을 세고 눈을 뜨시면

됩니다. 하나, 둘, 셋!

5 심상 시 치료 멘트대로 행하고 나서 느낌을 적는다. 혹 시 아무것도 떠오르지 않았다면, 눈을 뜬 채 멘트대로 장면을 상상해서 적는다.

6 5에서 적은 글을 함께 충분히 나눈다.

치유 효과

반가사유상으로 상징화하여 대변하는 오랜 고민과 사유, 갈등을 한 단어로 압축함으로써 자신의 삶을 성찰하고, 이에 대한 내면의 답을 스스로 찾아내는 통찰의 힘을 자각할 수 있다. 심상 시 치료의 과정 중 '내면 진입' 단계에 적합하다.

02

골무

골무의 치유 비평

골무는 바느질할 때 쓰는 기구이다. 바늘을 눌러 밀어 넣을 때 손가락을 보호하기 위해서 대개 검지에 끼는 재봉 용구다. 오른손 중지 끝에 끼는 반지 모양의 골무도 있다. 중국에서 약 4,500년 전 명주가 생산되고 나서 바느질에 필요한 바늘이 처음으로 생겨났다. 크기는 현재의 4분의 1 정도의 짧은 바늘이었고, 이 바늘을 사용하기 위해 골무가 발명되었다. 우리나라에서는 기원전 1세기에 낙랑에서 사용했다는 사실이고분에서 발견된 골무로 인해 밝혀진 바 있다. 이 골무는 은제銀製로 만들어졌으며, 생김새와 용도는 현재의 골무와 똑같다.

골무는 재질에 따라 다음의 네 가지 종류로 나눌 수 있다.

첫째는 가죽제이다. 사슴 가죽·쇠가죽을 너비 1센티미터, 길이 7센티미터로 잘라서 무두질한 가죽의 표면 쪽을 손가락에 대고 손가락 굵기에 맞추어 적당한 길이로 자른다. 그다음, 실로 감쳐 반지 모양으로 만들어 손가락에 끼는 것이다. 쇠가죽의 이면에는 셀룰로이드를 대어 바늘이 들어가지 못하게 하기도 한다.

두 번째는 금속제이다. 옛날에는 놋쇠로 만든 골무가 애용되었지만, 손가락에 묻는 녹청이 유독하다 하여 사용하지 않게 되었다. 요즈음은 합금을 사용하기 때문에 녹청의 피해는 없다.

세 번째는 셀룰로이드celluloid제이다. 셀룰로이드는 1869년 미국의 하이엇Hyatt 형제가 발명하였다. 나이트로셀룰로스에 장뇌와 알코올을 섞어서 만든 반투명한 합성수지를 말한다. 섭씨 90도 이상에서 유연하게 되나, 냉각하면 굳어지고 발화하기 쉬운 결점을 갖고 있다. 이 소재로 골무를 만들어 쓰면 바늘이 미끄러지기 쉬운 결점이 있다.

네 번째는 헝겊 또는 종이를 여러 겹으로 배접하여 만드는

것이다.[19]

골무는 조선 후기의 작품으로 추측되는 작자 및 연대 미상의 한글 가전체 작품인 「규중칠우쟁론기閨中七友爭論記」의 바느질에 쓰이는 도구 일곱 가지 중 한 가지로 등장하기도 한다. 내용은 다음과 같다.

주부인이 바느질을 하다가 낮잠이 들었다. 그사이에 규중칠우, 즉 바느질에 쓰이는 도구인 척부인(자), 교두각시(가위), 세요각시(바늘), 청홍각시(실), 감투할미(골무), 인화낭자(인두), 울낭자(다리미) 등이 각기 자기가 없으면 어떻게 옷을 짓겠냐면서 서로의 공을 다툰다. 이들이 논쟁을 벌이는 소리에 놀라 낮잠에서 깨어난 주부인이 너희들이 공이 있다 한들 자기 공만 하겠느냐고 책망하고는 다시 잠든다. 그러자 규중칠우들은 부녀자들이 자신들에게 가하는 부당한 대우에 대해 불평을 토로한다. 결국 재차 잠에서 깨어난 주부인이 화를 내면서 모두 쫓아내려 하였으나 감투할미가 용서를 빌어 무사하게 되었다. 그 이후로 감투할미는 주부인의 각별한 사랑을 받게 되었다는 얘기다.

『망로각수기忘老却愁記』에 실린 「규중칠우쟁론기」의 구절 중 마지막 감투할미의 말을 그대로 옮겨본다.

"젊은 것들이 망령되게 생각이 없는지라, 잘 알지 못하리로다. 저희들이 재주 있으나 공이 많음을 자랑하야 원망하는 말을 지으니 마땅히 결곤決棍해야 하나, 평일 깊은 정과 저희 조그만 공을 생각하야 용서하심이 옳을까 하나이다."

여자가 답하여 말하기를, "할미 말을 좇아 물시勿施하리니, 내 손부리 성함이 할미의 공이라. 꿰어 차고 다니며 은혜를 잊지 아니하리니 금낭錦囊을 지어 그 가운데 넣어 몸에 지녀 서로 떠나지 아니하리라." 하니 할미는 고두배사叩頭拜謝하고 모든 벗들은 부끄러워 물러가니라.

위 작품에 나오는 골무를 보면, 세태와 여론에 휩쓸리지 않고 평정심을 찾으며 중재와 용서를 청하는 올곧은 마음을 알수 있다. 게다가 자랑을 일삼고 공을 알아주지 않는다고 원망하는 마음까지 고백하며 허물을 덮어두기를 간청하고 있다. 작품에 나오는 골무의 대사가 아니더라도 골무의 역할은 자애롭기 그지없다. 날카롭고 뾰족한 바늘로부터 손가락을 온몸으로 감싸 안으며 보호하는 역할을 도맡고 있다. 골무는 존재 자체로 따뜻한 자애의 마음을 가지고 있다고 할 수 있다.

심상 시치료 기법으로서 골무

순서 ——————————————————————

1   골무의 모양, 쓰임새, 역할에 대해 충분히 공유하고 느낌을 나눈다.
2   종이를 반으로 접어 원하는 색깔의 색연필로 왼쪽에 왼손, 오른쪽에 오른손을 그리고 종이를 편다.
3   손 모양 위에 그림으로 골무를 표현한다. 열 손가락 전부 골무를 씌운다. 골무 모양과 무늬는 자유롭게 표현하게 한다.
4   골무에 있는 우주와 연결된 에너지가 무엇인지 단어 하나로 표현한다. 오른쪽 손과 왼쪽 손을 그린 그림의 가운데 부분을 펼쳐서 적는다.
5   다음 심상 시 치료 멘트대로 행한다.

(눈을 감고 간단한 복식호흡과 이완을 한 후 진행한다)

지금 나는 골무를 끼고 손가락을 보호하고 있습니다. 아주 오랫동안 손가락을 보호하지 못했습니다. 언제부터 그랬는지 모릅니다. 아주 오래전부터 나도 모르게 손가락을 괴롭혔습니다. 그러면서도 단 한 번도 손가락에게 미안하다고 하지 않았습니다. 이제, 나는 내 손가락에게 고백합니다. 내가 그동안 괴롭혀왔습니다. 그렇게 해도 되는 줄 알고 괴롭혀왔습니다.

손가락아, 미안하다. 손가락아, 미안하다. 손가락아 미안하다. ……

지금 안전하고 귀한 골무 ○○○(순서 4에서 정해진 이름을 부른다. 이하 같음)을 끼우고 있습니다. 손가락한테 귀한 ○○○이라는 옷을 입혀주고 있습니다. 이제, 이 물질로 된 골무를 벗더라도 진정한 마음의 골무인 ○○○은 지금부터 변함없이 손가락에 입혀져 있을 것을 압니다. 지금 내 손가락은 마음의 골무를 입고 있다. 안전한 ○○○의 골무를 입고 있다. 내 손가락의 표정을 바라보시기 바랍니다. 어떤 표정인지 바라보시기 바랍니다. …… 손가락이 무언가 나에게 얘기를 걸고 있습니다. 뭐라고 하는지 들어보시기 바랍니다. …… 나도 손가락의 말에 무엇이라고 대답을 합니다. 함께 대화를 나눠보시기 바랍니다. …… …… 자, 이제 대화를 마무리 합니다. …… 내 손가락에는 늘, 언제나, 변함없이 ○○○(정해진 이름을 부르며)이 입혀져 있습니다. 이제 셋을 세면 이 느낌을 그대로 간직한 채 눈을 뜨시면 됩니다. 자, 하나, 둘, 셋!

6   심상 시 치료 멘트대로 행하고 나서 느낀 점, 손가락의
     표정, 손가락과 나눈 대화를 적는다. 혹시 아무것도 떠
     오르지 않았다면, 눈을 뜬 채 멘트대로 장면을 상상해
     서 표정과 대화를 적는다.

7   6에서 적은 글을 함께 충분히 나눈다.

치유 효과

감싸고 안아주며 보호해주는 골무의 자애를 온전히 간직하
고, 손가락과 손, 내가 하는 일에 대한 자애의 기운으로 의미
를 확대함으로써 긍정 에너지를 가질 수 있다. 이로써 평안한
분위기에서 안전함을 느끼며 살아나갈 수 있는 힘을 내면에
간직함으로써 건강한 마음을 형성할 수 있다. 심상 시 치료의
과정 중 '마음의 빛' 단계에 적합하다.

03

덕담

덕담의 치유 비평

덕담은 잘되기를 바라는 말로서 주로 새해에 많이 나누는 말이다. 친척이나 지인들과 서로 잘되기를 비는 인사의 말이며 악담과 반대의 의미를 갖는다. 새해의 소망을 실어서 상대가 반가워할 말, 소원을 담은 말을 들려주는 것이다.

원래 덕담의 의미는 축원보다는 좋은 일을 미리 예정하고 이를 단정해서 경하하는 것이다. 즉, "금년에 합격하셨다고요. 축하합니다" 하고, 미리 축하해주는 식이다. 멀리 있는 이

들끼리는 사람을 보내어 전갈하면서 덕담을 교환하기도 하고, 서신으로 덕담을 주고받기도 한다. '벌써'라는 말과 '~ 되셨다지요'라는 말을 넣는 것이 원칙이다.

이러한 인사를 하는 이유는 다음 두 가지 측면에서 생각해 볼 수 있다. 먼저, 우리 선조들은 언어에 신비한 힘이 들어 있다고 믿었다. '무엇이 어떻다'고 하면, 그렇게 말함으로써 그대로 실현되는 힘, 영험한 능력을 가지고 있다고 생각한 것이다. 즉, 덕담은 그러한 영험한 효과를 기대하면서 생겨난 세시풍속이다. 다음으로는 만사에 길흉을 알려주는 징조가 있다고 믿어, 세상사에 대한 기운을 알려고 했던 점이다. 그중의 하나가 '청참聽讖'이다. 새해 첫 새벽 거리에 나가서 방향도 없이 발이 닿는 대로 돌아다니다가 처음 들리는 소리로써 그해의 신수를 점치는 것을 청참이라 한다. 덕담은 일종의 청참적 성격을 띠고 있어서 맨 처음 덕담을 듣게 되면 그해 운이 좋게 뻗어나간다고 본 것이다. 즉, 새해 처음 듣는 소리로 1년의 신수를 점칠 수 있다고 믿었고 그러한 관습이 이어져서 사람 대 사람이나 집안끼리 처음 교환하는 인사에 덕담을 사용하게 된 것이다.[20]

현대에 와서는 그 의미가 변형되어 그저 좋은 말을 해주거나 희망하는 말을 해주는 것을 가리키게 되었다. 즉, 고유한 풍습에 의해 상대방이 바라는 말을 해주기보다는 말하는 이가 듣는 이한테 바라는 말을 일방적으로 전달하는 방식으로 하기에 본래의 의미가 많이 퇴색되었다고 볼 수 있다.

덕담은 소망, 희망, 염원, 축복 등을 가지고 있다. 상대방이 원하는 대로 잘되기를 바라는 강렬한 긍정 에너지가 포함되어 있다. 또한, 상대방을 위한 따뜻한 마음이 담겨 있다. 상대방의 행복이 곧 자신의 행복이라고 여기는 인정 가득한 마음까지 읽을 수 있다. 그저 멀찌감치 놓아둔 채 소망을 던지는 것이 아니라 가까이에 다가가 꿈을 이룬 미래를 현재로 미리 앞당겨 상서로운 기운을 퍼뜨리고 있는 것이다. 이미 이뤄졌다고 믿고 미리 축하하는 마음을 전하는 것은 듣는 이로 하여금 분명히 해낼 수 있다는 자신감을 갖게 한다. 다만, 이러한 덕담이 부담스럽거나 거북살스러울 수도 있다. 상대방을 위하는 간곡한 마음과 경계를 허물고 하나로 합친 마음에서 주고받는다면, 덕담이야말로 함께 드리는 기도다. 꼭 그 일이 일어나기를 학수고대하지만, 그런 마음일수록 불안하고 초조해지기 십상이다. 이럴 때 기도는 마음을 다시 세우고 일어나는 그대로 받아들이게 하며 순리대로 내맡기는 힘을 내게 한다. 어쩔 수 없는 인간의 한계를 극복할 수 있는 유일한 방법은 인간 안에 있는 신의 존재를 기억하는 것이다. 인간은 소

우주이며, 만물을 주관하는 신, 대우주와 접합하고 신과 소통하고 있다는 사실을 깨닫는 것만으로도 긍정 에너지가 활성화된다. 덕담이 주는 획기적인 긍정적 에너지는 열린 마음에서 받아들일 때, 마음의 문을 열고 받아들인 만큼 이뤄질 것이다.

심상 시 치료 기법으로서 덕담

순서 ──────────────────────────────

1 '내가 나한테 해주는 덕담' 하면 떠오르는 말을 생각한다. 소망을 담되, 이미 이뤄졌다는 전제하에 미리 사실을 알려주면서 축하하듯이 말한다.

2 1에서 떠오른 말을 종이에 적는다. 이 말을 소리 내어 읽는다. 언제, 어느 때의 나인지도 느껴보면서 이 말을 듣고 나서 어떤 느낌이 드는지 나눈다.

3 '내가 누군가한테 해주는 덕담' 하면 떠오르는 말을 생각한다. 소망을 담되, 이미 이뤄졌다는 전제하에 미리 사실을 알려주면서 축하하듯이 말한다.

4 3에서 떠오른 말을 종이에 적는다. 이 말을 소리 내어

읽는다. 누군가한테 전하는 것인지, 어떤 느낌이 드는지 나눈다.

5   1에서 덕담대로 행한 나, 소망을 이미 이룬 내가 지금, 현재, 이 순간의 나에게 들려주는 메시지를 적게 한다.

6   5를 읽고 충분히 느낌을 나눈다.

7   덕담대로 이루기 위해서 지금부터 내가 해야 할 구체적인 일들에 관해 생각나는 대로 적는다.

8   7에서 적은 글을 함께 충분히 나눈다.

치유 효과

축원의 의미와 함께 예지의 의미가 포함되어 있는 덕담을 자기 자신 또는 누군가와 나눔으로써 강한 긍정의 에너지를 확산시킬 수 있다. 또한, 긍정적인 힘을 자기 자신한테 수렴해서 용기와 가능성에 대한 열린 마음을 가지고 이를 구체적으로 행할 수 있도록 한다. 심상 시 치료의 과정 중 '마음의 빛 확산' 단계에 적합하다.

CHAPTER 3

용기

대문놀이
옹헤야
연날리기

용기는 씩씩하고 강하며 굳센 기운이나 기상과 굳은 절개를 말한다. 핵심 덕목인 '용기courage'의 영역 안에는 다음 네 개의 강점이 있다. 먼저, 용감성bravery은 위협, 도전, 난관, 고통에 위축되지 않고 이를 극복하는 능력을 의미한다. 저항이 있더라도 무엇이 옳은지 이야기하고 인기가 없을지라도 신념에 따라 행동하는 것을 말한다. 끈기persistence는 시작한 일을 마무리해 완성하는 능력이며, 난관을 딛고 일련의 계획된 행동을 지속하거나 과업을 성취하는 과정에서 기쁨을 느끼는 것을 의미한다. 진실성authenticity은 진실을 말하고 자신을 진실한 방식으로 제시하는 능력이다. 즉, 자신을 거짓 없이 드러내고 자신의 행동이나 감정을 수용하고 책임지는 것이다. 활력vitality은 활기와 에너지를 가지고 열정적으로 삶과 일에 임하는 태도를 의미하며, 생기와 생동감을 느끼고 삶을 도전적으로 사는 것이다.

용기 범주는 데이비드 레이먼 호킨스의 에너지장과도 연결된다. 힘을 얻게 되는 최소의 수준인 200 이상에서 용기는 200을 차지하고 있다. 용기는 참된 힘의 달성이고, 새로운 일을 시도하려고 삶의 변화와 도전에 대처하는 자발성을 의미한다. 이 수준에 도달한 사람들은 자신이 받은 만큼의 에너지를 세상에 돌려주며, 이에 의해 '성취'라는 긍정적 피드백을 얻음으로써 자기 보상과 자존감이 강화되고, 생산성을 창출하게 된다.

01

대문놀이

대문놀이의 치유 비평

대문놀이는 두 사람이 양손을 잡아 올려서 문 모양을 만들면, 그 아래로 다른 사람들이 빠져나가면서 노는 놀이를 말한다. '문 뚫기, 문 열기'라는 이름으로도 불렀다. 달이 밝은 밤에 주로 행해지며, 전국적으로 성행하였다. 특히 전라도 지역에서는 한가위에 '강강술래'와 함께 대문놀이를 즐겨 했다.

두 패를 나누어서 노는 방법과 패를 가르지 않고 두 사람의 문지기만 정해서 노는 방법이 있다. 패를 가르고 노는 방법은 패를 나눈 뒤 같은 패끼리 손을 잡고 일직선이나 반원형으로 늘어선다. 양 패의 선두가 가위바위보를 해서 진 편에서 두 줄로 늘어서서 맞은편의 사람과 서로 손을 잡아서 문을 만든다. 상대편이 "대문을 열어라"라고 하면, "열쇠가 없어서 못 열겠다"라고 답한다. 다시 상대편에서 "열쇠를 줄게. 열어다오" 하면, "그럼 열어줄까?" 하는 문답을 주거니 받거니 한다. 문답이 끝나면 한쪽의 선두가 맞은편 사람과 잡은 손을 높이 들어 문을 열고, 상대편은 각기 앞사람의 허리를 잡고 고개를 숙여 문 아래로 빨리 빠져나가려 하고 문을 만든 편은 도중에서 팔을 내려서 나가지 못하도록 방해한다. 이때 줄이 도중에서 끊어지지 않고 모두 빠져나가면 이긴다. 도중에 줄을 끊기 위해서 틈을 엿보고 있다가 문을 탁 내려서 걸리도록 하기도 한다. 이 밖에도 다양한 놀이 방법이 있다. 같은 편끼리 손을 잡고 상대편의 팔 밑으로 빠져나가기도 하고 양손을 맞잡고 앉아 있는 상대편의 팔 위로 뛰어넘기도 한다. 이때 뛰어넘지 못하고 걸려서 줄이 끊기거나 팔 밑으로 빠져나갈 때 걸려서 줄이 끊어지면 지게 되어 역할을 서로 바꾼다. 패를 가르지 않고 노는 방법은 다음과 같다. 두 사람이 문지기 역할을 한다. 문지기는 손을 맞잡아 올려 문을 만들고, 다른 사람들은 일렬로 서서 앞사람의 허리를 두 팔로 껴안고 구부린 채

문 아래를 빠져나간다. 놀이 집단의 전 인원이 빠져나가고 나면 그다음 사람이 문지기가 되어 놀이를 계속한다. 노래가 끝날 때는 팔을 내려 문을 닫아걸고, 이때 잡힌 사람이 문지기가 된다.[21]

일제강점기 때부터 많이 불러왔던 "동동동동 동대문 / 동대문을 열어라 / 남남남남 남대문/ 남대문을 열어라……"는 일본식 곡조이다. 우리 전통 동요로 국립국악원이 편보한 자진모리장단의 곡은 다음과 같다.

문지기 문지기 문 열어라

열쇠 없어 못 열겠네

어떤 대문에 들어갈까

동대문에 들어가

문지기 문지기 문 열어라

열쇠 없어 못 열겠네

어떤 대문에 들어갈까

서대문에 들어가

(……)

문지기 문지기 문 열어라

덜커덩떵 열렸다

— 〈대문놀이〉(출처 : 초등학교 2, 3학년 음악책)

   문지기는 있으나, 문을 열라고 하면 열쇠가 없다고 능친다. 문지기가 열쇠를 지니지 않은 채 문을 지키고 있을 법도 하지만, 마지막 구절까지 부르다 보면, 열쇠가 없는 것이 아니다. 문을 열라고 간청하거나 명령하는 자의 입장에서는 여간 답답한 게 아니다. 문이 열리지 않으니 들어갈 수가 없는 것이 명백한데, 그 답답함을 호소하지 않는다. 다만 담대하고 담백하게 인내심을 발휘해서 몸을 움직인다. 동대문에서 시작해서 서대문, 남대문, 북대문까지 그야말로 사방팔방 애쓴다. 지극 정성으로 문을 열고 들어가기 위해 열정을 다한다. 닫힌 문 앞에서 주저앉지 않는다. 진취적인 행동으로 적극성을 띠고 돌진해나간다. 막막한 현실을 당하고 포기할 만도 하지만, 그러지 않고 끝까지 모든 문을 향해서 다가간다. 한 문이 닫히면 다른 문이 반드시 열릴 것이라는 열정적인 희망을 가지고 용솟음친다. 급기야 북대문에 이르러서 문이 '덜커덩떵' 열린다. 대문놀이의 진수는 문이 '열리는 것'에 있다. '못 연다'로 시작했지만, '열린다'로 끝난다. 이 과정이 축약된 노래

문화 예술 치유 – 실전편

137

로 나타날 때는 쉬워 보이나, 그렇지 않다. 엄청난 아픔과 시련과 고통과 극복의 과정이 녹아 있다. '열쇠 없어 못 열겠다'는 거절에 결코 주눅 들지 않는다. 안 되면 될 때까지 해보겠다는 엄청난 용기가 담겨 있다. 누구든지 할 수는 있지만, 하려고 엄두를 낼 수 없는 집념과 끈기, 신념과 도전에 대한 용기가 돋보인다. 그리하여 결국 문이 열린다!

심상 시 치료 기법으로서 대문놀이

순서 ─────────────────────────────

1 대문놀이의 경험, 느낌을 함께 나눈다.

2 치료사는 '대문놀이'의 가사를 제시하고, 내담자와 함께 읽는다.

3 가사의 의미, 특히 맨 마지막 '덜커덩떵 열리는 문'의 의미를 생각해보면서 느낌을 충분히 나눈다.

4 노래를 함께 부른다. 이때 노래가 나오는 유튜브 채널을 활용하면 좋다.

5 내 마음속에 열리기를 바라는 '문'이 무엇인지 글로 적는다.

6   5에서 적은 글을 함께 충분히 나눈다.

7   다음 심상 시 치료 멘트대로 행한다.

(눈을 감고 간단한 복식호흡과 이완을 한 후 진행한다)

나는 지금 열리기를 바라는 문 앞에 있습니다. 간절하게 바라는 만큼, 문은 오히려 닫혀 있습니다. 이 문이 열리기를 바라지만, 지금은 닫혀 있어서 갑갑하고 답답합니다. 이 답답한 마음을 내려놓고, 문을 두드려봅니다. 문이 꼭 열리리라는 희망을 가지고 문을 두드립니다. 불안하고, 초조한 마음을 비우고, 문을 두드립니다. 내가 가진 여러 부정적인 생각과 느낌을 내려놓고 문을 두드려봅니다. 두드리다 보면, 문이 열릴 것이라고 믿습니다. 정해진 섭리에 의해 문이 열릴 것이라는 믿음이 있습니다. 문이 열릴 것을 받아들입니다. 문을 여는 것은 내가 아니라, 하늘의 섭리입니다. 그것을 나는 겸손하게 받아들입니다. 다만, 나는 손에 힘을 주지 않고 억지를 부리지 않고 감사함만을 가지고 문을 두드립니다. …… …… …… 네, 좋습니다. 이제 셋을 세면 문이 열리는 것을 볼 수 있습니다. 셋을 세면 문이 열립니다. 힘껏 문을 당기지 말고, 양 손바닥을 사용해서 쭈욱쭈욱~ 길게~ 밀어보시기 바랍니다. 셋을 세겠습니다. 하나, 둘, 셋! ……네,

좋습니다. 문이 열렸습니다. 문을 열고 무엇이 보이는지 그
대로 바라보시기 바랍니다. 무엇이 보이나요? 혹은 누구를
만났나요? 이 느낌을 그대로 간직해 봅니다. …… …… ……
신기하게도, 이 문을 민 것은 바로 나입니다. 이 문은 문이
열릴 수 있다는 희망과 문을 밀겠다는 용기와 겸손하고 감
사한 마음으로 열게 되었습니다. 나는 이 문을 열 수 있는 힘
을 이미 가지고 있었습니다. 그리고 이 문을 연 것은 바로 나
입니다. 이제 지금, 현재의 느낌을 그대로 간직한 채 셋을 세
고 현재로 돌아오면 됩니다. 하나, 둘, 셋!

8   심상 시 치료 멘트대로 행하고 나서의 느낌, 문이 열렸
    을 때의 느낌을 한 단어로 압축해 그 이유를 적는다. 혹
    시 아무것도 떠오르지 않았다면, 눈을 뜬 채 멘트대로
    장면을 상상해서 적는다.
9   8에서 적은 글을 함께 충분히 나눈다.

치유 효과

문을 열려는 목적과 달리 현실의 문은 철저하게 닫혀 있을 수
있다. 그러는 과정에서 좌절할 수도 있지만, 용케 딛고 일어
나서 다른 문을 향해 걸어 나가는 도전 정신을 깨닫는 것은

내면에 존재하는 용기를 나타낸다. 따라서 내면 깊이 잠재되어 있는 용기의 힘을 체득할 수 있다. 심상 시 치료의 과정 중 '마음 잇기' 단계에 적합하다.

02

옹헤야

옹헤야의 치유 비평

'옹헤야'는 보리타작을 할 때 도리깨질을 하면서 부르는 소리
이다. 보리타작 때 도리깨를 내려치며 "오헤" 혹은 "옹헤야"
하며 소리를 한다. "옹헤야"는 "오헤"를 길게 할 때 소리를 늘
리면서 하는 소리로 추측된다. 영헌, 경산, 함양, 거창, 산청,
밀양 등 경상도 지역에서 부르던 소리가 전문 소리꾼들에 의
해 널리 알려졌다. 후렴을 받는 소리도 지역에 따라 "어", "허
야", "어화", "에야이야", "옹헤야" 등 다양하다. 음계는 경상

도, 강원도, 함경도에서 주로 부르는 민요의 특징적인 3음, 메나리토리인 '미–라–도'를 기본으로 한다. 도리깨질에 맞추기 위해 노래가 반장단에 메기고 반장단에 받아주는 식으로 되어 있다.[22] 여기에서 육자배기토리인 전라도에서는 특유의 꺾는 음 '도–시'가 들어가기도 한다.

도리깨는 보리를 타작할 때 긴 장대에 짧은 막대를 달아 돌릴 수 있게 만든 농기구다. 마당에 펼쳐놓은 보릿단을 내리치면서 보리를 턴다. 여러 명의 도리깨꾼이 둥그렇게 또는 반원형으로 둘러서서 작업을 한다. 이때 한 명의 목도리깨(상도리깨)꾼이 작업을 지시하고 구성진 소리로 재미를 북돋우면, 나머지 종도리깨(곱도리깨)꾼들이 "옹헤야" 또는 "오헤", "어" 등으로 받는다. '옹헤야'는 빠른 속도로 보리를 터는 노동요이기에 매우 빠른 속도로 부르며 보리를 수확하는 기쁨과 함께 즐겁고 신명나게 부른다. 도리깨질은 단순한 작업을 오랫동안 지속해야 하는 힘든 작업이므로 이러한 고된 일을 하는 마음을 달래고 합심하기 위해서 불렀다.

다음은 경기도 지방에서 불렀던 자진모리장단의 옹헤야이다.

(받는소리) 에헤헤헤 옹헤야 어절시구 옹헤야 잘도헌다 옹헤야

옹헤야 옹헤야 어절시구 옹헤야 저절시구 옹헤야 잘도헌다
옹헤야

철뚝넘어 옹헤야 메추리란 놈이 옹헤야 보리밭에 옹헤야 알
을 낳네 옹헤야

앞집금순 옹헤야 뒷집복순 옹헤야 서로만나 옹헤야 정답헌
다 옹헤야

정월보름 옹헤야 달밝은밤 옹헤야 줄다리기 옹헤야 신명난
다 옹헤야

구월시월 옹헤야 보리심어 옹헤야 동지섣달 옹헤야 싹이난
다 옹헤야

이월삼월 옹헤야 보리패니 옹헤야 시월오월 옹헤야 타작헌
다 옹헤야

이논빼미 옹헤야 어서심고 옹헤야 각 집으로 옹헤야 돌아가
세 옹헤야

풋고추에 옹헤야 단된장에 옹헤야 보리밥 찰밥 옹헤야 많이
먹자 옹헤야

일락서산 옹헤야 해 떨어지고 옹헤야 월출동령 옹헤야 달솟
는다 옹헤야

— 〈옹헤야〉(출처 : 중학교 음악책)

'옹헤야'는 특별한 뜻이 없다. 노래 가사에서 나오는 통일된 후렴구이자 종결구인 '옹헤야'는 자주 반복된다. 가사 내용을 보면, 특별한 것이 없다. 일상 속 여러 동적인 모습이 그려져 있다. 물론 현대인의 일상이 아니라 선조들이 보냈을 일상이다. 처음에 '어절시구, 저절시구, 잘도헌다'라는 말은 흥을 돋우기도 하지만, 하는 일마다 긍정을 부여하는 의미가 강하다. 철뚝 너머에 있는 메추리가 보리밭에 알을 낳는 것도, 앞집의 금순이와 뒷집의 복순이가 만나서 얘기를 나누는 것도, 정월 보름달이 환할 때 줄다리기 하는 것도, 보리를 심어 동지섣달에 싹이 나는 것도, 보리를 패고 타작을 하는 것도 논배미에 벼를 어서 심고 집으로 돌아가는 것도, 풋고추에 맛이 단 된장을 찍어 보리밥과 찰밥을 먹는 것도, 서산에 해 떨어지는 것도 달이 솟는 것도 모두 '옹헤야'이다. 숫제 모든 것이 '옹헤야'로 통한다. 일어나는 것도 넘어지는 것도, 슬픔도 기쁨도, 태어나는 것도 죽는 것도 모두 '옹헤야'이다. 이 '옹헤야'를 가만히 옮겨 오면, '감사'의 의미로 읽을 수 있다. 나고 죽고, 병들고 낫고, 만나고 헤어지고, 이루고 좌절하고의 모든 생사고락이 '감사'하다. 감사하지 않는 순간에도 '옹헤야'라고 말하면, '옹헤야'가 된다. 즉, 감사를 말하면, 그냥 감사로 매겨진다. '옹헤야'는 일상이고, 일상 속에서 마주칠 수 있는 모든 삶의 형태나 상황에서 예기치 않은 일까지 그저 '감사'로 의미를 두게 되면, 어떠한 일이든 자연스럽게 극복할 수 있다는 긍정적 암시의 힘이 실려 있다.

심상 시 치료 기법으로서 옹헤야

순서 —————————————————————————

1   〈옹헤야〉라는 노래를 먼저 접하기 전에 아는 대로 느낌과 분위기를 나눈다.

2   종이에 가사를 적어 배부하고, 함께 읽고 노래를 부른다. 이때 '옹헤야'라는 말이 나오는 음악을 준비해서 들려준다.

3   가사 속에 일상, 범사에 '옹헤야'를 '감사해'로 바꿔서 부르도록 내담자한테 설명한다. 음악을 들으면서 함께 부르되 전부 다 따라 하지 않고 '옹헤야'를 '감사해'로 바꿔서 그 부분만 부른다.

4   3의 느낌을 함께 충분히 나눈다.

5   내가 겪고 있는 부정적인 감정에 대해 종이에 쓴다.
    예) 슬픔, 괴로움, 미움, 분노, 상실.

6   5의 다음에 '이 모든 것에 감사합니다'라고 쓰고 나서 생각나는 대로 연이어 그다음 글들을 쓴다. 맨 마지막에는 '무조건 감사합니다. 일상과 매사에 감사합니다'라고 쓴다.

7   6에서 적은 글을 함께 충분히 나눈다.

치유 효과

일상에 감사한다는 것을 확장하면, 범사에 감사한 것으로 표현될 수 있다. 범사란 평범한 일, 또는 모든 일을 말한다. 세상사의 모든 일들은 희로애락을 포함하고 있다. 슬픔이나 분노, 절망, 좌절 같은 일을 피해 갈 수 없는 노릇이다. 그것마저 감사할 때, 부정적 에너지는 부정으로만 그치지 않는다. 긍정으로 바뀌게 되고, 결국 치유의 변화가 일어난다. 이 기법은 범사에 감사하면서 특히 부정에 긍정의 에너지를 흘러 들어가도록 해서 부정을 극복하는 데 탁월한 효과가 있다. 심상 시치료의 과정 중 '내면 진입' 단계에 적합하다.

03 연날리기

연날리기의 치유 비평

'연날리기'는 연을 공중에 띄우는 민속놀이다. 연은 솔개의 한자 '연鳶'에서 왔다. 솔개가 공중에서 날개를 펴고 빙빙 도는 모습에서 바람을 타는 연을 떠올린 것이다. 연의 옛말은 '열'이다. 연에 관한 가장 오랜 기록은 『삼국사기』에 있다. 647년 진덕여왕이 즉위하고 큰 별이 월성에 떨어지자 비담은 병사들에게 별이 떨어지는 곳에는 반드시 피가 흐르므로 여왕이 패망할 징조라고 했다. 이에 군사들이 동요하자 김유신이 인형에 불을 붙여 연에 띄웠고 별이 하늘로 다시 오르는 것처럼 보여 위기를 모면했다고 전한다.

연을 날리려면 연실을 한껏 풀어야 해서 연날리기는 주로 주위에 장애물이 없는 데서 행해졌다. 연을 주로 날리는 시기는 음력 정월 초하루부터 보름까지였다. 보통 12월 20일경이면 아이들이 여기저기서 연을 날리기 시작한다. 정월 보름 며칠 전이면 절정에 이른다. 아이들은 끊어진 연실을 걷느라고 남의 집 담을 넘어 들어가기도 했고, 심지어는 남의 집 지붕에 올라가는 일도 있었다. 또 끊어져 날아가다가 가라앉는 연을 줍느라고 논두렁에 빠지기도 했다. 다른 연과 어울려서 끊어먹기를 많이 하므로 열기를 띠기도 했다. 다른 연을 끊어먹도록 하는 것을 '깸치 먹인다'고 하는데 이 끊어먹기는 대개 아이들은 아이들끼리, 청장년은 청장년들끼리 많이 한다.

연은 날리는 사람의 솜씨에 따라 가로나 세로로 올라갔다 내려갔다 하기도 하고 뒤로 물러갔다 급전진하는 등 자유자재로 날린다. 끊어먹기를 할 때 연을 잘 끊는 것은 연을 얼리는 이의 기술에 달렸다.

연날리기는 정월 대보름 며칠 전에 성황을 이루고, 보름이 지나면 날리지 않기 때문에 대보름이 되면 액厄연을 띄웠다. 하여 연에다 '厄' 자 하나를 쓰기도 하고, '송액' 혹은 '송액영

복'이라 써서 날리고는 얼레에 감겨 있던 실을 죄다 풀고 실을 끊어서 연을 멀리 날려 보낸다. 그러므로 보름이 지나서도 연을 날리는 이가 있으면 '고리백정'이라고 놀려대고 욕을 하기도 했다.

연날리기는 세계 여러 나라에서 즐겨 행했던 풍속이지만, 각기 그 모습이 조금씩 다르다. 말레이시아나 태국 같은 나라에서는 해안 지대에서 주로 날리는데, 연을 잠시 날렸다가는 얼마 뜨지 못하고 곧 지상으로 내려오므로 이 지역에서의 연날리기란 그저 곧이어 내려오는 연을 자주 공중으로 날려보는 데 지나지 않는다. 일본과 중국에서도 연실을 풀어서 높이 날리기는 하여도 우리나라같이 서로 끊어먹기를 한다든가 자유자재로 기술을 부리면서 연을 날리는 일은 없었다.

우리나라 연은 크기를 막론하고 모두 짧은 장방형 사각으로 되어 있으며, 바람을 잘 받아 잘 뜨게 되어있을뿐더러 연의 가운데에 둥글게 구멍이 뚫려 있어 강한 바람을 받아도 바람이 잘 빠지게 했다. 따라서 바람이 다소 세더라도 연 몸체가 상할 염려가 없다.

연이 보이지 않을 정도로 높이 날리거나 급강하와 급상승, 후퇴와 전진을 하도록 자유롭게 조종할 수 있는 것은 연 날리는 사람의 솜씨 덕분이기도 하지만, 무엇보다도 우리나라 연

의 형태가 자유자재로 변형할 수 있어서이다.[23]

보통의 연은 약간 갸름한 네모꼴이지만 가오리연, 방패연, 허수아비연 등 여러 가지로 만들었다. 크기도 곳에 따라 다르다. 바람이 센 바닷가 지역의 연은 대문짝만큼 크지만, 내륙 지역의 것은 한지 반장 정도이다. 네모 연은 그림을 그린 것, 색종이를 오려 붙인 것, 색칠을 한 것, 꼬리나 발을 단 것 등에 따라 꼭지연, 반달연, 치마연, 동이연, 박이연 등으로 불린다. 가오리 꼴의 가오리연은 낙지연 또는 가자미연이라고도 하며, 꼬리가 달려서 꼬리연이라는 별명도 있다.

연날리기는 새처럼 자유롭게 날개를 펴고 날아오른다는 상징적인 의미를 지닌다. 여기에는 날개가 없다는 한계를 극복하고 새처럼 날아오르고 싶은 인간의 욕망이 담겨 있다. 모든 구속을 떨쳐버리고 하늘로 날아오르고 싶다는 인간의 상상력이 '연'이라는 도구를 통해서 표출되었다고 볼 수 있다. 연을 날리는 동안은 연에 집중해서, 연과 하나가 되어 자신이 하늘을 날고 있다고 상상함으로써 자유를 향한 욕망을 충족할 수 있다. 연싸움은 힘이 세다는 것을 증표로 내세우는 일종의 게임이지만, 이 경기마저 하늘을 자유자재로 활보할 수 있다는 전제로 승부를 가리는 것이다. '하늘'을 나는 신나는 기운을 담고 액운을 연 위에 써서 날려 보내기도 하면서 불행을 행운으로 전환하기도 하고, 일상의 스트레스도 해소하고자 했다. 이제, 이 연의 의미를 부각해서 연에 '소원'과 '염원'을 실어서 띄울 수 있을 것이다. 내 안에 간직한 생각과 마음을 하늘의 기운과 맞닿을 수 있도록 띄울 수 있다. 용기를 가지고 마음 깊은 곳에 잠재돼 있던 힘들을 분출하면서 하늘을 날며 맑은 기운을 받는 것이다.

심상 시 치료 기법으로서 연날리기

순서 ————————————————

1 연날리기의 경험과 느낌을 함께 나눈다.

2 '연' 하면 연상되는 것에 대해 자연스럽게 나눈다.

3 연 모양의 도안을 마련한 다음, '내 마음의 연'에 무엇을 적어서 하늘로 날려 보낼지 그 안에 적는다. 이때 간절한 소망, 염원을 담은 하나의 단어를 떠올려서 적도록 한다.

4 '내 마음의 연'을 어디에서 띄울지 정한다. 치료사는 내담자에게 원하는 곳이면 어디든 갈 수 있다는 점을 알려준다.

5   다음 심상 시 치료 멘트대로 행한다.

(눈을 감고 간단한 복식호흡과 이완을 한 후 진행한다)

나는 지금 연을 가지고 있습니다. 이 연에는 ○○○(순서 3
에서 적은 글을 읽는다)이라고 적혀 있습니다. 이 연은 ○○
○(순서 3에서 적은 글을 읽는다)에 띄우려고 합니다. 이제,
셋을 세면 연은 활기차게 날아올라서 ○○○(순서 4에서 적
은 글을 읽는다)에서 날게 됩니다. 셋을 세겠습니다. 하나,
둘, 셋! 내 연은 지금 ○○○(순서 4에서 적은 글을 읽는다)
에서 날고 있습니다. 지금, 이 느낌을 고스란히 느껴보시기
바랍니다. …… 지금, 문득 내 연한테 누군가의 음성이 들려
옵니다. 누구인지 나는 알 수 있습니다. 들려오는 그대로 들
어보시기 바랍니다. 자연스럽게 연과 그 목소리의 주인은 대
화를 나눕니다. 대화를 그대로 들어보시기 바랍니다. ……
…… …… 이제, 대화를 마무리합니다. 작별 인사를 나눠보시
기 바랍니다. …… 이제 셋을 세면, 이 느낌을 그대로 간직한
채 눈을 뜨시면 됩니다. 셋을 세겠습니다. 하나, 둘, 셋!

6   심상 시 치료 멘트대로 행하고 나서 연과 만난 이가 누
구인지, 그와 어떤 대화를 나누었는지 적는다. 혹시 아

무엇도 떠오르지 않는다면, 눈을 뜬 채 멘트대로 장면을 상상해서 적는다.

7   6에서 적은 글을 함께 충분히 나눈다.

치유 효과

자유롭게 하늘을 나는 연의 이미지를 활용해서 '내 마음의 연'에 소망과 염원이 적힌 글에 실린 마음을 함께 날아가게 한다. 그런 다음, 의미 깊은 대상과의 대화를 통해 잠재된 마음을 끄집어내어 하늘의 기운과 접해서 내면을 긍정으로 변화하게 한다. 심상 시 치료의 과정 중 '마음의 빛' 단계에 적합하다.

CHAPTER 4

절제

보자기
세한도
차

핵심 덕목 '절제^{temperance}'는 정도에 넘지 않도록 스스로 알맞게 조절하고 제한해서 행하는 것을 말한다. 절제 영역 안에는 다음 네 개의 강점이 있다. 먼저, 용서^{forgiveness}다. 용서는 나쁜 일을 한 사람들을 용서하는 능력으로서 잘못을 행한 자를 용서하고 다시 기회를 주며, 앙심을 품지 않는 것을 포함한다. 겸손^{modesty}은 자신이 이룬 성취에 대해 불필요하게 과장된 허세를 부리지 않는 태도로서, 자신의 성취나 업적을 떠벌리지 않고, 세인의 주목을 구하지 않으며, 자신을 특권적인 존재로 생각하지 않는 것을 일컫는다. 신중성^{prudence}은 선택을 조심스럽게 함으로써 불필요한 위험을 초래하지 않으며 나중에 후회할 일을 말하거나 행하지 않는 능력을 말한다. 자기조절$^{self-regulation}$은 자신의 다양한 감정, 욕구, 행동을 적절하게 조절하는 능력을 뜻한다.

01 보자기

보자기의 치유 비평

보자기는 물건을 싸서 들고 다닐 수 있도록 만든 천이다. 우리나라의 보자기는 일상에서 다양한 용도로 쓰여왔다. 보자기를 어떻게 사용하는가에 따라서 각각 다른 이름으로 불렸다. 즉, 간찰보·경대보·기러기보·명정보·밥상보·보부상보·빨랫보·예단보·이불보·전대보·제기보·책보·폐백보·함보·횃댓보 등등이다. 이 가운데 '전대보'는 문서나 물건을 전할 때 그것을 쌀 수 있도록 마련된 길고 양쪽 끝이 터진 자루 모양의 보자기를 말한다. '횃댓보'는 방 안 횃대에 걸어둔 옷가지를 덮는 데 쓰는 커다란 보자기를 말한다. 보자기는 덮고 깔기도 하고 가리며 싸기도 하는 용도로 쓰였다.

보자기는 싸개를 비롯해서 음식을 차려서 덮어두는 덮개로 사용하기도 하고, 바닥에 미리 깔아 부스러기가 흩어지지 않도록 차단하는 깔개 용도로도 쓰였다. 머리카락을 자를 때나 짧은 치마를 입었을 때 가리개 역할도 했다. 물건을 운반할 때 활용하기도 했고, 갑자기 다쳤을 때는 상처를 보호하는 용도로도 쓰였다. 때로는 스카프와 목도리의 대용으로 쓰기도 했다. 만드는 것도 그렇게 어렵지 않아서 적당한 크기의 네모난 천 조각에 시접 처리만 하면 되었다. 보자기를 쌀 때 묶는 매듭에 따라서 맵시가 돋보이기도 한다.

보자기는 물건을 싸서 보관하거나 운반하는 데 가장 간편한 생활 용구이면서, 아울러 예절과 격식을 갖추는 의례용으로 널리 사용되었다. 즉, 혼례용이나 불교 의식용으로도 쓰였고 기우제를 지낼 때 제단을 치거나 조상의 영정을 싸두는 등 특수한 용도로도 사용하였다.

보자기는 펴고 접을 때 소재의 유연한 신축성 때문에 활용하기가 좋은 도구였다. 운반할 때는 용적을 최대한 이용하다가 사용하지 않을 때는 작게 접어둘 수 있어서 유용했다. 현존하는 가장 오래된 보자기로 알려진 선암사의 탁자보는 고려 중기의 것으로 추정되는데, '탁의'라는 명칭으로 전해지고 있다.

전통 보자기는 사용 계층, 구조, 문양의 유무, 용도, 색상, 문양 종류, 재료 등을 기준으로 분류할 수 있다. 사용 계층에 따라 궁중에서 사용된 궁보와 민간에서 사용된 민보로 크게 나눈다. 직물의 질과 색상 및 꾸밈새에서 궁보는 귀족 취향으로 화사하며 세련되었고, 민보는 서민 취향으로 원만하고 투박하나 보자기 본래의 기능 면에서는 같다. 구조적 특징에서 보면 안감을 대지 않은 홑보, 안감과 겉감 두 겹으로 된 겹보, 깨지거나 흠가기 쉬운 물건을 보관하기 위해 솜을 두고 안감을 덧댄 솜보, 직선이나 기하학적 패턴으로 누벼서 만든 누비보, 천 조각을 이어서 만든 조각보, 바탕천에 식지(기름종이)를 대거나 식지만으로 만든 식지보가 있다.

문양의 유무에 따라서는 크게 무문보와 유문보로 나뉘고, 유문보는 다시 문양을 만드는 방법에 따라 수로 문양을 놓은 수보, 문양을 두어 짠 천으로 만든 직문보, 천 바탕에 금박으로 문양을 찍은 금박보, 천 바탕에 당채 등으로 그림을 그려 넣은 당채보 등이 있다.

용도별로 구분하면 상용보, 혼례용 보, 종교 의식용 보 및 기타 특수용 보로 나뉘며 구체적으로 덮개보, 경대보, 밥상보 등 다양하다. 색상별로는 청홍보, 소색 보, 황색보 등이 있고, 천의 문양 종류에 따라 용문보, 화목문보, 문자문보 등으로 나누고, 재료별로는 명주보, 비단보, 면직보, 모시보 등으로 분류할 수 있다. 또 폭 수에 따라 1폭보, 2폭보, 3폭보 등으로 분류하는데, 한 폭의 넓이는 명주의 폭을 기준으로 한 변의 길이가 35센티미터 내외이다. 보자기의 폭 수는 싸두는 물건의 크기에 따라 1폭에서 9폭까지 있다.[24]

보자기는 보호하고 감싸는 용도이지만, 보자기 자신의 행위를 들여다보면 다른 각도의 해석을 할 수 있다. 보자기 천은 만들어진 대로 그저 펼쳐져 있는 것이 아니라 용도에 맞게 오므리고 단정하게 묶은 채, 혹은 자태를 그대로 드리운 채 존재한다. 그 어떤 용도라도 소화할 수 있는 이유는 손의 이끌림에 따라 보자기가 움직이기 때문이다. 만나는 대상한테서 들뜨지 않고 밀착한 채 보듬어준다. 다양한 보자기의 용도 중에서 '싸는 것'에 대해 집중해보면, 보자기는 영락없이 절제의 미덕을 가지고 있다. 흐트러짐 없이 가지런히 놓고 그것을 정리해야만 보자기 안에 들어갈 수 있다. 보자기에 싸기 위해서는 먼저 널브러져 있는 쌀 물건을 차곡차곡하게 정연하게 질서를 잡아두어야 한다. 보자기는 그 대상을 충분히 감싸고 매듭을 지어 묶는다. 이러한 보자기가 가지고 있는 속성은 '절제'이다. 적을 때는 적당하게 몇 번을 둘러싸도 되지만, 너무 많으면 보자기에 싸지지 않는다. 지나친 욕심을 제어하는 미덕을 가지고 있는 것이 바로 보자기다.

심상 시 치료 기법으로서 보자기

순서 ─────────────────────────────

1 우리나라 규방 문화의 보자기에 대한 이야기를 나누며 느낌을 나눈다.

2 '내 마음의 보자기'가 있다면, 어떤 색깔인지, 어떤 모양인지 이미지를 떠올려서 그림으로 나타낸다. 이때, 간직하고 싶은 보자기와 누군가에게 주고 싶은 보자기 두 가지를 그린다.

3 2의 두 가지 보자기 그림 안에 들어갈 내 마음을 하나씩 각각 적고, 다른 종이 위에 그 이유를 적는다.

4 '내 마음의 보자기' 안에 든 '내 마음'을 주려고 하는 대상이 누구인지, 그 이유는 무엇인지 적는다.

5   다음 심상 시 치료 멘트대로 행한다.

(눈을 감고 간단한 복식호흡과 이완을 한 후 진행한다.)

나는 지금 두 개의 보자기를 가지고 있습니다. 하나는 내가 간직할 보자기이고, 다른 하나는 누군가에게 줄 보자기입니다. 누군가에게 줄 보자기를 오른손으로 들어보시기 바랍니다. 이제 이 보자기를 내가 떠올린 대상한테 드리려고 합니다. 그 대상이 내 앞에 있습니다. 나는 내가 싼 내 마음을 정성스럽게 드립니다. 이 보자기 선물을 받은 그 대상의 표정을 바라보시기 바랍니다. 그 대상과 자연스럽게 얘기를 나누어봅니다. …… …… …… 네, 좋습니다. 이제 이야기를 마무리 짓고 작별 인사를 합니다. 그다음, 나는 내가 간직하고 싶은 보자기를 내 마음 깊숙한 곳에 있는 빛나는 장소로 가져갑니다. 언제까지나 늘, 이 마음이 내 마음 깊이 존재하는 빛과 더불어 있을 것입니다. 자, 어떤 느낌이 드는지 떠올려보시기 바랍니다. …… …… 좋습니다. 지금, 현재의 느낌을 그대로 간직한 채 셋을 세면 현재로 돌아옵니다. 하나, 둘, 셋!

6   심상 시 치료 멘트대로 행하고 나서 어떤 대상을 떠올렸는지, 그 대상과 나눈 대화와 느낌을 적는다. 혹시 아

무엇도 떠오르지 않았다면, 눈을 뜬 채 멘트대로 장면을 상상해서 적는다.

7   6에서 적은 글을 함께 충분히 나눈다.

치유 효과

보자기를 통한 절제의 미학을 내면으로 가져와 마음을 나누고 간직하는 것으로 나타내어 타인과 긍정적인 소통을 하고 자신의 내면에 긍정적인 힘을 보관하여 심리적인 순환과 소통을 이뤄낼 수 있다. 심상 시 치료의 과정 중 '마음의 빛' 단계에 적합하다.

02

세한도

세한도의 치유 비평

〈세한도^{歲寒圖}〉는 조선 후기의 학자 추사^{秋史} 김정희(金正喜, 1786~
1856)가 그린 그림이다. 전문 화가가 그린 그림이 아니라 선비
가 그린 문인화^{文人畵}의 대표작으로 인정받아서 국보 제180호
로 지정되어 있다.

  추사는 어린 시절부터 부유한 가문에서 학자로 성장하기
좋은 조건에서 자라왔다. 추사의 증조부는 조선 제21대 임
금인 영조의 사위였다. 금석학과 서화 방면에서도 추사의 명

성은 높았다. 그런데 그가 45세가 되던 1830년, 부친 김노경이 전라도 고금도에 유배되었고, 1840년에는 윤상도의 옥사에 연루되어 자신마저 제주도 대정현에 9년간 유배되는 운명에 처하게 된다. 윤상도의 옥사 사건은 순조 때 안동김씨 가문을 공격하는 상소를 올린 윤상도가 그 상소에 거친 내용이 많다는 죄로 위리안치되며 일단락되었으나, 헌종 초엽 순원왕후의 수렴청정이 끝나갈 무렵 안동김씨가 이를 다시 끄집어내면서 다시 불이 붙었다. 추사의 아버지 김노경은 윤상도의 상소를 부추겼다는 이유로 관직을 삭탈당했고, 추사 또한 연좌제로 엮이게 된 것이다. 평생 유복하게 살아온 추사에게 유배 생활은 견디기 힘든 일이었다. 게다가 유배된 지 얼마 지나지 않아 가장 친한 친구 김유근과 아내의 사망 소식을 듣게 된다. 추사를 반대하는 무리들의 박해도 끊이지 않았다. 한때 추사한테 드나들었던 여러 친구들의 소식도 점차 끊어졌다. 이때, 추사의 제자이자 통역관이었던 우선藕船 이상적(李尙迪, 1804~1865)은 그런 스승의 심정을 잘 이해하고 중국에 사신으로 갈 때마다 다양한 서적들을 구해 보내주었다. 희귀 서적들을 구해서 보내주곤 했는데 한번은 연경에 다녀와서 『경제문편經世文編』이라는 책을 보내주었다. 귀한 책을 권력자에게 갖다 바치지 않고 유배되어 아무런 힘도 없는 추사한테 보낸 것이다. 이 책을 받은 김정희는 유배 가기 전이나 후나 변함없이 자신을 대하는 이상적의 행동을 보면서 『논어』의 「자한子罕」편에 나오는 '세한연후지송백지후조歲寒然後知松栢之後凋'라는 구절을 떠올린다. '겨울이 되어서 소나무와 잣나무가 시들지 않는다는 사실을 비로소 알게 된다'는 뜻이다. 어려운 지경을 만나고 나서야 진정하고 참다운 벗을 알게 되었다는 의미이다. 추사는 이상적의 마음과 그 마음을 고맙게 여기는 자신의 마음을 소나무와 잣나무로 그렸다. 그림에 〈세한도〉라는 제목과 함께 '우선시상(藕船是賞 : 우선에게 이것을 줌)'이라고 썼다. 그림 오른쪽에는 '장무상망長毋相忘'이라는, '오래도록 서로 잊지 말자'는 의미를 담은 인장을 찍었다. 그림을 그린 때는 제주도 유배 생활 5년째인 1844년, 추사의 나이 59세 때였다.

〈세한도〉는 절제미가 돋보이는 그림이다. 소박하고 단순하며 꼭 말해야 할 것만 장중한 음성으로 말하고 있다. 우직한 자의 말처럼 큰 의미로 다가온다. 그림을 자세히 들여다보면, 수직 구도를 가진 몇 그루의 나무에 비해 수평의 구도를 지닌 집이 눈에 들어온다. 어린아이도 그릴 법하게 누구나 보편적으로 그릴 수 있는 집 모양이다. 집이 낮게 엎드려 있다. 자세를 한껏 낮추고 있는 집의 대문 모양도 왠지 사람이 아니라 개가 드나드는 문 같기만 하다. 이는 견유주의를 표방하는 키니코스(고대 그리스어 키니스코스^{κυνισμός}, 라틴어: Cynici)학파를 떠올리게 한다. 키니코스학파는 자연과 일치된, 자연스러운 삶을 추구하는 그리스 운동, 또는 이를 따르는 철학자들을 말한다. 그리스어로 개를 의미하는 'Κύνος'에서 '견유'라는 말을 따온 것이다. 대표적 철학자는 디오게네스(Diogenēs, 기원전 400~323)이다. 디오게네스는 행복이란 인간의 자연스러운 욕구를 가장 쉬운 방법으로 만족시키는 것이라고 하였다. 자연스러운 것은 부끄러울 것도 없고 보기 흉하지도 않으므로 감출 필요가 없다는 것이다. 이러한 원리에 어긋나는 관습은 반자연적이고, 이에 따라서는 안 된다고 역설하면서, 가난하지만 부끄러움이 없는 자족 생활을 실천한 철학자이다. 자연스럽게 금욕을 실천하기란 쉽지 않다. 인간이 인간으로서의 성질, 인성을 바로 발휘해야만 그렇게 될 수 있다. 고뇌와 역경을 겪지 않고서는 제대로 된 성장을 할 수 없듯이 모진 세월의 풍파를 정면 돌파할 때 비로소 인성의 빛나는 아름다움을 느낄 수 있다.

〈세한도〉에서 만날 수 있는 것이 바로 이러한 절제이다. 억울한 처사에 대한 울분과 원망, 세상에 대한 저주가 없다. 혹독한 시련과 절망적인 상황에서도 이를 견딜 수 있는 집이 있다. 집은 엉성하지만 단단하다. 창문 하나 없이, 마치 개가 드나들 것 같은 동그란 문 표시뿐인 집이지만, 집을 둘러싸고 있는 소나무와 잣나무가 있어 외롭지 않다. 스산하고 외로운 상황에서도 절제된 고독을 만날 수 있다. 무엇 하나 소리치는 법 없이 견뎌내고 버텨내고 있다. 섣부른 희망마저 절제되어 있다. 다만, 견디기 힘든 추위에서도 그림 속 나무들이 푸른빛을 잃지 않는 것처럼 인간다운 면, 배우고 익힌 면, 굳이 배우지 않아도 무르익은 인성과 인격으로 절제의 아름다움을 노래하고 있다. 작품 앞에서 자연스럽게 겸허해진다. 분노도 원한도 슬픔과 아픔도 나무 아래 엎드린 지붕 낮은 집 안에 들어가서 훈훈하게 녹일 수 있겠다.

심상 시 치료 기법으로서 세한도

순서 —————————————————————————

1   추사의 〈세한도〉를 감상하고 느낀 점을 나눈다.

2   치료사는 그림을 그리게 된 배경과 의미를 간단하게 설명하고 그림에 대한 느낌을 다시 나눈다.

3   '내가 견뎌야 했던 삶'과 '그런 삶을 살면서 깨달은 점 혹은 배운 점'에 대해 얘기를 나눈다.

4   다음 심상 시 치료 멘트대로 행한다.

(눈을 감고 간단한 복식호흡과 이완을 한 후 진행한다.)

지금 나는 편안한 몸과 마음을 가지고 있습니다. 이제, 잠시 후 셋을 세면 〈세한도〉 속으로 들어가게 됩니다. 셋을 세겠습니다. 하나, 둘, 셋! 지금, 〈세한도〉 안에 들어와 있습니다. 주위를 둘러보시기 바랍니다. 무엇이 보이나요? 어떤 느낌이 드나요? 혹시 무슨 소리가 들려온다면 들어보시기 바랍니다. 저기 집이 한 채 있습니다. 문을 두드려보시기 바랍니다. 두드리면 열릴 겁니다. …… 네, 좋습니다. 문이 열립니다. 그곳에 누가 있는지 그대로 보시기 바랍니다. 이 존재와 자연스럽게 대화를 나눠보시기 바랍니다. …… …… …… 자, 이제 대화를 마무리하고 작별 인사를 나눕니다. …… 지금 이 느낌을 그대로 간직한 채 셋을 세면 그림에서 빠져나옵니다. 하나, 둘, 셋!

5   심상 시 치료 멘트대로 행하고 나서 누구를 만났는지, 어떤 대화를 주고받았는지, 느낌이 어땠는지를 적는다. 혹시 아무것도 떠오르지 않았다면, 눈을 뜬 채 멘트대로 장면을 상상해서 적으면 된다.

6   5에서 적은 글을 함께 충분히 나눈다.

치유 효과

〈세한도〉가 주는 절제의 미를 체득하면서 삶 속에서 견뎌내고 이겨낸 경험과 역경을 통과하면서 얻은 깨달음을 알아차린다. 또한, 그림과 연결된 의미 있는 존재와 소통함으로써 현실을 극복할 수 있는 지지의 힘을 파악할 수 있다. 심상 시 치료의 과정 중 '깊은 내면' 단계에 적합하다.

03

차

차의 치유 비평

차가 우리나라에 전해진 시기에 대해서는 다양한 설이 있다. 그중에서도 시기적으로 가장 오래된 것이 가야국 수로왕의 왕비 허황옥[許黃玉]에 의한 차 전래설이다.

『삼국유사』속 「가락국기」의 기록에 따르면, 알에서 태어났다고 전해지는 가야의 수로왕은 인도 아유타 출신의 공주 허황옥을 신부로 맞이했다. 중국 사천 보주에서 한동안 정착해 살았던 허황옥은 서기 48년 음력 5월에 수행원 20여 명과 함께 금, 은, 패물, 비단 등의 혼수품을 배에 가득 싣고 그해 음력 7월 27일에 수로왕이 기다리고 있던 별포 나루에 도착했다. 이때 허황옥이 배에 싣고 온 혼수품 중에 차 씨가 있었고, 이것이 우리나라 차 재배의 기원이라는 것이다.

차나무의 성질은 조금 차고 그 맛은 달고 쓰면서 독이 없는 식물이다. 쓰고 차서 기운을 내리게 하여 오래되고 체한 음식을 소화시켜주며 머리와 눈을 맑게 하고 요 배출을 돕는다. 또한, 당뇨병을 치료하며 화상에 의한 독을 해독시켜준다. 차나무는 키가 작고 모양은 치자나무와 비슷하며 겨울에 새로운 잎이 나는데 일찍 딴 것을 차茶라고 하고 늦게 딴 차를 명茗이라 한다. 차나무의 새싹은 작설(雀舌, 새의 혀라는 뜻으로 차의 고유명), 맥안(麥顏, 보리의 낟알과 같다는 뜻)이라 부른다. 아주 작은 눈을 가리키는 것으로 납차臘茶라고도 한다. 조그마한 새싹을 따서 찧어 떡 모양으로 만들어 불을 쬐게 되면 좋은 차가 된다. 차엽茶葉이 오래된 것을 명茗이나 천荈이라고 한다.[25]

차를 달여서 손님에게 권하거나 마실 때의 예법을 다도라고 한다. 우리나라의 다도는 19세기 초에 초의草衣의 『동다송東茶頌』으로 인해 활성화되었다. 초의는 『동다송東茶頌』에서 "따는 데 그 묘妙를 다하고, 만드는 데 그 정精을 다하고, 물은 진수眞水를 얻고, 끓임에 있어서 중정中正을 얻으면 체體와 신神이 서로 어울려 건실함과 신령함이 어우러진다. 이에 이르면 다도는 다하였다고 할 것이다"라고 하였다. 즉, 정성스럽게 잘 만들어진 차로 좋은 물을 얻어 알맞게 잘 우러나게 해야 한다는 것이다. 차를 끓일 때 물은 매우 중요하다. 물은 차의 체이기 때문이다. 초의는 좋은 물의 여덟 가지 조건으로, 가볍고, 맑고, 차고, 부드럽고, 아름답고, 냄새가 없고, 비위에 맞고, 탈이 없어야 할 것을 들면서, 급히 흐르는 물과 고여 있는 물은 좋지 못하다고 하였다.

우리나라의 차 문화 속에서 크게 두 가지 의미의 '절제'라는 치유적 속성을 찾아볼 수 있다. 첫째는 찻잎이다. 차나무의 잎은 차가운 성질을 가지고 있으나 달이는 과정에서 뜨겁게 재탄생한다. 원래 가지고 있는 찻잎의 차가움이 뜨거움과 잘 어우러져서 차가움이 '절제'되어 마실 수 있는 찻물로 등장한 것이다. 원래의 속성을 누그러뜨리는 것이 바로 '절제'이다. 절제는 억압이나 억제와는 다르다. 이는 강한 내공이 바탕이 되어 일어나는 조화이다. 인내를 인식하고 있다는 점에서 억압이 아니다. 견디고 수용하면서 인내하고 감당하며 직면한다는 점에서 그저 눌러 참으며 인위적인 힘을 가하는 억제와도 다르다. 찻잎이 해내는 것은 다만 버티는 것이 아니라 주어진 환경에 순응하되 인고하는 것이다. 그리하여 차가움의 본성이 열을 만나 중간 정도의 성질을 지니게 되는 것이다.

둘째는 다도로 대변되는 정신이다. 앞에서 열거한 대로 다도의 진정한 의미는 참선을 포함하여 '명상'에 있다. 참선은 선에 들어간다는 뜻으로, 깨달음을 얻기 위해 자기의 본래면목(자신이 본래 갖추고 있는 부처의 성품)을 참구^{參究}하는 불교 수행법을 말한다. 명상은 마음의 고통에서 벗어나 아무런 왜곡 없는 순수한 마음 상태, 자기로 돌아가는 것으로 초월적인 의미를 가지고 있으며, 이를 실천하려는 것이 명상이라고 할 수 있다.

이 두 가지 차의 의미는 절제된 행동과 마음가짐으로부터 나온다. 차나무에서 찻잎을 따고, 물을 끓이고, 잘 끓인 물과 찻잎을 만나게 하고 마음을 가지런히 하고 차분하게 앉아 차를 마시고, 찻잔을 씻는 일련의 행동들은 부족하거나 넘치는 법이 없다. 크지도 작지도 않은 알맞은 크기의 찻잔에 차를 따라 마시는 행위 또한 절제미가 우러난다. 차를 준비하고 마시는 일련의 행위는 자연스럽지만 절제된 아름다움을 가지고 있다. 그래서 차와 선^禪이 하나가 된다.

심상 시 치료 기법으로서 차

1 준비한 차를 마신다. 흔히 구할 수 있는 차로 하되, 다관
   과 찻잔을 준비해 최소한의 격식을 갖춘다.

2 차에 대한 느낌을 충분히 나눈다.

3 치료사는 차의 유래와 성행 시기를 간략하게 설명한
   다. 이때 초의선사가 말한, 차를 이루는 좋은 물의 여덟
   가지 덕에 대해 설명한다. '가볍고, 맑고, 차고, 부드럽
   고, 아름답고, 냄새가 없고, 비위에 맞고, 탈이 없어야 할
   것'을 알려주고, 내 안에 그 물의 힘이 있음을 자각하도
   록 한다.

4 다음 심상 시 치료 멘트대로 행한다.

(눈을 감고 간단한 복식호흡과 이완을 한 후 진행한다.)

나는 내 마음의 정중앙에 우리나라의 차를 우려내는 물처

럼, 여덟 가지 덕을 가지고 있음을 알아차립니다. 가볍고, 맑

고, 차고, 부드럽고, 아름답고, 냄새가 없고, 비위에 맞고, 탈

이 없는 물이 있습니다. 내 마음에는 초의선사가 말한, 물같

이 나를 이루는 빛나는 물이 있습니다. 내 마음의 중심에 존

재하는 빛나는 물을 고스란히 느껴보시기 바랍니다. ······

······ ······ 나는 언제, 어떤 상황에서든 내 마음의 중심에 이렇게 빛나는 물이 있음을 알아차립니다.

어떤 느낌이 드는지 그대로 느껴보시기 바랍니다. ······

······ 이제, 셋을 세면 지금의 느낌을 고스란히 간직한 채 눈을 뜨시면 됩니다. 하나, 둘, 셋!

5 심상 시 치료 멘트대로 행하고 나서 어떤 느낌인지 적는다. 혹시 아무것도 떠오르지 않았다면, 눈을 뜬 채 멘트대로 장면을 상상해서 적는다.

6 5에서 적은 글을 함께 충분히 나눈다.

치유 효과

차가 지닌 '절제'의 의미를 알아차리고, 직접 차를 마시면서 차를 이루게 하는 '물'이 가진 좋은 성질을 느낄 수 있다. 또한, 이 물이 체내에 존재하고 있다는 사실을 자각하면서 몸과 마음의 조화와 함께 주체적이고 긍정적인 내면의 힘을 자각할 수 있다. 심상 시 치료의 과정 중 '깊은 내면' 단계에 적합하다.

CHAPTER 5

정의

단군
유관순
흰 소

핵심 덕목 '정의^{Justice}'는 진리에 맞는 올바른 도리, 바른 뜻, 개인 간의 올바른 도리와 사회를 구성하고 유지하는 공정한 도리를 일컫는다. '정의' 영역 안에는 다음 세 개의 강점이 있다. 시민 정신^{citizenship}은 자신이 속한 집단의 이익을 추구하고자 하는 책임 의식으로서 사회나 조직 속에서 자신에게 주어진 임무와 역할을 인식하고 부응하려는 태도를 뜻한다. 공정성^{fairness}은 편향된 개인적 감정의 개입 없이 모든 사람을 동등하게 대하고 모두에게 공평한 기회를 주는 태도를 의미한다. 리더십^{leadership}은 집단 활동을 조직화하고 그러한 활동이 진행되는 것을 파악하여 관리하는 능력으로서 구성원을 고무해 좋은 관계를 창출하고 사기를 증진하여 각자의 일을 해내도록 지휘하는 것을 의미한다.

01

단군

단군의 치유 비평

단군^{檀君}은 한민족이 시조로 받드는 고조선의 첫 번째 임금이다. 이에 관한 첫 기록은 고려시대 13세기에 일연이 쓴『삼국유사』「기이편」에 다음과 같이 나온다.

"옛날 환인의 서자 환웅^{桓雄}이 세상에 내려와 인간 세상을 구하고자 하므로, 아버지가 환웅의 뜻을 헤아려 천부인 세 개를 주어, 세상에 내려가 사람을 다스리게 하였다. 환웅이 무리

3,000명을 거느리고 태백산의 신단수에 내려와 신시라 이르니, 그가 곧 환웅천왕이다. 그는 풍백·우사·운사를 거느리고, 인간의 360여 가지 일을 맡아서 세상을 다스렸다.

이때 곰 한 마리와 범 한 마리가 같은 굴속에 살면서 환웅에게 사람이 되게 해달라고 빌었다. 환웅은 이들에게 신령스러운 쑥 한 줌과 마늘 20쪽을 주면서 이것을 먹고 100일 동안 햇빛을 보지 않으면 사람이 된다고 일렀다. 곰과 범은 이것을 먹고 근신하기 3. 7(21일)만에 곰은 여자의 몸이 되고 범은 참지 못해 사람이 되지 못하였다. 웅녀熊女는 그와 혼인해주는 이가 없어 신단수 아래에서 아이를 배게 해달라고 축원하였다. 이에 환웅이 잠시 변하여 혼인하여서 아이를 낳으니 그가 곧 단군왕검檀君王儉이다. 단군은 제사장을, 왕검은 정치적 지배자를 뜻한다. 이 이름은 제정일치 사회였던 고조선 시대에 백성들을 다스리던 군장의 칭호로 볼 수 있다. 왕검이 평양성에 도읍을 정하고 비로소 조선이라 일컫었다. 이어서 백악산의 아사달로 옮긴 뒤 그곳을 궁홀산弓忽山 또는 금미달今彌達이라 하였다.

단군은 1,500년 동안 나라를 다스리고 주나라 호왕이 즉위한 기묘년에 기자箕子를 조선의 임금으로 봉한 후 단군은 장당경(藏唐京, 황해도 신천군 문화면)으로 옮겼다가, 뒤에 아사달에

돌아와 숨어서 산신이 되니 나이가 1,908세였다."

그 밖의 다른 사서 기록들(고려시대 이승휴李承休의『제왕운기』, 조선 초기 권람權覽의『응제시주』와『세종실록지리지』)에서 표기를 보면,『삼국유사』에서 '단군'에 '제단 단壇' 자를 사용하는 데 비해『제왕운기』에서는 '박달나무 단檀' 자를 사용한다. 학계에서는 일반적으로 후자를 채택하고 있다. 한편,『삼국유사』에서는 단군조선과 기자조선을 함께 기록하여 파악하고 있으나,『제왕운기』에서는 단군, 기자, 위만조선을 구분하고 있다.[26]

이러한 단군에 대한 기록을 청동기시대의 산물로 보기도 하고, 지배자의 출현을 빛내는 신화로 보기도 한다. 한편, 신화는 고대인의 한 관념의 형태이므로 단군신화를 역사적 사실로 보아서는 안 된다는 주장도 있다. 신화는 역사적 사실여부를 떠나서 상징과 은유를 담고 있고, 그 당시 사람들의 믿음과 사상을 함축하고 있다고 볼 수 있으므로 단군신화가주는 중요성을 간과해서는 안 된다. 우리나라에서 자생한 신앙 중에서 단군신화에서 등장하는 환인, 환웅, 환검(단군왕검)을 삼신으로 모시는 대종교가 있다. 대종교의 창시자 나철은 신도들과 함께 구국 운동에 매진했으며, 단군은 민족의 단합을 주창하는 원동력이 되었다. 단군의 건국을 우리 역사의 기원으로 삼는 단군기원, 즉 단기檀紀는 고조선의 건국을 중국 요임금 즉위 25년 되는 해로 근거하여 그 원년을 기원전 2333년으로 환산했다. 우리나라에서 사용한 단기는 고려 말 우왕의 사부였던 백문보가 처음 사용했으나 공식적으로 1962년 1월 1일부터 중지되고 서기로만 쓰게 되었다.

단군신화에서 비롯된 고조선의 건국이념은 '홍익인간弘益人間'이다. '널리 인간세계를 이롭게 한다'는 뜻을 가지고 있다. 우리나라 정치·경제·사회·문화의 최고 이념으로, 윤리 의식과 사상적 전통의 바탕을 이루고 있다. 또 다른 고조선의 건국이념인 '재세이화在世理化'는 '세상에 있으면서 다스려 교화시킨다'는 뜻을 가지고 있다. '이도여치以道興治'는 '도로써 세상을 다스린다'는 뜻이며, '광명이세光明理世'는 '밝은 빛으로 세상을 다스린다'는 의미이다.[27]

단군은 다만 신화 속에만 존재하는 것이 아니라 우리나라 탄생의 상징적 인물이며, 나라의 탄생과 더불어 이념의 기치를 세운 존재로 이해할 수 있다. 인간세계를 이롭게 하기 위해 무엇을 할 수 있을까. 어떻게 사는 것이 나와 타인, 그리고 이 세계를 이롭게 할 수 있을까에 대한 근원적인 고민과 해결을 하도록 이끌고 있다. 이 물음은 단순하게 묻고 끝나는 것이 아니라 개인이 이 땅에서 살아 있는 한, 나라가 존속하는 한, 개인과 세상이 영구히 지속할 내적 성장과 발전을 담보로 한 질문이다. 단군이야말로 우리에게 '정의'가 무엇인지 질문을 던져주고 있다. 이 질문에 어떻게 답을 할 수 있는지, 어떤 방식으로 하고 있고 해야 할지에 대한 구체적인 답을 능히 할 수 있는지가 사회 속에서 살아가는 개개인의 삶에 대한 자신만의 정의가 될 것이다.

심상 시 치료 기법으로서 단군

순서 ——————————————————————

1   단군 이야기를 함께 나눈다.

2   단군에 대한 생각과 느낌을 충분히 나눈다.

3   홍익인간弘益人間 : 널리 인간세계를 이롭게 한다.

     재세이화在世理化 : 세상에 있으면서 다스려 교화시킨다.

     이도여치以道與治 : 도로써 세상을 다스린다.

     광명이세光明理世 : 밝은 빛으로 세상을 다스린다.

     이 네 가지의 초점을 '나'에 맞춰서 각 질문에 대한 답을 적는다.

     ① 나 자신을 이롭게 하려면 어떻게 해야 할까?

② 내가 나를 다스리려면 어떻게 하면 좋을까?

③ 내가 깨닫거나 그동안 배운 내 삶의 방식은?

④ 내 안의 빛이 나를 다스릴 수 있게 하려면 어떻게 하면 좋을까?

각 문항에 대해 진지하게 사유하고 나서 떠오르는 대로 적는다. 여기에 정답은 없지만, 긍정적이고 희망적인 내용으로 적도록 한다.

4   3을 충분히 나눈다.

5   다음 심상 시 치료 멘트대로 행한다.

(눈을 감고 간단한 복식호흡과 이완을 한 후 진행한다.)

나는 내 마음 깊은 곳에 존재하는 빛을 떠올립니다. 이 빛은 내가 태어나면서부터 늘 나와 함께했고, 단 한 번도 빛이 사라지거나 꺼지지 않았다는 사실을 지금 깨닫습니다. 빛이 없다고 생각하거나 아예 빛 자체를 느끼지 못하는 순간에도 이 빛이 존재하고 있었다는 사실을 지금 알아차립니다. 지금, 내 마음 깊은 곳, 중심에 존재하는 빛을 느낍니다. …… …… …… 이 빛을 떠올리는 순간 이 빛이 나를 다스릴 수 있다는 사실을 알아차립니다. 이제, 이 빛이 나로부터 밖으로, 타인에게로, 세상으로 퍼져나가고 있습니다. 이 느낌을 고스란히 간직합니다. …… …… …… 지금, 현재, 이 순간 빛이 내게 들려주는 메시지를 떠올려봅니다. 어떤 메시지가 들리는지 그대로 들어보시기 바랍니다. …… …… …… 이 느낌을 그대로 간직한 채 셋을 세고 눈을 뜨시면 됩니다. 하나, 둘, 셋!

6   심상 시 치료 멘트대로 행하고 나서의 느낌과 빛의 메시지를 적는다. 혹시 떠오르지 않는다면 '내 마음의 빛'은 내 마음속 정중앙에 '빛'이 있다고 느끼는 순간 빛을 느낄 수 있다는 사실을 알리고, 스스로 상상해보도록 한다. 그 빛이 지금, 현재, 이 순간의 나에게 메시지를 보내고 있다고 여기며 적는다.

7   6에서 적은 글을 함께 충분히 나눈다.

치유 효과

단군 이야기로 비롯된 고조선의 건국이념을 개인의 차원으로 끌고 와서 접목한다. 즉, 개인의 신화, 내면의 나라가 완성될 수 있도록 마음의 차원에서 대입해서 '빛'의 메시지를 들으면서 보다 직접적으로 삶을 성찰하고 통찰할 수 있다. 심상 시 치료의 과정 중 '마음의 빛' 단계에 적합하다.

02

유관순

유관순의 치유 비평

유관순(柳寬順, 1902~1920)은 일제강점기 때 만세운동을 주도
한 독립운동가이다. 충청남도 목천군 이동면 지령리(지금의 천
안시 병천면 용두리)에서 아버지 유중권과 어머니 이소제의 3남
2녀 중 둘째 딸로 태어났다. 유관순은 1916년 지령리 교회에
자주 들르던 샤프^{Alice Hammond Sharp} 선교사의 추천을 받아 교비
유학생으로 이화학당 보통과에 편입하였다.

이화학당에서는 1905년 을사늑약 이후, 이문회를 중심으로 오후 3시만 되면 모두 수업을 중단하고, 조국 독립을 기원하는 기도회와 시국 토론회 및 외부 인사 초청 시국 강연회 등을 개최했는데, 유관순도 회원으로 활발히 활동하였다. 1919년 1월 21일, 고종이 승하하자 학생들은 자진해서 상복을 입고, 휴교에 들어갔으며, 2월 28일에는 정기 모임을 통해 전교생이 적극적으로 만세를 부르기로 결의하였다. 당시 고등과 1학년이었던 유관순은 서명학·김복순·김희자·국현숙 등과 함께 '5인의 결사대'를 결성하여, 소복을 하고 기숙사를 빠져나와 대한문 앞에서 망곡을 한 뒤, 남대문으로 향하는 시위 행렬에 합류하였다. 이후 3월 5일, 학생 연합 시위가 벌어졌고 이날 유관순도 만세를 부르다가 일경에 붙잡혔으나 곧 석방되었다. 고향에 돌아온 유관순은 부친 유중권과 조인원 등 마을 어른들에게 서울에서의 만세운동 소식을 전하고, 숨겨 온 독립선언서를 내놓으며, 병천 시장에서의 독립만세운동 계획을 상의하였다.

유관순과 사촌 언니 유예도는 만세운동에 주민들이 사용할 태극기를 만드는 등 만반의 준비를 하였고, 1919년 4월 1일 병천 시장에서 수천 명이 참여한 만세 시위를 주도하였다. 이 사건이 바로 아우내 독립만세운동이었다. 이날 유관순의 부모를 포함하여 열아홉 명이 시위 현장에서 순국하였으며, 30

여 명이 큰 부상을 당하였다. 유관순은 주도자로 체포되어 공주교도소에 수감되었고, 이곳에서 공주 영명학교에서 만세운동을 주도하다 구속된 친오빠 유우석을 만나기도 하였다.

5월 9일, 유관순은 공주지방법원에서 5년 형을 언도받았고, 중형을 받은 사람들과 경성복심법원으로 넘겨져 6월 30일 경성복심법원에서 3년 형을 언도받았다. 함께 재판받은 사람들은 모두 고등법원에 상고하였으나, 일제의 재판권을 인정하지 않은 유관순은 상고하지 않았다. 서대문형무소에 수감된 유관순은 이신애, 어윤희 등과 함께 1920년 3월 1일 오후 2시를 기해 3·1운동 1주년 기념식을 갖고, 옥중 만세 운동을 전개하였다.

오랫동안 계속된 고문과 영양실조로 1920년 9월 28일 오전 8시 20분, 유관순은 18세의 나이로 순국하였다. 이화학당은 형무소 당국에 유관순 시신의 인도를 요구하였으나 일제는 이를 거부하였다. 그러자 이화학당 교장 월터 Miss Jeanette Walter 는 이 사실을 미국 신문에 알려 세계 여론에 호소하겠다고 강력하게 항의했고, 일제는 해외 언론에 알리지 않고 장례는 극히 조용히 치러야 한다는 조건을 붙여 시신을 인도하였다. 1920년 10월 14일, 이화학당 측은 정동교회 김종우 목사의 주례로 이태원 공동묘지에서 장례를 지냈다. 이후 일제가 이

태원 공동묘지를 군용기지로 개발하면서, 유관순의 묘는 미아리 공동묘지로 이장되었으나 실전되었으며, 현재 유관순 생가의 뒷산인 매봉산에 초혼묘가 봉안되어 있다.[28]

유관순이 우리나라 독립을 위한 화신처럼 활약한 여러 일화들이 전해져온다. 1919년 3월 5일 학생 연합 시위가 일어나고 일제에 잡혀갔다가 풀려난 유관순이 13일 기차를 통해 고향으로 돌아오는 길이었다. 이때 고향으로 돌아오는 기차 안에서 친구들이 기차 소리가 '동전 한 푼, 동전 한 푼' 하는 소리로 들린다고 하자, 유관순은 '대한 독립, 대한 독립' 하는 소리로 들린다 하였다. 대표적인 또 다른 일화로 다음과 같은 것이 있다.

1919년 4월 1일 병천 시장에서 행할 만세운동을 위해 유관순은 태극기를 품에 넣고 재를 넘어가고 있었다. 일본의 탄압을 피해 어스름이 깔릴 무렵에 산을 넘어가고 있었던 것이다. 그런데 맞은편에서 두 개의 횃불처럼 보이는 것이 점차 다가오고 있었다. 가까이에서 보니, 호랑이의 두 눈이었다. 유관순은 온몸이 얼어붙을 법한 그때, 속으로 이렇게 외쳤다.

"호랑이야, 네가 나를 잡아먹고 싶으냐? 지금 나는 나라의 독립을 위해 이 길을 지나가야 한다. 나는 이 일을 하기 전에는 죽을 수가 없다."

두 눈을 부릅뜨고 당장이라도 해할 듯한 호랑이와 정면에서 마주하면서 기싸움이 시작되었다. 얼마나 지났을까. 간절하고 당찬 유관순의 마음이 하늘에 닿았을 것이다. 어느덧 호랑이가 슬금슬금 뒷걸음질 치더니 뒤돌아서 가버렸다. 그래서 유관순은 무사히 만세운동을 이끌 수 있었다.[29]

옥중에서 모진 고문으로 힘들 때 유관순은 다음과 같은 말을 남겼다. "손톱이 빠져나가고 귀와 코가 잘리고 손과 다리가 부러져도 참을 수 있지만, 나라를 잃어버린 그 고통만은 견딜 수가 없습니다."

유관순의 마음 깊숙이 '정의'를 향한 불타는 정열, 불꽃이 있었다는 것을 능히 알 수 있다. 그 타오르는 불꽃이 열정으로 화하여 꽃불이 되어 주위를 밝혔던 것이다. 부정을 정면으로 마주 보고 돌파하면서 큰 뜻을 굽히지 않았던 그 고귀한 모습은 태극기와 목소리만 가지고 일본의 총칼에 맞선 엄청난 용기와 더불어 겨레의 마음속에 깊이 남아 있다.

심상 시 치료 기법으로서 유관순

순서

1 유관순에 대해 이야기를 나눈다. 이때 치료사는 유관순
에 대해 알고 있는 것을 말해보자고 하고 나서 내담자
가 먼저 말하게끔 한다. 그다음 유관순의 전 생애를 간
추려서 이야기해주고, 옥중 일화와 호랑이 일화를 반드
시 언급한다.

2 유관순이 남긴 옥중의 말, "손톱이 빠져나가고 귀와 코
가 잘리고 손과 다리가 부러져도 참을 수 있지만, 나라
를 잃어버린 그 고통은 견딜 수가 없습니다"라는 말을
들었을 때의 느낌을 말해보자고 한다.

3 "손톱이 빠져나가고 귀와 코가 잘리고 손과 다리가 부
러져도 참을 수 있지만, ＿＿＿＿＿＿＿＿만은 견딜 수
가 없습니다. 기필코 이것만은 해결해야 합니다"라는
유관순 말을 활용해서 빈칸에 자신의 이야기를 써보도
록 한다.

4 3의 뒷장에 호랑이를 마주친 유관순의 이야기를 활용해
서 다음과 같이 빈칸에 자신의 이야기를 써보도록 한다.
〈내 삶의 호랑이는 ＿＿＿＿＿＿＿＿입니다. 나는 온 정

신을 집중해서 용기를 내어 _____을 물리치고자 합니다. 나는 내 삶에서 _____이 뒷걸음질 치는 것을 봅니다. 나는 결국 _____을 물리칩니다. 이제 내 삶에서 _____에게 더 이상 당하고 있지 않습니다. 이 존재가 다시 다가오는 낌새가 보인다면, 나는 이미 가지고 있는, 이 존재를 물리친 깊은 마음의 힘을 바로 발휘하겠습니다.〉

내 삶에서 맞닥뜨리고, 마침내 물리칠 '호랑이'는 무엇인지, 떠오르는 존재나 대상(물질, 사람, 비물질 전부 해당된다. 예를 들어 자신 없음, 자신의 비하, 좌절, 낙담, 술 등등) 중에서 하나를 선택해 빈칸을 똑같은 대상으로 적으면 된다고 말한다. 또한 '마음의 힘'은 지금, 현재, 이 순간에 발휘한 힘(떠올린 대상을 정의감을 가지고 물리친다는 상상력, 내 마음에 힘이 우주의 에너지와 연결되어 있다는 자각)을 뜻한다고 말한다.

5   4에 적은 글을 내담자로 하여금 처음부터 천천히 뜻을 생각하며 읽게 한다.

6   5를 읽고 난 느낌을 함께 충분히 나눈다.

치유 효과

큰 용기를 가지고 정의를 향해 나아갔던 유관순의 일화를 지금, 현재, 이 순간의 마음으로 가져와서, 결연한 용기를 가지고 당면한 문제를 헤쳐나갈 수 있는 내면의 힘을 증진함으로써 문제 해결 능력을 극대화할 수 있다. 심상 시 치료의 과정 중 '내면 진입' 단계에 적합하다.

03

흰 소

흰 소의 치유 비평

여기서 말하는 〈흰 소〉는 1954년경에 대향^{大鄕} 이중섭(李仲燮, 1916~1956)이 소를 소재로 그린 유화를 말한다. 세로 30센티 미터, 가로 41.7센티미터이다. 현재 홍익대학교 박물관이 소 장하고 있다.

이중섭은 평안남도 평원군에서 이희주의 둘째 아들로 태어 났다. 오산고등보통학교에 들어가 당시 미술 교사였던 임용 련의 지도를 받으면서 화가의 꿈을 키웠다. 1937년에 일본으로 건너가 분카학원 미술과에 입학하였다. 재학 중 독립전과 자유전에 출품하여 신인으로서의 각광을 받았다. 졸업하고 신미술가협회 일원으로 활동하였다. 신미술가협회는 1940년대 활동했던 예술지상주의적이며 재야적인 성격의 도쿄 유학생 출신 한국 작가들의 모임이었다. 1940년에는 미술창작가협회전(자유전의 개칭)에 출품하여 협회상을 수상하였다. 1943년에도 역시 같은 협회전에서 태양상을 수상하였다. 이 무렵 일본인 여성 야마모토와 만나 1945년 원산에서 결혼하여 슬하에 2남을 두었다. 1946년 원산사범학교에서 미술 교사로 봉직하기도 하였다.

북한이 공산당 치하에 놓이면서 자유로운 창작 활동에 많은 제한을 받았다. 친구인 시인 구상의 시집『응향凝香』의 표지화를 그려 두 사람이 같이 당국으로부터 비판을 받기도 하였다. 한국전쟁이 일어나고, 유엔군이 북진하면서 이중섭은 자유를 찾아 원산을 탈출해서 부산을 거쳐 제주도에 도착하였다. 생활고로 인해 다시 제주도에서 부산으로 돌아왔다. 이 무렵 부인과 두 아들은 일본으로 건너갔으며, 이중섭은 홀로 남아 부산, 통영 등지로 전전하였다. 1953년 일본에 가서 가족들을 만났으나 며칠 만에 다시 귀국하였다. 이후 줄곧 가족과의 재회를 염원하다 1956년 정신이상과 영양실조로 나이

40세에 적십자병원에서 사망하였다.

대향의 작품 속에는 소, 닭, 어린이, 가족이 많이 등장한다. 불상이나 풍경 그림 등도 몇 점 남아 있다. 특징은 향토성을 강하게 띠는 요소와 동화적이며 동시에 자전적^{自傳的}인 요소이다. 대표작으로는 〈싸우는 소〉, 〈흰 소〉, 〈움직이는 흰 소〉, 〈소와 어린이〉, 〈황소〉, 〈투계〉, 〈닭과 가족〉, 〈사내와 아이들〉, 〈길 떠나는 가족〉과 그 밖에 수많은 은지화(담뱃갑 속의 은지에다 송곳으로 눌러 그린 일종의 선각화)들이 있다.

대향의 작품 중에서 특히 '소'는 농촌 정서를 기반으로 우리 민족 정서와 정신을 반영하고 있다. 이는 그가 활약했던 신미술가협회 회원들의 작품에서도 자주 등장하던 소재이기도 했다. 이중섭은 임용련에게 지도받던 오산학교 시절부터 소에 대한 관심이 매우 컸으며 다양한 소의 모습을 작품에 담았다.

〈흰 소〉는 그의 대표작이라고 볼 수 있다. 소는 예로부터 한 가정의 부를 상징하는 재산 목록 1호로 꼽혀왔다. 평생 인간을 도와 우직하게 일하고, 죽어서도 가죽과 고기를 남겨주는 소는 인간에게 가족이자 큰 재산이었다. 인간과 친숙하게 지내면서 끊임없이 노동력을 제공해온 소는 온순함과 순종, 힘의 상징으로 여겨졌다. 농경 사회에서 소의 상태는 그 집의 분위기와 근면 성실함을 단적으로 드러내는 잣대가 되기도 했다. 소는 평화롭고 목가적인 풍경에 빠지지 않고 등장한다. 종교적인 면으로 볼 때는 소는 행운 및 수호신을 상징하며, 수행과 깨달음, 선인, 도인, 성인을 상징한다. 즉, 소는 도가에서는 유유자적을, 유가에서는 의義를 상징하지만, 불가에서는 '인간의 본래 자리'를 의미한다. 수행을 통해 본성을 깨달아 가는 과정을 비유한 '심우도尋牛圖'는 법당의 벽화로도 많이 등장한다. 이는 선사들이 이러한 소를 수행의 채찍으로 삼아왔기 때문이다. 고려 때의 보조국사 지눌은 호를 목우자牧牛子라 했다. '소를 기르는 사람', 즉, 참다운 마음을 다스리는 사람이라는 뜻이다. 만해 한용운 선사도 만년에 서울의 자택을 심우장尋牛莊이라 했다. '불성을 찾기에 전념하는 곳'이란 의미가 담겨 있다.[30]

그림 속으로 들어가보자. 소의 형체는 분명하나 놀라울 만큼 앙상한 뼈대가 돌출되어 있다. 뼈대와 근육이 한데 어우러져 거칠게 표현되어 있다. 화면의 오른쪽에서 왼쪽을 향해 걸음을 옮기고 있으나 뛰어가는 자세는 아니다. 정면을 향해 노려보고 있지도 않다. 흰 소의 얼굴은 그림을 보는 자를 향해 있지만, 시선은 그렇지 않다. 흰 소가 보고 있는 것은 화면 안에 있지 않다. 주위 상황에 굴하지 않는 의연한 표정과 자세다. 거친 숨을 쉬고 있는 듯해 보이지만, 경망스럽지 않다. 꼬리는 한껏 치켜 올라가 있다. 등 뒤의 털도 곤두서 있다. 힘차게 걸음을 옮기고 있으며, 멈추지 않겠다는 강렬한 의지가 보인다. 누가 몰아세워서 하는 행동이 아니라 스스로 결정해서 행하는 행동이기 때문이다. 이 길이 옳다고 결정하고 누가 뭐라고 해도 이 길을 가야겠다고 결심하고 우직하고 저돌적으로 걸어가고 있다. 온몸으로 길을 만나고 있다. 발걸음을 내디딜 때마다 웅비의 소리가 들린다. 특히 흰 소가 가지는 신성한 기운이 화면 가득 느껴진다. 우리나라 서민을 상징하는 대표적인 색채인 '하얀색'이 '소'와 만나서 민족의 얼이 되었다. 소는 절대 양보하지 않을 정의를 향해 발걸음을 옮기고 있다. 길이 험난하고 고되고 아프더라도 이 길이 옳다면, 결코 후퇴하지 않을 작정이다. 소의 힘찬 행보를 바라보고 있노라면, 이처럼 당당하게 걸어갈 수 있다는 강렬한 기운이 움튼다. 흰 소의 걸음은 그만큼 거침이 없고, 확신에 차 있다. 불의를 이겨내는 정의로운 기운이 불사의 불처럼 뿜어져 나온다.

심상 시 치료 기법으로서 흰 소

순서

1   대향의 〈흰 소〉를 감상하고 느낌을 나눈다.

2   흰 소가 어디를 향해 가고 있는지, 어떤 생각과 신념을 가지고 있는지 글로 적는다.

3   나 자신이 흰 소가 되어 내 인생에서 이처럼 행동한 적이 있는지, 그때는 언제였는지, 혹시 없었다면 이렇게 행동하고 싶었던 것은 언제였는지를 충분히 나눈다.

4   다음 심상 시 치료 멘트대로 행한다.

(눈을 감고 간단한 복식호흡과 이완을 한 후 진행한다.)

나는 지금 편안한 몸과 마음을 가지고 있습니다. 잠시 후 셋을 세면, 대향의 〈흰 소〉 안으로 들어가서 흰 소와 마음을 합칠 것입니다. 셋을 세겠습니다. 하나, 둘, 셋! 그림 안에 들어와서 나는 흰 소가 되었습니다. 나는 정의를 가진 마음으로 앞으로 나아갑니다. 한 걸음씩 천천히 멈추지 않고 걸음을 옮깁니다. 무엇을 향해 걸어가고 있는지를 봅니다. 나는 지금, 어떤 것을 향해 가고 있나요? …… …… …… 지금, 현재의 느낌을 그대로 간직한 채 셋을 세고 눈을 뜹니다. 하나,

둘, 셋!

5   심상 시 치료 멘트대로 행하고 나서 무엇을 향해 걸어
    가고 있었는지, 어떤 느낌이었는지를 글로 적는다. 혹시
    아무것도 떠오르지 않는다면, 눈을 뜬 채 멘트대로 장
    면을 상상해서 적어도 된다.
6   5에서 적은 글을 함께 충분히 나눈다.

치유 효과

대향의 〈흰 소〉에서 흰 소의 결연한 의지, 정의를 향한 당당
한 걸음의 상징적 의미를 자신 안에 끌어와서 인생을 바라보
는 시각과 삶의 자세를 스스로 반듯하게 세울 수 있는 기회를
가질 수 있다. 심상 시 치료의 과정 중 '마음의 빛' 단계에 적
합하다.

CHAPTER 6

초월

고수레
솟대
정화수

핵심 덕목 '초월^{transcendence}'은 어떤 한계나 표준을 뛰어넘는 것을 말한다. 철학적인 의미에서는 경험이나 인식의 범위를 벗어나 그 바깥이나 그 위에 위치하는 것을 말한다. 인간으로 가질 수 있는 감각적 차원의 한계를 벗어나서 선험적인 깨달음, 본연의 진리에 대한 직관적 체험이라는 의미를 포괄하고 있다. '초월'의 영역 안에는 다음 다섯 개의 강점이 있다. 먼저, 감상력 $^{appreciation\ of\ beauty\ and\ excellence}$이다. 이는 다양한 삶의 영역에서 나타나는 아름다움, 수월성, 뛰어난 수행을 인식하고 평가하는 능력을 의미한다. 감사 gratitude는 좋은 일을 잘 알아차리고 그것에 대해 감사하는 태도를 뜻한다. 낙관성^{optimism}은 최선을 예상하고 그것을 성취하기 위해 노력하는 태도를 의미한다. 유머^{humor}는 웃고 장난치는 것을 좋아하며 다른 사람에게 웃음을 선사하는 능력을 말한다. 흔히 유머는 인간의 불안에 대한 심리적 방어기제 중 가장 건전하고 차원 높은 방어기제라고 일컬어진다. 영성^{spirituality}은 인생의 궁극적 목적과 의미에 대한 일관성 있는 신념을 가지고 살아가는 태도라는 의미를 가지고 있으며, 영성의 획득은 삶의 성숙과 고차원적인 가치를 지니는 것으로 해석할 수 있다.

01

고수레

고수레의 치유 비평

고수레는 우리나라 민간신앙에서 산이나 들에서 음식을 먹을 때나 무당이 굿을 할 때, 신에게 먼저 바친다는 뜻으로 음식을 조금 떼어 던지는 일을 말한다. 음식을 먹기 전에 먼저 조금 떼어 "고수레" 하고 말하면서 허공에 던진다. 고수레를 하지 않고 먹으면 체하거나 탈이 난다고 믿는 이들도 있다. 고수레의 유래에 대해서는 몇몇 설이 있다.

먼저, 고시^{高矢}는 단군시대에 농사와 가축을 관장하던 신장^神

^将의 이름으로, 그가 죽은 뒤에도 음식을 먹을 때는 그에게 먼저 음식을 바친 뒤에 먹게 된 데서 유래한다.

또 경북 안동 지방에서 전해 내려오는 다음 이야기가 있다. 의지할 곳 없는 고씨라는 노파가 들에서 일하는 사람들의 배려로 끼니를 연명하면서 살아갔는데 고씨가 죽자 들일하는 사람들이 죽은 고씨 노파를 생각해서 "고씨네!"라고 허공에 음식을 던져 그의 혼에게 바치게 된 것으로부터 유래되었다고 한다.

경기도 양평에서 채록된 이야기는 다음과 같다. 고씨 성을 가진 어느 부잣집의 하녀가 겨울에 냇가에서 빨래를 하다가 떠내려오는 복숭아를 먹고 임신하여 사내아이를 낳았다. 그래서 아이 이름을 '도손^{桃孫}'이라고 지었고 도손은 총명하게 자랐지만 천한 출신 탓에 멸시를 받았다. 도손은 중국에 가서 풍수를 배우던 중에 어머니 고씨가 돌아가셨다는 기별을 받고 귀국한다. 모친의 시신을 묻을 곳을 물색하다가 김제 만경 들에 몰래 장사를 지내고 중국으로 다시 건너간다. 여러 해 뒤 흉년이 들어 그 모친의 묘 옆, 논 주인이 임자 없는 무덤이 된 그 묘를 치장해줬다. 그런 뒤, 논 주인은 흉년에서 벗어나고 이 소문이 퍼져서 그 근처 논 주인들이 그 무덤을 손보아주자 그들 역시 흉년을 벗어나게 되었다. 그 뒤 매년 그 묘는 치장되었고, 먼 곳에서 이 소문을 들은 농부들은 그곳까지 갈 수 없어 들에서 음식을 먹을 때 첫 숟갈을 떠서 도손 모친의 영혼에 바치게 되었다고 한다. 이처럼 고수레의 행위는 불양(祓禳, 귀신에게 빌어 재앙을 물리침)을 위한 주술적 성격을 가지고 있다.[31]

고수레는 자연 속의 인간이라는 사실을 잘 표현하고 있는 풍습이라고 할 수 있다. 이는 노자의 『도덕경』 상편 제2장에 나오는 '유무상생有無相生'을 떠올리게 한다. 즉, 있음과 없음이 서로 함께 살아가는 것을 말한다. 상생은 생태학에서 파생된 개념인 공존이나 공생보다 더욱 포괄적이고 적극적인 의미를 갖는다. 가진 자와 가지지 못한 자가 구별하지 않고 나눌 수 있는 미덕의 정신이 풍습으로 나타난 것이 바로 고수레라고 할 수 있다. 또한, 고수레의 의미는 율곡의 '유기체적 천인관'과도 맥락이 통한다. 율곡은 '천天'이 인간까지 포함하는 우주 만물의 개념과 '저절로 그러함'이라는 자연현상까지 확장해서 그 의미를 두었다. 율곡은 기氣를 중심으로 자연계의 생성 변화를 설명하기도 한다. "천지 사이에 가득한 것이 기氣 아닌 것이 없다"고 하였다. 율곡의 천인합일론天人合一論을 보면, "천지가 감통하고 귀신이 감동하고 인심이 감응하는 것은 천天에 달려 있지만, 천지로 하여금 감동케 하고 귀신으로 하여금 감동케 하고 인심으로 하여금 복응케 하는 것은 사람에게 달려 있다"라고 하였다. 즉, 인간이 하늘과 땅의 매개자가 되어 소통하게 하는 고귀한 책무를 가지고 있으며, 타고난 인간의 책임과 의무를 다하는 것이 곧 천지에 대한 보답이자 소명이라고 할 수 있다. 자연 속의 인간이 자연에 대한 주어진 역할을 다하게 될 때 자연의 생태계는 질서를 잡아가고 건강해질 것이다.

율곡의 이러한 말은 성경의 창세기 1장 28절의 말씀과 같은 맥락을 가지고 있다.

"생육하고 번성하여 땅에 충만하라. 땅을 정복하라. 바다의 고기와 공중의 새와 땅에 움직이는 모든 생물을 다스리라 하시니라." 땅을 정복하고 다스리라는 것에는 슬기롭고 지혜롭게 땅의 운용 원리를 잘 알고 깨달아 현명하게 조화를 지켜내라는 의미가 담겨 있다. 즉, 인간은 자연을 지켜내고 소중히 여길 우주적 책임을 가지고 태어난 것이다. 이러한 우주적 책임감을 팽개치거나 무시하면 결국 자연이 병들고 인간조차 병리적 상황에 빠져들게 될 것이다.

고수레는 자연에 속한 인간이 자연에게 감사를 표하는 것이라 볼 수 있다. 인간이 자신의 행위로 자만하지 않고 자연의 힘으로 인해 먹고살 수 있다는 사실을 깨닫고 생활 속에서 이를 표현하는 것이다. 그것은 경험이나 인식, 이성적 판단의 범위를 벗어나서 초감성적으로 제한된 영역 밖에서 사유의 자유를 기하는 것이다. 즉, 신神에 의한 선善의 개념으로 확장된 사유의 방식, 초월성을 지니고 있다.

심상 시 치료 기법으로서 고수레

순서 ————————————————————————

1 '고수레'의 풍습에 대해 이야기를 나눈다. 직접 경험, 혹은 간접 경험을 해본 적이 있는지에 대해서도 함께 얘기를 나눈다.

2 '고수레'에 대한 생각과 느낌을 충분히 나눈다.

3 '내 마음의 고수레'를 떠올려서 '내 마음'에서 '고수레'를 한다면, 어떤 것을 바치고 싶은지 적는다. '신'이라는 존재에 거부감이 있는 경우라면, '자연'에 바친다고 여기면서 적는다. 예를 들면, 헌신, 감사, 기쁨, 즐거움, 사랑 등등이다.
   또한, '내 마음'의 '고수레'를 떠올린 이유를 구체적으로 적는다.

4   3을 함께 나눈다.

5   다음 심상 시 치료 멘트대로 행한다.

(눈을 감고 간단한 복식호흡과 이완을 한 후 진행한다.)

나는 내 마음을 고수레하려고 합니다. 내가 떠올린 고수레를 하려는 이 마음이 나에게서 온 것이 아니라 우주의 에너지, 신으로부터 왔다는 사실을 알고 이 마음을 제일 먼저 신, 우주의 에너지에 바치려고 합니다. 나는 고수레하려는 마음을 지금, 오롯이 바치고 있습니다. 지금, 현재, 이 순간의 느낌을 고스란히 느껴보시기 바랍니다. …… …… …… 이제 지금, 현재의 느낌을 그대로 간직한 채 셋을 세고 눈을 뜹니다. 하나, 둘, 셋!

6   심상 시 치료 멘트대로 행하고 나서의 느낌을 그대로 적는다. 혹시 아무것도 떠오르지 않는다면, 눈을 뜬 채 멘트대로 장면을 상상해서 적는다.

7   6에서 적은 글을 함께 충분히 나눈다.

치유 효과

고수레가 가지는 초월성, 축원성을 마음으로 가지고 와서 '내 마음의 고수레'를 행하고 내가 자연의 일부이며, 우주의 에너지, 신과 하나가 되어 있다는 사실을 알아차림으로써 내면의 근원적인 힘과 삶의 의미를 찾을 수 있다. 심상 시 치료의 과정 중 '깊은 내면' 단계에 적합하다.

02

솟대

솟대의 치유 비평

솟대는 나무나 돌로 새를 만들어 장대나 돌기둥 위에 앉힌, 마을 수호신으로 믿는 상징물을 말한다. 전라도에서는 '소주', '소줏대', 함흥 지방에서는 '솔대', 황해도와 평안도에서는 '솟댁', 강원도에서는 '솔대', 경상도 해안 지방에서는 '별신대' 등으로 부른다.

삼한시대에 신을 모시던 장소인 소도蘇塗에서 유래한 것이라고 한다. 소도에 세우는 솟대立木를 말하며, 소도라는 발음

자체도 솟대의 음이 변한 것이라는 설이 있다.

농가에서 섣달 무렵에 새해의 풍년을 바라는 뜻에서 볍씨를 주머니에 넣어 장대에 높이 달아매었다. 이 볏가릿대를 넓은 마당에 세워두고 정월 보름날이 되면 마을 사람들이 농악을 벌였다. 이렇게 해야 그해에 풍년이 든다고 믿었기 때문이다. 또한, 장승 옆에 장대를 세우고 그 끝에 나무로 깎아 만든 새를 달기도 하였다. 또한, 경축의 의미로 과거에 급제한 사람을 위해 마을 입구에 주홍색을 칠한 장대를 세우고, 끝에 청색을 칠한 용을 만들어 붙이는데 이것도 솟대라고 했다.[32]

솟대는 세우는 목적에 따라 세 종류가 있다. 첫째, 마을의 액막이와 풍농ㆍ풍어 등을 기원하여 세우는 일반적인 솟대. 둘째, 풍수지리상으로 행주형(行舟形, 배 모양을 한)인 마을에 비보裨補로써 세운 솟대. 셋째, 급제를 기념하기 위해 세운 솟대이다. 솟대는 대체로 마을 어귀에 세운다. 혼자 세우기도 하지만, 장승과 함께 세우거나 장승과 탑이 있는 곳에 함께 세우기도 한다. 솟대의 새 모양은 Y 자형 나뭇가지로 만들거나, 기역(ㄱ) 자형 나뭇가지를 머리와 목으로 여겨서 Y 자형 나뭇가지나 넓적한 나무판에 연결하여 만든다. 새 모양을 정교하게 깎아서 만들기도 한다. 재료로는 보통 나무를 쓰지만 쇠나 돌로 만들기도 한다. 솟대에 올라가 있는 새의 숫자는 1~3

마리이다. 솟대의 높이는 마을에 따라 다른데, 부산지역 일부 마을의 거릿대는 1~2미터인 경우도 있으나 보통은 3미터 이 상이다. 장승과 함께 세우는 경우에는 장승보다 더 높게 만드 는 것이 일반적이다.

솟대의 기둥 굵기는 일정치 않고, 보통 곧게 뻗은 소나무를 다듬어서 제작한다. 마을에 따라 돌기둥, 쇠 파이프, 콘크리트 전주電柱로 하는 곳도 있다. 새는 오리라고 호칭하는 마을이 대 부분이지만 지역에 따라 기러기, 갈매기, 따오기, 왜가리, 까 치, 까마귀 등으로 부르기도 한다. 새의 크기는 마을마다 다 르며, 같은 마을이라도 제작할 때마다 크기가 달라지기도 한 다. 솟대의 제작 시기도 마을마다 다르다. 새가 바라보는 방 향도 마을의 풍습에 따라 각기 다르다.[33]

솟대는 인간이 어찌할 수 없는 상황에 대해 잘 풀리기를 염 원하는 마음을 담고 있다. 특히 날씨가 그러한데, 농경이나 어업이 주축이 되는 사회에서 날씨가 주는 영향력은 지대하 다. 무난하게 날씨가 잘 배합되어 큰 사고 없이 풍작을 이룰 수 있기를 염원하는 마음을 드러낸 것이 솟대이다. 특별히 새 모양 중에서 '오리'를 많이 떠올리는 것은, 오리는 물새로 농 사에 필요한 물을 가져다주고, 화마로부터 지켜주면서 홍수 를 막아주는 상징적인 새이기 때문이다. 또한, 한자어인 오리

압^押자를 풀어서 얻을 수 있는 으뜸 '갑^甲'은 으뜸인 장원급제의 소망을 담은 길상 문양이라 할 수 있다. 솟대는 인간의 염원을 담은 초월적 힘에 대한 기원을 뜻한다. 오리뿐만 아니라 다양한 이름을 붙이되 공통적으로 새 모양을 한 것은 인간의 한계를 초월하고 새처럼 자유롭게 하늘과 소통할 수 있기를 바라는 마음이었을 것이다.

심상 시 치료 기법으로서 솟대

순서 ──────────────────────────

1   치료사는 솟대에 대해 설명하고, 솟대 사진이나 모형을 준비해서 제시한다.

2   솟대의 느낌을 충분히 나눈다.

3   내 마음의 솟대를 떠올려서 그림으로 나타낸다. 어떤 모양으로 할 것인지, 어떤 기원을 담을 것인지는 자유롭게 정한다. 염원하는 마음은 그림 옆에 펜으로 적는다. 그리고 그 이유도 적는다. 단, 실천 가능한 염원, 물질이 아니라 비물질적 요소(마음, 정신)를 떠올려서 쓰도록 한다.

4   3을 충분히 나눈다.

5   다음 심상 시 치료 멘트대로 행한다.

(눈을 감고 간단한 복식호흡과 이완을 한 후 진행한다.)
내 마음의 솟대가 있습니다. 이제 이 솟대를 아주 높이 올립니다. …… 하늘의 기운이 축복처럼 임합니다. 하늘의 기운이 내 마음 하나하나를 감싸고 있습니다. 내가 염원하는 것이 있습니다. 하늘의 기운은 내 마음을 감싸주고 있습니다. 하늘의 기운을 충분히 느껴보시기 바랍니다. …… …… …… 지금, 하늘이 내게 말을 걸고 있습니다. 어떤 말을 하는지 들어보시기 바랍니다. 하늘과 나는 자연스럽게 대화를 나눕니다. 어떤 대화가 오가는지 들어보시기 바랍니다. …… …… …… 이제 대화를 마무리합니다. 작별 인사를 나눕니다. …… 내 마음의 솟대는 이 모습 이대로 늘, 항상 그곳에 있습니다. 내 마음 깊은 곳에서 늘 하늘의 기운을 받고 있습니다. 지금의 느낌을 그대로 간직한 채 셋을 세고 눈을 뜹니다. 하나, 둘, 셋!

6   심상 시 치료 멘트대로 행하고 나서 하늘과 나눈 대화와 느낌을 적는다. 혹시 떠올리지 않았다면, 눈을 뜬 채

멘트대로 장면을 상상해서 적는다.

7   6을 충분히 나눈다.

치유 효과

마음 깊이 간절하게 생각하고 이뤄지기를 바라며 기도하는 마음을 솟대에 담아 그 솟대와 하늘의 에너지가 함께 소통하는 강력한 에너지를 마음에 간직함으로써 긍정적인 내면의 힘을 증진할 수 있다. 심상 시 치료의 과정 중 '마음의 빛 확산' 단계에 적합하다.

03

정화수

정화수의 치유 비평

정화수井華水는 이른 새벽에 길은 맑고 정결한 우물물을 말한다. 주로 어떤 것을 염원하는 마음으로 기도할 때 사용한다. 정화수는 하루를 시작할 때의 깨끗하고 맑은 마음으로 뜨는데 가장 간소하나 가장 정갈한 제수의 의미가 담겨 있다. 제사를 지내거나 신성한 일을 할 때, 먼저 몸을 깨끗이 하고 마음을 가다듬어 부정을 피하도록 온몸을 씻는 목욕재계를 하고 난 뒤 정화수를 떠서 치성을 드리곤 했다. 우물 또한, 신령의 집이라고까지 할 정도로 신성시하였다. 알영정, 개성대정, 동제 모시는 마을의 우물들이 신성시된 대표적 우물이다.

정화수는 맑고 정결하다는 의미를 담고 있으며, 신령과 인간 사이를 매개해주는 역할을 하였다. 이른 아침에 조왕신에게 바치는 정화수도 같은 의미이다. 또한, 물 자체가 가지고 있는 맑은 기운으로 인해 환경, 사람, 물건 등에 묻어 있는 부정을 물리치거나 막는 힘이 있다고 믿었다. 물의 맑은 기운은 우리나라뿐만 아니라 서양의 종교에서 성수, 침례의 의미로도 쓰인다는 사실을 알 수 있다. 또한, 부정이 있다고 생각되는 대상을 향하여 그릇에 담은 정화수를 손가락 끝으로 세 번 흩뿌리는 것으로 정화의 주술이 이뤄진다. 정화수는 우물 숭배, 물 숭배, 혹은 약수 숭배를 배경으로 삼고 있다.

한편, 정화수는 『동의보감』에 나오는 물의 한 종류이기도 하다. 이른 새벽에 처음 길은 우물물은 『동의보감』에 나오는 여러 물 가운데 으뜸으로 꼽힌다. 물의 성질은 평^{平}하고 맛이 달며 독이 없다. 인체의 음^{陰}을 보충하는 한약을 달이거나 환단$^還丹$을 만드는 데 쓸 수 있다. 또한, 정화수를 그릇에 담아서 술이나 식초에 담그면 그 색이 변하지 않는다.

정화수는 입에서 냄새가 나는 것을 없애주고 얼굴빛이 좋아지게 하며, 눈에 생긴 군살과 눈자위를 막이 가리는 병을 없애주는 데에 효능이 있다고 전한다. 술을 마신 뒤에 생기는 설사도 그치게 하는 것으로 알려져 있다. 정화수에 찻잎을 달여서 마시면 머리와 눈을 맑게 유지하는 데 탁월한 효과가 있다고 한다.[34]

이른 아침, 목욕을 하고 정갈하고 맑은 기운으로 첫 우물물을 길어 올려서 장독대 위에 놓고 새벽 달빛 아래에 양손을 모으고 빌고 있는 여자의 모습을 떠올려보자. 직접 그렇게 하지 않았어도 혹은 그렇게 하는 모습을 직접 본 적이 없어도 상상하는 데는 아무런 무리가 없을 것이다. 이 장면을 어렵지 않게 떠올릴 수 있는 것은 오랫동안 우리의 선조들이 해왔으며, 대대손손 그 정신을 이어받아왔기 때문이다. 맑은 물의 기운은 고스란히 마음으로 스며든다. 그리하여 염원을 통해 하늘의 축복을 받은 물의 기운이 임하는 것을 느낄 수 있다. 치성으로 들이는 일들이 성취될 것이라는 믿음을 가지는 것도 이 때문이다. 정화수에 희망과 소망을 담아서 기원하는 것은 주어진 섭리와 순리대로 이뤄지도록 내맡기는 것이다. 하늘의 뜻을 오롯이 알아차려서 그것을 받아들이며 그대로 가고자 하는 마음, 새벽의 첫 마음으로 도를 닦듯이 정성을 다하는 것, 그 마음을 온전히 담고 있는 것이 바로 정화수이다.

심상 시 치료 기법으로서 정화수

순서 ————————————————————————————

1   치료사는 정화수의 의미와 유래에 대해 설명한다.

2   정화수에 대한 느낌을 나눈다.

3   정화수를 떠놓고 지극정성을 들이고 싶은 '마음'을 생
      각한다. 내 소망이 이루어지기를 원하는 마음을 미리
      준비한 '물그릇 모양의 그림' 위에 적는다. 그리고 그 이
      유를 적는다.

4   다음 심상 시 치료 멘트대로 행한다.

(눈을 감고 간단한 복식호흡과 이완을 한 후 진행한다.)

지금은 이른 새벽입니다. 나는 목욕을 하고 정갈한 마음으
로 물이 있는 장소에 갑니다. 그리고 물을 한 그릇 뜹니다.
그다음 성스럽고 거룩한 장소에 옵니다. 이 장소에서 나는
물을 위에 올려놓고 고개를 숙입니다. 내 마음과 정성을 모
아 물에 담습니다. 이 물이 증발해서 하늘 높이 올라갈 것을
믿습니다. 이 물에 담긴 내 마음이 우주의 에너지와 합해서
내 마음으로 돌아올 것을 믿습니다. 지극정성을 다하는 이
마음이 온전하게 하늘의 뜻대로 이뤄질 것을 믿습니다. 나

는 지금, 고개를 숙이고 물 앞에서 내 마음이 이뤄지기를 바라면서 기도를 하고 있습니다. …… …… ……

지금 이 느낌을 그대로 간직한 채 셋을 세고 눈을 뜹니다. 하나, 둘, 셋!

5   심상 시 치료 멘트대로 행하고 나서 느낌을 적는다. 혹시 떠올리지 않았다면, 눈을 뜬 채 멘트대로 장면을 상상해서 적는다.

6   5에서 적은 글을 함께 충분히 나눈다.

치유 효과

정화수 안에 염원을 담아서 자신이 간절히 원하는 것이 무엇인지 스스로 깨닫고 알아차림으로써 삶의 고귀함과 성스러움으로 삶의 긍정성을 극대화할 수 있다. 심상 시 치료의 과정 중 '깊은 내면' 단계에 적합하다.

CHAPTER 7

사랑

달항아리
봉선화
약손

데이비드 레이먼 호킨스가 말하는 '사랑^{Love}'이란 무조건적이고, 변하지 않으며, 영속적인 사랑의 발달적인 면을 의미한다. 사랑의 근원이 외적인 요소가 아니라 내면 안에 있고, 존재의 상태로서의 사랑을 뜻하기 때문이다. 사랑은 용서하고 양육하며 지지하는 방식으로 세상과 관계를 맺고, 순수한 동기에 의해 타인의 영혼을 부추기고, 삶에 대한 저마다의 과제, 업적을 이루게 하는 힘을 가진 상태를 말한다. 그리하여 사랑은 구분하는 것이 아니라 연결하는 것이며, 포용하고 자기실현을 할 수 있도록 이끌어주며 영혼을 성숙하게 한다. 생명의 숭고함, 선함에 초점이 있으며, 부정성을 재맥락화해서 이를 녹여냄으로써 긍정을 이루게 된다. 이렇게 함으로써 참된 행복에 이를 수 있다. 호킨스에 의하면, 사랑의 에너지 수준은 500이다.[35]

01 달항아리

달항아리의 치유 비평

백자 달항아리는 조선 후기, 17세기 후반에서 18세기 전반에 제작된 것이다. 둥근 형태가 보름달을 닮아서 붙은 이름이다. 백자白磁는 순백색의 바탕흙 위에 투명한 유약을 씌워서 번조燔造한 자기를 말한다. 백자는 고려 초기부터 이어져서 조선시대 자기의 주류를 이루었다. 백자 달항아리는 백자의 기법으로 달의 형태를 띤 항아리를 말한다.

백자 달항아리는 넉넉하고 둥근 모습을 가지고 있다. 우리나라 고유의 아름다움이 절묘하게 드러나는 작품이라고 할 수 있다. 보물로 지정된 이 항아리는 경기도 광주의 분원관요 分院官窯에서 만든 것으로 추정된다. 분원은 왕실이나 관청에 공납하던 도자기를 생산하던 곳을 말한다. 백자 달항아리의 몸통의 이음새는 비교적 완전하여 비틀림도 거의 없고 안정감이 있다. 투명한 유약이 바탕흙에 얇고 고르게 밀착되어 있고 부분적으로 빙열이 있다. 구연부의 일부 수리를 제외하면, 전체적인 보존 상태가 매우 양호하다.[36]

대개 달항아리는 크기가 커서 한 번에 물레로 만들기 어려워 위와 아래를 따로 만들어 붙이는 경우가 많다. 이는 조선 백토가 가지고 있는, 강도와 점력이 세지만 불에 견디는 힘은 낮아서 소성(燒成, 광물류를 굽는 고온 처리) 후 견디지 못하고 무너질 수 있기 때문이다. 대개 구연부의 윗부분과 굽을 포함한 하부를 따로 제작한 뒤 두 부분을 이어 붙이는 접합 기법으로 완성하는 것이 일반적이다. 따라서 비례가 안 맞는 것도 있고, 만든 사람의 손에 의해 둥근 형태가 제각각이다. 그런 이유로 달항아리는 완벽한 조형미보다는 부정형의 멋이 특징이라고 할 수 있다.

백자 달항아리를 잘 보면, 둥글고 하얀 듯하나 균열이 진 부분이 거뭇해 보이기도 하고 전체가 고른 듯하나 한쪽과 다른 쪽의 비례가 정확하게 맞지 않다. 완벽하지 않으니 그야말로 인간적인 면이 물씬 풍긴다. 인위적인 기구를 사용하지 않고 둥근 원을 직접 그려놓은 것만 같다. 이 자연스럽고 고졸^{古拙}한 멋이 편안하게 느껴진다. 수더분한 향기가 느껴진다. 반듯하지만 틈이 있고, 허술하지만 고르다. 달항아리에는 달이 담겨 있을 것만 같다. 환한 달빛에서 포근한 정이 느껴지듯이 달항아리에서도 포근하고 넉넉한 품을 느낄 수 있다. 흠 하나 없는 완전무결하고 차가운 이미지가 아니라 소탈하고 뭔가 부족한 듯하지만, 그만큼 넉넉하고 너그러운 느낌이 든다. 둥글고 하얀 보름달이 비치는 초가집 마당에 핀 하얀 박꽃의 향기가 난다. 환하고 둥근 미소를 짓고 있는 저 달항아리는 세상의 모든 갈등과 근심조차 그저 등을 두드려주며 아무 말 없이 품어줄 것만 같다.

심상 시 치료 기법으로서 달항아리

순서 ————————————————————————

1   '달항아리' 하면 어떤 느낌이 드는지 함께 나눈다.

2   치료사는 미리 준비한 '달항아리'의 사진을 제시하여

함께 감상하면서 느낌을 충분히 나눈다.

3 달항아리를 '내 마음의 항아리'라고 여기고, 그림 위에 담고 싶은 것을 적게 한다(비물질적인 것을 적도록 한다. 예를 들면 사랑, 우정, 신뢰 등등). 많이 적을 경우 한 가지를 선택하게 하고, 선택한 한 가지를 떠올리도록 한다.

4 3을 함께 나눈다. 선택한 한 가지를 천천히 세 번 반복해서 말하게 한다.

5 다음 심상 시 치료 멘트대로 행한다.

(눈을 감고 간단한 복식호흡과 이완을 한 후 진행한다.)

나는 마음속에 달항아리를 갖고 있습니다. 이 항아리는 달의 기운으로 만들어졌습니다. 이 항아리에 내가 원하는 것을 담습니다. …… …… 지금, 내가 원하는 것 중에서 한 가지를 담았습니다. 달항아리가 내게 뭔가 말을 하고 있습니다. 어떤 말을 하는지 들어보시기 바랍니다. 달항아리와 나는 자연스럽게 대화를 나눕니다. 충분히 대화를 나눠보시기 바랍니다. …… …… …… 이제, 내 마음을 담은 달항아리를 마음속 깊이 간직합니다. …… 지금의 느낌이 어떤지 고스란히 느껴보시기 바랍니다. …… …… …… 지금, 이 느낌을 그대로 간직합니다. 이제 셋을 세면 느낌을 간직한 채 눈을 뜹니다. 하나, 둘, 셋!

6   심상 시 치료 멘트대로 행하고 나서의 느낌과 달항아리
     와 나눈 대화를 그대로 적는다. 혹시 아무것도 떠오르
     지 않았다면, 눈을 뜬 채 멘트대로 장면을 상상해서 적
     으면 된다.

7   6에서 적은 글을 함께 충분히 나눈다.

치유 효과

달항아리가 주는 넉넉함과 너그러움, 포근한 사랑으로 내가
담고 싶은 마음을 스스로 선택해서 담고, 달항아리의 메시지
를 들으며 마음을 주고받음으로써 잠재되어 있던 긍정성을
일깨울 수 있다. 심상 시 치료의 과정 중 '깊은 내면' 단계에
적합하다.

02

봉선화

봉선화의 치유 비평

봉선화鳳仙花는 봉선화과에 속하는 일년생식물이다. 인도 · 말레이시아 · 중국이 원산이지만, 전 세계에서 널리 재배되는 원예식물이다. '봉숭아'라고도 한다. 봉선화라는 이름은 우뚝하게 일어서 있는 꽃의 형상이 '봉鳳'의 모양과 비슷하다고 해서 붙여졌다. 봉선화는 물기와 즙이 많은 다육질의 줄기를 가지고 있으며, 높이가 60센티미터에 달한다. 털이 없으며 곧추자라고 아랫부분의 마디가 특히 두드러진다. 잎이 바소꼴(가

늘고 길며 끝이 뾰족하고 중간쯤부터 아래쪽이 약간 볼록한 모양)로 어긋 나 있으며, 잎자루가 있고, 양끝이 점차 좁아지며, 가장자리에 톱니가 있다. 4월이나 5월에 씨를 뿌리면 6월 이후부터 꽃이 피기 시작한다. 꽃은 두세 개씩 잎겨드랑이에 달리고 꽃대가 있어 밑으로 처지며 좌우로 넓은 꽃잎이 퍼져 있다. 뒤에서 대롱처럼 속이 빈 꿀주머니가 밑으로 굽는다. 꽃의 빛깔은 분홍색 · 빨간색 · 주홍색 · 보라색 · 흰색 등이 있고, 꽃 모양도 홑꽃과 겹꽃이 있다. 수술은 다섯 개이고 꽃밥이 서로 연결되어 있으며 씨방에 털이 있다. 여러 개의 자방을 가진 마른 열매이며, 다량의 씨가 들어 있는 삭과로 털이 있으며 익으면 저절로 터지면서 씨가 튀어나온다. 공해에 강한 식물로 도시의 화단에도 적합하다. 옛날부터 손톱을 물들이는 데 많이 사용했으며 우리 민족과는 친숙한 꽃이다.[37]

봉선화가 우리나라에 언제 어떻게 도래했는지는 정확하게 알 수 없지만, 우리나라 도처에서 볼 수 있는 꽃이다. 여름철에 봉선화가 피면 꽃잎을 따다가 괭이밥의 잎을 섞고 백반 또는 소금을 약간 넣어 빻아서 손톱에 얹고 헝겊으로 싸매어 손톱을 곱게 물들였다. 괭이밥에 포함된 수산이 손톱의 형질을 물렁하게 하고 소금이 매염제가 되어 봉선화 물이 잘 들게 하기 때문이다.

전해 내려오는 봉선화에 관한 이야기는 다음과 같다. 고려 충선왕은 몽고에서 보내온 공주보다 조비를 더 사랑한다는 이유로 당시 고려를 지배하던 몽고의 미움을 받아 왕위를 내놓고 몽고의 수도로 불려가서 살게 되었다. 어느 날, 왕은 한 소녀가 자기를 위해 가야금을 타고 있는 꿈을 꾸었는데 소녀의 손가락에서는 피가 뚝뚝 떨어지고 있었다. 꿈에서 깨어난 왕은 하도 기이하여 궁궐 안에 있는 궁녀들을 모조리 조사해 봤는데, 그중 한 소녀가 손가락을 흰 헝겊으로 동여매고 있었다. 그 소녀는 고려에서 왔으며, 그렇게 한 이유는 봉선화 물을 들이기 위함이었다. 왕은 남의 나라에 와 있으면서도 자기 나라 풍습을 지키는 것을 갸륵히 여겨 관심을 갖고 소녀의 처지를 알아보았다. 소녀는 아버지가 충선왕파라 하여 면직당하고 여기까지 끌려왔다고 했다. 그리고 꿈에 나타난 것처럼 준비한 노래를 들려주겠다고 하였다. 소녀는 가야금을 타면서 왕이 무사히 고국으로 돌아가기를 바라는 노래를 불렀다. 이에 충선왕이 크게 감동하여 귀국에 대한 희망과 뜻을 품고 기회를 엿보게 되었다. 그러다가 원나라 무종이 왕위에 오를 때 크게 도와준 공으로 왕은 다시 고려에 돌아올 수 있었다. 왕이 무사히 귀국해서 고려의 왕위에 오른 뒤에 가야금을 타던 소녀를 불러오려 했으나 소녀는 이미 죽은 후였다. 왕은

소녀의 뜻을 기리면서 궁궐 뜰에 많은 봉선화를 심게 했다 한다.[38]

한편, '봉선화'가 주제인 노래가 있다. 1920년에 홍난파^{洪蘭坡} 작곡, 김형준^{金亨俊} 작사로 부르던 노랫말은 다음과 같다.

울 밑에 선 봉선화야 / 네 모양이 처량하다 / 길고 긴 날 여름철에 / 아름답게 꽃 필 적에 / 어여쁘신 아가씨들 / 너를 반겨 놀았도다

나라를 잃은 슬픔을 노래한 시이며, 작곡가의 바이올린 독주곡 〈애수〉의 선율에 맞춘 곡이다. 8분의 9박자에 바단조로 된 곡으로, 조금 느린 속도에 작은 세도막형식이다. 선율은 점차로 상행하였다가 다시 하행하여 끝난다. 노랫말은 네 글자 단위로 반복되는 단순한 리듬을 가지고 있다. 1940년대 초에 반일 사상을 담은 노래라 하여 일제에 의해 가창이 금지되기도 했다. 우리 민족의 아픔을 잘 담은 노래로 교과서에도 실려 있다.[39]

고려시대 충선왕의 꿈에 나타났다는 가야금을 탄 소녀와 일제강점기 때 불렀던 '봉선화'의 노래는 일맥상통한다. 나라를 되찾고자 하는 간절한 염원이 담겨 있기 때문이다. 망국의 설움과 회한, 독립을 향한 간절한 소망을 담아 노래로 불렀다. 봉선화가 가진 여러 색깔 중에서 대표적인 것이 손톱에 물을 들이는 빨강, 주황인데 이 빛깔에는 열정, 활기가 있다. 다만 예쁘게 치장하는 의미만 가진 것이 아니라, 삶의 활력과 에너지를 부여해준다. 나라를 되찾고자 하는 마음을 혈서에 남기듯 가야금을 뜯는 소녀의 이미지가 떠오른다. 지금은 반겨 놀지 못할 정도로 처량해 보이는 봉선화이지만 초록이 무성한 여름날, 즐겁게 마음껏 놀 수 있던 시절을 그리워하며 그때로 가고자 하는 소망이 꽃을 그리워하는 마음으로 노래 속에 배어 있다.

봉선화의 매력은 '물들임'에 있다. 그것은 또 '번져감'으로 연결된다. 번져간다는 것은 하나가 되는 것이다. 경계가 허물어지고, 나와 대상이 하나가 되는 것이다. 함께 어우러져 조화를 이루면서 새로운 나로 태어나는 것이다. 아름답고 어여쁜 날에 대한 그리움과 소망이 이어지면, 간절한 염원은 하늘의 기운과 닿을 수 있다. 한 송이 봉선화가 피어나고 자라고 마침내 물들일 수 있을 만큼 성숙해지기까지 공들여 키우고 돌보았을 하늘의 기운을 손톱 위에 얹는 것이다.

심상 시 치료 기법으로서 봉선화

순서

1 치료사는 '봉선화' 사진을 준비해서 제시하고 느낌을 충분히 나눈다.

2 봉선화에 얽힌 두 가지 이야기—충선왕에게 가야금 가락을 들려준 소녀 이야기, 일제강점기의 봉선화 노랫말—를 들려주고 느낌을 충분히 나눈다.

3 '내 삶의 봉선화' 하면 어떤 생각이 떠오르는지 적는다. 그리고 그렇게 생각한 이유를 구체적으로 적고 '내 삶의 봉선화'라고 하면 어떤 빛깔일지 떠올린다.

4 3을 충분히 나눈다.

5 다음 심상 시 치료 멘트대로 행한다.

(눈을 감고 간단한 복식호흡과 이완을 한 후 진행한다.)

내 삶의 봉선화가 있습니다. 이 봉선화는 내 마음을 물들이고 번지게 하고 싶은 마음입니다. 나는 내 삶의 봉선화가 내 마음 깊은 곳을 물들이는 것을 느낍니다. 내 삶의 봉선화가 내가 떠올린 빛깔로 물드는 것을 그대로 지켜봅니다. 내 마음은 잘 물들이고, 곱게 번져가고 있습니다. 나는 내 삶의 봉

선화가 내 마음을 고스란히 물들이는 것을 그대로 지켜보고 있습니다. …… …… …… 이제 내 삶의 봉선화가 다른 사람의 마음도 물들일 수 있음을 압니다. 문득, 누군가를 떠올려 봅니다. 이제 내 마음이 그 사람의 마음으로 가서 그 사람의 마음도 봉선화 빛깔로 몰드는 것을 지켜보시기 바랍니다. …… …… …… 지금, 현재의 느낌을 그대로 간직한 채 셋을 세고 눈을 뜹니다. 하나, 둘, 셋!

6 심상 시 치료 멘트대로 행하고 나서 내 마음을 물들이는 느낌, 타인을 물들이는 느낌을 떠올려서 적는다. 혹시 아무것도 떠오르지 않았다면, 눈을 뜬 채 멘트대로 장면을 상상해서 적는다.

7 6에서 적은 글을 함께 충분히 나눈다.

치유 효과

물들이고 번지게 하고 싶은 마음인 내 삶의 봉선화를 나와 타인이 공유하고 공감하여 함께 나누면서 조화롭게 하나가 되는 기운, 공존 공생하는 의미를 가질 수 있다. 또한, 긍정을 나눔으로써 더 큰 긍정을 이끌어낼 수 있다. 심상 시 치료의 과정 중 '마음 잇기' 단계에 적합하다.

03

약손

약손의 치유 비평

약손은 약이 되는 손을 말한다. 그 반대로 말해도 마찬가지이
다. 손이 약이 되는 것이다. 아픈 곳을 만지면 낫는다고 해서
어루만져주는 손을 일컫는다. 특히 약손이 잘 듣는 것은 배
다. 대개 배가 아픈 것은 찬 것을 많이 먹어 소화 기능이 저하
되기 때문이다. 이럴 경우 따뜻한 손으로 배를 쓰다듬으면 내
장이 자극되고 장운동이 활발해진다. 자연스럽게 배 속이 안
정되고 아픈 것도 나아진다. 혹은 아프고 멍든 곳을 살며시

어루만져주면 마음이 안정되면서 통증이 가라앉기도 한다.

　우리나라에서는 예로부터 약손 앞에 붙는 말이 있다. '엄마 손', '할미 손'이라는 말이다. 아이가 아플 때 주로 배를 만져주던 이는 아이를 돌보던 엄마나 할머니였기 때문이다. 자라면서 누구나 한 번쯤 엄마나 할머니의 손, 혹은 엄마나 할머니같이 양육자의 손이 자신을 쓰다듬어주는 경험을 해보았을 것이다. 약손이 주는 효과는 심리적인 면이 가장 크다. 외롭고 고단하고 사고와 사건이 많은 삶에서 혼자가 아니라는 느낌을 가질 수 있다. 누구나 때때로 기대고 싶고 위로받고 싶다. 스스로 지탱할 수 없는 버거운 일들이 산재해 있다. 모든 것을 혼자서 극복해야 한다는 책임이 막중할 때도 그러하다. 외로움이 익숙한 사람은 없다. 그저 모른 척하고 참고 살아나간다. 오히려 외롭지 않다고 피할수록 외로움을 덮을 치명적인 방안을 찾게 된다. 심하게 억압하게 되면 여러 병리적인 증상으로 진행될 수 있다. 아이들은 더욱 그러하다. 돌봄과 관심이 필요하다. 부드럽고 자상한 눈길과 손길이 절실하다.

　현대인들은 충분한 여유를 누리지 못한다. 문명의 이기로 집안일에서 해방된 것이 분명한데도 그러하다. 자급자족의 삶이 아니어도 늘 바쁘다. 인간과 소통하는 시간보다 기계에 접속하는 시간이 점점 늘어나고 있다. '약손'은 한마디로 '사랑'이다. 사랑의 직접적인 표현이다. 배가 아프면 약부터 찾거나 병원부터 가보라고 하는 현대인들의 정서와는 거리가 멀 수도 있다. 단적으로 말하자면, 사랑이 절실한 이 시대에 사랑이 없다. 약손이 부활하는 것은 '사랑'이 부활하는 것과 같다. 무조건 아플 때 손을 갖다 대고 있으라는 것이 아니다. 진심을 다해 문지르고 쓰다듬는 것만으로도 나을 때가 있다. 충분한 관심과 사랑이 전달되면 씻은 듯이 낫게 되는 경우가 분명 있다. 마음과 육체가 유기체로 연결되어 있기 때문이다.

엄마 무릎을 베고 누워 "엄마 손은 약손이다"라며 배를 어루만지는 손길을 느끼면, 아픔이 달아나고 스르르 잠이 들게 된다. 이 보살핌의 힘으로 거친 세상을 힘차게 딛고 살아갈 수 있다.

심상 시 치료 기법으로서 약손

순서 ————————————————

1   약손의 의미를 함께 나눈다. 경험한 일이 있다면 구체적으로 일화를 나눈다.

2   '약손'이라고 하면 떠오르는 단어를 적고, 그 이유를 적

는다.

3   2를 충분히 나눈다.

4   '약손으로 쓰다듬어주고 싶은 과거의 나' 하면 생각나
     는 것을 한 단어로 적고, 그 이유를 적는다.

5   4를 충분히 나눈다.

6   다음 심상 시 치료 멘트대로 행한다.

(눈을 감고 간단한 복식호흡과 이완을 한 후 진행한다.)

나는 약손으로 쓰다듬어주고 싶은 과거의 나를 알고 있습니다. 잠시 후 셋을 세면, 방금 내가 떠올린 과거로 찾아갑니다. …… …… 하나, 둘, 셋! 나는 지금 과거의 그 순간으로 들어왔습니다. 주위를 둘러보시기 바랍니다. 무엇이 보이나요? 어떤 일이 일어났나요? 과거 속에서 나를 찾아보시기 바랍니다. 나는 가까이 다가갑니다. 그 순간을 버텨내고 견뎌내어서 결국 지나가게 된 현재의 나입니다. 과거의 나한테 가까이 다가갑니다. 나는 편안한 긴 의자를 준비합니다. 현재의 나는 과거의 나를 천천히 이끌어서 그곳에 과거의 나를 편안하게 눕힙니다. 과거의 나는 길고 편한 의자에 눕습니다. 나는 과거의 나를 쓰다듬어줍니다. 천천히 머리끝에서 발끝까지 어루만져주시기 바랍니다. 충분히 쓰다듬어

주시기 바랍니다. …… …… …… 과거의 나와 현재의 나는 자연스럽게 대화를 나눕니다. 무슨 이야기를 나누고 있는지 고스란히 들어보시기 바랍니다. …… …… …… 네, 좋습니다. 이제 대화를 마무리 짓습니다. 과거의 나와 작별 인사를 합니다. …… 이제, 셋을 세면 지금 이 느낌을 그대로 간직한 채 현재로 돌아와서 눈을 뜨시면 됩니다. 하나, 둘, 셋!

7   심상 시 치료 멘트대로 행하고 나서의 느낌과 과거의 나와 함께 나눈 대화를 그대로 적는다. 혹시 아무것도 떠오르지 않았다면, 눈을 뜬 채 멘트대로 장면을 상상해서 적는다.

8   7을 충분히 나눈다.

치유 효과

약손이 주는 다정함과 관심, 사랑을 힘들었던 과거의 나에게 전해줌으로써 상처를 치유하고 지지와 위로, 격려를 받는 변화를 체득할 수 있다. 심상 시 치료의 과정 중 '내면 진입' 단계에 적합하다.

CHAPTER 8

중립성

담
오동나무
장독

호킨스가 말하는 중립성^{Neutral}은 고정된 위치를 가지고 극성^{極性}을 창조하는 것을 말한다. 극성은 대립과 분할을 일으킨다. 중립성은 결과에 집착하지 않고 자기 마음대로 하지 못하는 것에 대해 부정적인 판단을 하지 않는다. 내적인 자신감을 가지고 자신의 힘을 느끼는 것을 말한다. 삶에서 기본적으로 괜찮을 거라는 기대를 가지고 있는 에너지 250 수준의 상태를 말한다.

이를 '중용^{中庸}'이라는 뜻으로 풀어볼 수 있다. 중용은 지나치거나 모자라지 않고 한쪽으로 치우치지도 않는 것을 말하며, 떳떳하며 변함이 없는 상태나 정도를 말한다. 동양철학의 기본 개념이라고 할 수 있다. 사서의 하나인『중용』에서 말하는 도덕론에서는 지나치거나 모자람이 없이 도리에 맞는 것이 '중^{中}'이며, 평상적이고 불변적인 것이 '용^{庸}'이다. 즉, 중립성은 도리에 맞게 사태에 휩쓸리지 않는 불변한 자세를 말하며 아리스토텔레스의 덕론의 중심 개념이기도 하다. 즉, 이성을 가지고 욕망을 통제할 수 있고, 지각, 지견에 의해 지나치거나 모자라지 않는 올바른 정도의 중간을 지키는 것을 의미한다.

01

담장

담장의 치유 비평

우리나라 담은 낮고 포근하다. 살벌한 느낌이 아니라 나지 막해서 누구나 고개를 내밀고 안을 들여다볼 수 있다. 담 중 에 화려한 느낌을 담은 꽃담은 화장벽돌을 이용해 각종 문양 을 베풀어 쌓은 담장이다. 특히 신정왕후를 위해 지은 경복궁 자경전의 담은 화려한 꽃담의 극치라고 할 수 있다. 하단에 는 사괴석(四塊石, 벽이나 돌담 또는 화방을 쌓는 데 쓰는 육면체의 돌) 을 몇 단 놓고 화장벽돌로 문양을 연출했는데 무시무종(시작도 없고 끝도 없다는 불생불멸의 뜻) 무늬를 비롯해 수복강령(편안하게 오래 복을 받으며 장수한다는 뜻)을 의미하는 문자 무늬, 장수를 뜻하는 귀갑(龜甲, 거북이 등딱지) 무늬가 있고 목단을 비롯한 각종 꽃을 별도로 화판에 새겨 넣기도 하였다. 창덕궁 낙선재에도 꽃담이 있다. 꽃담은 주로 여성들이 기거하는 공간에서 흔하게 볼 수 있다. 창덕궁 상량정과 승화루 사이에 있는 꽃담은 담장에 벽돌로 만든 동그란 월문月門까지 설치된 화려한 꽃담이다. 덕수궁 유현문의 전축(甎築, 쌓아 올린 벽돌) 꽃담은 경사진 지형을 따라 직각으로 내리는 한국식 담의 특징을 잘 드러내고 있다. 문을 중심으로 꽃담의 폭이 달라지며 거기에 따라 각각 다른 변화의 무늬가 조형되었다. 격자문, 번개문, 점선문, 줄눈무늬 등 직선과 면의 조화를 잘 나타내고 있다.

민간에서는 화장벽돌을 이용해 꽃담을 만드는 것은 찾아볼 수 없고 기와 편을 이용해 소박한 문양을 연출하는 정도이다. 괴산의 김기응 가옥에서는 안행랑에 붉은 벽돌과 검은 벽돌을 사용해 마치 궁궐 꽃담과 같이 만든 사례를 볼 수 있다.[40]

꽃담은 '꽃'이라는 어감 그대로 화려하며 아름다운 담이다. 여러 가지 색채로 글자나 무늬를 넣고 쌓으며, 궁궐이나 상류 가정의 샛문 주위에서 볼 수 있다. '담'은 집이나 일정한 공간을 둘러막기 위해서 흙, 돌, 벽돌 따위로 쌓아 올린 영역의 표시이다. 담이 주는 세상으로부터 경계선과 분리는 엄격하기 그지없다. 함부로 침범할 수 없는 선이다. 필요해서 쌓아 올리긴 하지만, 담이 높을수록 불안감의 표시고, 불신의 표상이다. 그렇다고 담이 없을 수는 없다. 이는 심리적으로 비유하자면, 자아^{ego}와도 같다. 자아는 사고, 감정, 의지 등의 여러 작용의 주관자로서 이 여러 작용에 수반하면서 이를 통일하는 주체를 말한다. 정신이 건강하기 위해서는 자아가 견고해야 하지만, 자아만 강조해서는 자신을 포함하여 타인과 제대로 소통할 수 없다.

분석심리학자 카를 구스타프 융에 의하면, 인간은 자아에서 자기^{Self}를 향해 자신의 내면으로 들어가야 하며, 그럴 때 진정한 자기 자신이 될 수 있다. 이를 '자기실현화', '자기개성화' 과정이라고 하였다. 자아가 세상과 자신을 구분 짓는 담이라고 한다면, 이 담이 범접할 수 없을 정도로 높다는 것은 이상심리 현상을 나타낸다. 걷잡을 수 없는 불안 때문에 과도한 심리적 방어기제를 발동하고 있는 것이다. 그렇다고 담이 거의 없다 할 정도로 낮은 것도 문제다. 자칫하면 세상과 분리가 제대로 되지 않아 휘둘리고 자기 자신을 잃게 되기 때문이다. 대충 경계를 치면 된다는 뜻이 아니다. 너무 높지 않게 경계를 짓되 그 경계에만 머물러 있지 말고 자기 안으로 들어가야 한다. 그리하여 자기 안의 에너지를 발견하게 된다면, 메마르지 않고 솟아오르는 에너지로 담을 넘어가서 세상과 소통할 수 있다. 그것은 자신의 내면에 근원적인 힘이 있음을 알아차림으로써 일어난다. 그리하여 담은 어느 한쪽에만 치우치지 않고, 균형을 이루는 중립성을 가지고 있다.

우리나라 담은 경계 역할을 하는 데 그치지 않고 담 밖을 지나가는 타인과 세상에게 아름다움을 선사해준다. 아름답고 고운 의미를 가진 담길을 걸어가다 보면, 저절로 행복해진다. 그 아름다운 경계에 잠시 기대어 쉬고 싶어진다.

심상 시 치료 기법으로서 담장

순서 —————————————————————————

1 '담'의 느낌에 대해 얘기를 나눈다. 치료사는 담장 사진을 준비해서 보여주어도 좋다.

2 '나와 세상과 아름다운 경계를 짓는 담, 기댈 수 있고, 따라 걸을 수 있는 담'과 담 안쪽에 있는 나와 세상과 주고받는 것을 그리고 적는다. 순서는 다음과 같다.

① 종이를 절반으로 접는다.

② 담장을 표시한다. 중간 부분을 선으로 긋고 장식을 한다. 색연필이나 사인펜을 사용해서 행한다.

③ 선의 아래쪽 여백에 '나'라고 적는다.

④ 중간 부분에 화살표를 그리고 하나는 나를 향해 표시하고 하나는 바깥을 향해 표시한다. 두 화살표는 직선이 아니라 두 개를 이으면 원이 될 수 있도록 호를 그리며 표시한다.

⑤ 나를 향한 화살표는 세상이 나에게 주는 것(비물질, 즉 마음)을, 바깥을 향한 화살표는 내가 세상에게 주는 것(비물질, 즉 마음)을 쓴다. 각각 두 개의 화살표 위에 단어로 적고 나서 그 옆에 그렇게 적은 이유를 적는다.

3 2 전체를 충분히 나눈다.

4 다음 심상 시 치료 멘트대로 행한다.

(눈을 감고 간단한 복식호흡과 이완을 한 후 진행한다.)

지금, 나는 꽃담에 있습니다. 세상과 경계가 지어져 있지만, 세상과 소통 가능해서 누구든 기댈 수 있고, 따라 걷고 싶어지는 아름다운 꽃담입니다. 꽃담의 느낌을 그대로 느껴보시기 바랍니다. …… 이 담을 넘어서 나에게 들어오는 것이 있습니다. 지금, 이 담을 넘어서 나에게 들어오는 것을 그대로

느껴보시기 바랍니다. …… …… 이 담 너머 세상에 보내는 것이 있습니다. 이 담을 넘어서 세상과 자유롭게 소통하는 느낌을 그대로 간직해 봅니다. …… …… 문득, 떠오르는 누군가가 있습니다. 그 누군가와 나는 꽃담을 넘어서 소통하듯이 함께 소통합니다. 그와 나는 꽃담을 넘어서 내가 떠올린 대로 주고받습니다. …… …… …… 이제 지금, 현재의 느낌을 그대로 간직한 채 셋을 세고 눈을 뜹니다. 하나, 둘, 셋!

5   심상 시 치료 멘트대로 행하고 나서의 느낌과 어떤 대상을 떠올렸는지 그대로 적는다. 혹시 아무것도 떠오르지 않았다면, 눈을 뜬 채 멘트대로 장면을 상상해서 적는다.

6   5를 충분히 나눈다.

치유 효과

꽃담을 통해 내면의 더 큰 나로 확장하는 의미를 표면화하여 긍정적 인식을 할 수 있도록 자극해서 세상과 타인과 소통하는 적극적이고 건강한 자신을 알아차릴 수 있다. 심상 시 치료의 과정 중 '내면 진입' 단계에 적합하다.

02 오동나무

오동나무의 치유 비평

오동나무는 낙엽활엽수로 높이가 10~15센티미터 정도 된
다. 능소화과(현삼과)에 속하며 한국 특산종이다. 앞과 뒷면에
다갈색의 털이 있다. 잎은 마주 자라며 길이는 15~23센티미
터, 나비는 12~29센티미터 정도이다. 잎 모양은 계란처럼 생
겼지만 오각형에 가깝고 끝이 뾰족하다. 잎 표면에 털은 거의
없다. 5~6월에 종 모양의 자줏빛 꽃이 핀다. 꽃은 대롱꼴이고
꽃받침은 다섯 갈래로 갈라지며 길이는 5~6센티미터 정도이

다. 화관은 6센티미터 정도로 자주색이지만, 후부^{喉部}는 노란색이다. 열매는 둥글고 끝이 뾰족한 세모꼴이고 10월이면 열매가 익는다. 오동나무를 생약으로 쓸 때 동피, 동목피라고 하며 열매 및 줄기, 가지의 껍질과 뿌리의 껍질을 햇볕에 말려 약재로 쓴다. 수피와 근피는 타박상과 종기, 단독, 습진, 피부염, 치질, 벤 상처를 치료해준다고 알려져 있다. 그 밖에 담석증, 위궤양, 위염, 소장염, 대장염의 치료에도 도움이 되며, 열매는 진해, 거담, 천식에 효과가 있다고 한다.[41]

오동나무는 우리 민족의 나무다. 자식을 낳으면 마당에 꼭 오동나무를 심는 풍습이 있었다. 그 아이가 자라서 결혼을 할 때 오동나무로 된 장롱을 만들어주는 것이 관례였다. 오동나무는 우리 악기의 주재료이기도 하다. 가야금과 거문고는 모두 오동나무로 만들어진다. 오동나무 특유의 공명이 우리 악기의 음색을 제대로 낼 수 있게 하기 때문이다. 우리 선조들은 대나무를 집 뒤, 북쪽에 심는 반면, 오동나무는 반드시 남쪽 마당 어귀의 볕이 잘 드는 곳에 심었다. 전해오는 이야기에 따르면 봉황은 50년마다 한 번씩 맺는 대나무 열매를 먹고 오동나무에서 잔다고 한다. 대나무와 오동나무를 함께 심는 것은 봉황을 불러들이려는 축복의 의미이기도 했다.

오동나무의 목재는 가볍고 내습성이 높은 것이 특징이다.

나이테는 뚜렷하고 엷은 홍백색을 띠고 있다. 일반적으로 오동나무는 다섯 번 베고, 다섯 번째 키워야 제대로 된 가구목이 된다고 한다. 재생, 부활의 뜻을 간직하고 있는 나무다.

오동나무는 큰 잎사귀를 가지고 있다. 햇빛을 많이 받아 많은 영양분을 만들어 빨리 성장하는 성질을 지니고 있어서이다. 1년에 나이테 지름이 2~3센티미터 정도로 초고속 성장을 한다. 하지만 오동나무가 목재로 다듬어지기 위해서는 어느 정도 성장하려는 나무를 땅의 높이와 같이 바짝 베어줘야 한다. 벨수록 더 속이 단단해지고 알차게 변모해간다. 오동나무의 한자는 오동梧桐이지만, 다섯 번 변화를 겪어내고 조화롭게 하나로 이뤄지는 오동伍同의 의미를 가지고 있는 셈이다. 오동나무가 어느 정도 자라나고 있을 때, 가차 없이 베는 것은 참으로 가슴 아픈 일이다. 오동나무 입장에서 보자면, 처참하기이를 데 없다. 옛날 선비들이 과거에서 낙방하고 돌아오면, 집안의 어른이 오동나무를 베었다고 한다. 좌절의 어려움을 당당하게 극복하면서 오동나무가 단단하게 잘 자라나기를 축원하는 마음으로 재도전을 격려했으리라 짐작할 수 있다. 시련과 고난은 축복을 위한 과정이라는 의미도 담겨 있다. 현재 겪는 어려움을 버텨내고 이겨낼 때, 섭리에 의해 주어지는 기쁨의 순간을 만끽할 수 있을 것이다. 오동나무를 베고, 다시 자라나게 하면서 속이 꽉 찬, 여물고 단단한 나무가 되도록 이끈다는 점에서 정도를 벗어나지 않는 '중립'의 의미를 지니고 있다고 하겠다. 아래는 베여 있는 오동나무 줄기 부분을 찍은 사진이다. 왼쪽이 초기에 베인 오동나무라면, 오른쪽은 몇 번 베였던 나무라는 것을 알 수 있다. 몇 번 벨수록 나무의 중심이 단단해지고 속이 차오르고 여물게 된다.

심상 시 치료 기법으로서 오동나무

순서 ─────────────────────────────

1 치료사는 미리 준비한 오동나무 사진을 내담자와 함께 보고 '오동나무'와 관련된 이미지를 찾아 함께 나눈다.

2 치료사는 오동나무에 담긴 의미를 설명하고 내담자와 느낌을 충분히 나눈다. 특히, 다섯 번 잘라내고 다시 키워내 목재로 쓰는 것에 대해 이야기한다.

3 '내 삶의 오동나무' 하면 떠오르는 구체적인 일화를 적어본다. 다섯 번 나무가 베어지는 것과 연관 지어 내 삶에서 다섯 번 잘렸던 경험을 적는다.

4 3을 충분히 나눈다.

5　다음 심상 시 치료 멘트대로 행한다.

(눈을 감고 간단한 복식호흡과 이완을 한 후 진행한다.)

나는 오동나무입니다. 아주 굵고 큼직하고 튼튼한 나무입니다. 나는 과거를 기억합니다. 어렸을 때, 나는 잠깐 자라다가 싹둑 잘렸습니다. 또, 조금 자라다가 잘렸습니다. 처음 잘릴 때는 너무나 억울했습니다. 두 번째는 화가 났습니다. 그다음 세 번째 잘렸을 때는 슬퍼서 주저앉아 울기만 했습니다. 네 번째로 잘렸을 때는 이제 내 인생은 무의미하다 느꼈습니다. 숨 쉬고 살아갈 필요조차 느끼지 못했습니다. 그 무엇도 내게는 의미가 없었습니다. 다섯 번째 잘렸을 때는 너무나 어이가 없었습니다. 그리고 바닥을 쳤습니다. 바닥을 치자 신기하게도 서서히 제 몸과 마음이 회복되었습니다. 바닥을 치자 점점 살아나기 시작했습니다. 이제 잘리는 것이 문제가 아니라는 사실을 깨닫기 시작했습니다. 언제부터인지 모르지만, 나는 점점 강하고 단단해져서 그동안 잘릴 때마다 내 안이 차오르고 단단해져 있었다는 것을 비로소 깨닫기 시작했습니다. 억울함, 화, 슬픔, 무의미를 견뎌낸 까닭에 튼튼해졌다는 사실을 알게 되었습니다. 나는 그렇게 성장했고, 자라났습니다. 그리고 계속해서 성장하고 있습니다. 지금, 이대로의 느낌을 고스란히 느껴봅니다. ⋯⋯ ⋯⋯
⋯⋯ 지금, 현재의 느낌을 그대로 간직한 채 셋을 세고 눈을
뜹니다. 하나, 둘, 셋!

6 심상 시 치료 멘트대로 행하고 나서 느낌을 적는다. 혹
   시 아무것도 떠오르지 않았다면, 눈을 뜬 채 멘트대로
   장면을 상상해서 적는다.
7 6에서 적은 글을 함께 충분히 나눈다.

치유 효과

고난과 역경에 맞닥뜨렸을 때의 감정을 되짚어보면서, 그 과
정을 지나온 것이 곧 성장한 것이라는 사실에 초점을 맞춰 과
정의 소중함, 극복의 고귀함을 아는 채로 현재를 바라볼 수
있다. 이로써 삶에 대한 통찰력을 형성할 수 있다. 심상 시 치
료의 과정 중 '마음 잇기' 단계에 적합하다.

03

장독

장독의 치유 비평

장독은 장류가 담긴 독과 항아리를 말한다. 독과 항아리를 놓아두는 곳을 장독대라고 한다. 장독대는 햇볕이 잘 드는 동편에 마련하고 대지가 넓은 집에서는 뒷마당에, 좁은 집에서는 앞마당에 마련하였다. 대개는 부엌과 가까운 뒤뜰의 높직한 곳에 놓았지만, 물가와 가까우면서 높고 깨끗하고 바람이 잘 통하며 양지바른 곳에 두었다. 벌레가 오지 않도록 각별히 유의했는데, 돌로 단을 쌓아 높게 하고, 굄돌로 사방을 받치거나 벽돌로 장독받침을 따로 만들어 쓰기도 했다. 두세 개의 돌로 층을 쌓아서 한두 평 정도의 높다란 대*를 만들어서 맨 뒷줄에는 큰독, 중간에는 중간 독, 앞줄에는 항아리를 늘어놓았다. 가장 큰 독은 장독으로 쓰고, 중간 독에는 된장, 막장 등을 담아두었고, 작은 항아리에는 고추장류나 장아찌류를 담아두었다. 집안 살림의 규모가 클수록 장독대의 규모도 컸다. 장독대의 자리가 좋고 장독이 번듯하고 가지런하면 그 집안이 크게 일어날 것이라고 여겼다. 이사할 때도 대개 장독대부터 옮길 정도로 애지중지했다. 주부의 살림 솜씨를 장독을 간수하는 모습을 보고 평가하기도 했다. 매일 정성으로 장독대 주변을 정갈하게 하고 화초로 주변을 꾸미고 장독을 깨끗하게 닦아서 윤이 나게 했다.

　장독은 음식을 보관하기 위해 사용했던 용기이다. 채집 사회와 농경 사회를 거치면서 잉여 곡식과 부식을 저장할 필요가 있었다. 특히 우리나라는 발효를 특징으로 하는 음식이 많아서 필수적으로 장독을 사용했다. 집집마다 특색 있는 음식 맛은 바로 장맛에서 나온 것이었고, 장은 장독에 보관했으니 장독을 잘 관리하는 것이 관건이었다. 대개 겨울에 구운 독을 이른 봄에 사야 좋은 독이라 했다. 오뉴월의 독은 장마철이어서 굽기 전에 독이 잘 마르지 않아, 고온으로 구워냈어도 습기를 걷어내지 못해서 장을 담그면 쉽게 상하기 때문이었다. 좋은 독은 장을 담가두었을 때 소금쩍이 겉으로 배어 나와 독이 숨을 쉴 수 있어야 한다고 보았다. 좋은 독은 가볍고 색이 노리끼리하고 불그스름한 게 예쁘고 쇳소리가 난다. 장독의 모양은 가지런하고 균형이 맞아야 한다. 옹기는 점토를 2~3개월 건조하고 흙을 부수고 반죽해서 적당한 크기의 가래를 만들어 물레질과 유약 처리로 이를 건조하고 가마에서 구워내는 긴 과정을 거쳐 완성되는데, 그런 만큼 장인이 가진 무수한 상념들이 옹기에 스며들어 있다고 할 수 있다. 이 모든 것이 어우러져 장맛이 결정된다고 보았기에 장독의 선택이 무척 중요했다. 독이 마련되면 짚에 불을 붙여서 장독을 엎어놓고 잡냄새와 잡균을 제거했다.[42]

장독은 투박하고 우직하다. 담기면 담기는 대로 고스란히 그것을 품는다. 간직하고 보관하며, 그 내용을 안고 숨을 쉰다. 그대로 껴안은 채 살아간다. 장독은 고스란히 품고 안는 힘이 있다. 세월이 흐르면서 내용물이 익고 다듬어져서 발효되어 제대로 맛이 나게 한다. 오랫동안 담긴 것들을 안고 있다 보면, 장독은 그 내용물과 하나가 된다. 장을 담은 곳에는 장을 비워내도 장 냄새가 난다. 비바람에도 견딜 수 있을 만큼 단단하고 넉넉하게 만들어진 장독은 내용물을 보관하고 간직하며 성숙할 수 있는 공간을 제공한다.

심상 시 치료 기법으로서 장독

순서 ─────────────────────────

1   치료사는 장독 사진을 준비해서 보여주거나 장독이나
    장독대의 이미지를 내담자와 함께 나눌 수 있는 자료를
    준비해서 제시한다.

2   장독에 대한 느낌을 충분히 나눈다.

3   오래된 마음, 구수하게 발효된 장맛을 뜻하는 '내 삶의
    장독대'의 '장독' 하면 생각나는 단어를 쓰고, 그 이유를
    적는다.

4   다음 심상 시 치료 멘트대로 행한다.

    (눈을 감고 간단한 복식호흡과 이완을 한 후 진행한다.)

    내 마음의 장독이 있습니다. 오랫동안 내 마음에 머물러 있

    던 것입니다. 지금은 발효가 되어 내 인격, 인성, 성격을 이

    루는, 나를 이루는 맛이 되었습니다. 이 맛은 내 삶의 맛입니

    다. 내 마음 안의 장독에 담긴 맛을 느껴보시기 바랍니다. 어

떤 느낌이 드는지 그대로 느껴보시기 바랍니다. …… ……
…… 장독이 지금 나에게 말을 걸고 있습니다. 어떤 말을 하
는지 듣고 자연스럽게 대화를 나눠보시기 바랍니다. ……
…… …… 이제, 장독과 작별 인사를 합니다. 내 마음의 장독
은 언제나, 늘, 항상 내 삶을 담아내고 있습니다. …… ……
지금 이 느낌을 그대로 간직한 채 셋을 세고 눈을 뜹니다. 하
나, 둘, 셋!

5   심상 시 치료 멘트대로 행하고 나서의 느낌과 장독과
    함께 나눈 대화를 적는다. 혹시 아무것도 떠오르지 않
    았다면, 눈을 뜬 채 멘트대로 장면을 상상해서 적는다.
6   5를 충분히 나눈다.

치유 효과

장독에 보관하는 장, 오래된 발효의 맛을 인격으로 재구성해
서 인식함으로써 삶을 성찰하고 통찰할 수 있으며, 그로 인해
내면의 근원적인 힘을 증진할 수 있다. 심상 시 치료의 과정
중 '깊은 마음' 단계에 적합하다.

CHAPTER 9

자발성

명당
복조리
줄타기

자발성^{spontaneity}은 자기 자신 안에서 자기 힘으로 능동적으로 활성화해서 스스로 활동시키는 능력을 말한다. 자발성을 지닌 사람은 어떤 일이나 대상에 열정을 다한다. 자발성은 불꽃과 꽃불의 의미를 포함하고 있다고 볼 수 있다. 불꽃과 꽃불은 강렬한 에너지를 가지고 있다. 내면 깊이 존재하며, 살아가게 하는 원동력이 된다. 정열이 마른 장작에 불을 붙이려는 용기 있는 시도이자 불꽃을 마음에 품고 움직이는 것이라면, 열정은 불의 정점, 활활 타오르는 불의 정수리인 꽃불을 일컫는다. 호킨스에 의하면 자발성은 사람이 삶에 대한 내적 저항을 극복했다는 것과 그리하여 참여에 몰두한다는 것을 의미한다. 에너지 310의 수준을 말하며, 이 수준에서는 진정으로 우호적이며, 사회적, 경제적인 성공이 뒤따르기도 한다. 만약 필요하다면 밑바닥에서 시작하더라도 자신의 품위가 떨어진다는 생각을 하지 않고, 남들을 도우며 사회에 기여할 수 있다. 자발적으로 내면의 문제를 직시하고 자존감 또한 높다. 타인의 필요에 능히 응하며, 동정적이고 공감의 반응을 한다. 역경을 딛고 다시 일어서는 능력, 경험에서 배우는 능력으로 스스로 자신의 삶을 교정해나간다. 자신을 내세우려는 마음, 자만심을 가지지 않음으로써 더 큰 힘의 근원으로 접근해간 상태이다.

01 명당

명당의 치유 비평

명당明堂은 풍수지리에 의거한 이상적 공간으로 길한 자리를
말한다. 예로부터 무덤이나 집터, 마을 자리를 정할 때 좋은
자리로 여기는 곳을 가려 선택했다. 명당자리에 무덤을 쓰거
나 집을 지으면 좋은 일이 많이 생긴다고 보았다. 풍수지리에
서는 명당을 구체적으로 지정하고 있다. 명당은 상징적으로
청룡靑龍과 백호白虎, 주작朱雀과 현무玄武라는 사신사四神砂에 둘러싸
인 혈穴 앞의 땅을 가리킨다. 명당은 추상적인 공간이지만 이

를 이론적으로 구명하여 택지하는 것이 풍수지리설이다. 땅을 해석하는 여러 원리 중에서 명당과 직접적인 관련이 있는 방법이 정혈법定穴法이다. 혈穴은 풍수의 핵심이 되며, 묫자리일 경우 시신이 직접 땅에 접하여 그 생기를 얻을 수 있는 곳이다. 집터의 경우 거주자가 실제로 삶의 대부분을 보내는 곳이므로 중요하다고 여겼다. 명당은 이 혈 앞의 넓고 평탄한 땅을 일컫는다. 좁고 경사지거나 비뚤어지면 좋지 않다고 보았다.

혈은 흔히 '세계의 중심', '대지의 배꼽', '대지의 자궁'이라는 상징적인 의미를 가지며, 신성현현神聖顯現과 신력현시神力顯示를 함의한 공간이다. 길吉함과 복을 받을 수 있는 발복發福을 염원하는 마음을 장소에 담아낸 것이 명당이라고 할 수 있다. 죽은 자와 관련된 터를 음택陰宅이라 하고, 산 자와 관련된 터를 양택陽宅이라 하였다.[43]

우리나라에는 풍수지리에 부합하여 양기가 가득한 땅을 가려내고 그곳을 중요한 장소로 활용하는 관습이 이어져오고 있다. 흔히 '명당'이라고 하면 '복이 굴러오는 자리', '복을 받는 자리'라고 알고 있다. 오래전부터 동서양을 막론하고 인간의 힘을 초월한 땅의 힘을 믿어왔으며, 이는 신화나 전설을 통해 전해 내려왔다. 그리스 신화에 나오는 대지의 여신은 '가이아Gaia'이다. 로마에서는 '텔루스Tellus'가 있었고, 소아시아

북부 프리기아에는 '키벨레^{Cybele}'여신이 있었다. 인도의 대지의 신은 '샤니^{Shani}'이고, 이집트에서는 '게브^{Geb}'라고 불렀다.

수메르 신화에서는 태초의 땅을 낳은 모신으로 인간의 창조를 도운 '키^{Ki}'가 있었고, 아프리카 폰족의 대지의 신은 '사크파타^{Sakpata}'였다. 아프리카 이보족의 대지의 여신은 '알레^{Ale}'였으며, 인도네시아 발리섬에서는 '라티^{Rati}', 인디언의 대지의 어머니는 '아위텔린 츠타^{Awitelin Tsta}', 폴리네시아의 대지의 여신은 '포^{Po}'였다. 중국의 대표적 민족종교인 도교에서는 도시를 수호하는 신을 '성황신^{城隍神}', 성 바깥쪽의 촌락이나 교외를 관할하는 신을 '토지야^{土地爺}', 묘지의 수호신을 '후토신^{后土神}'으로 불렀다. 우리나라에서는 '지신^{地神}'이라고 하며, 단군신화를 토대로 볼 때, 단군의 어머니 웅녀를 의미하기도 한다. 대부분 '땅'을 모성의 의미로 쓰며, 대지의 신 또한 '어머니'라고 쓰는 이유는 작물이 자라게 하고, 만물을 소생하게 하는, 낳고 기르고 품는 땅의 역할 때문이라고 볼 수 있다.

앞에서 살펴본 바와 같이 명당은 풍수지리에 의거하고 있지만, '마음의 명당'은 보다 확장한 의미를 가진다. 마음속, 보이지 않는 곳에 존재하는 명당은 글자 그대로의 뜻을 고스란히 따라오면 된다. 명당^{明堂}은 '밝을 명^明'과 '집 당^堂'을 쓴다. 밝은 집이 곧 명당이라는 말이다. 인간을 '집'에 비유해서 밝은 곳에 있다면, 그곳이 명당인 셈이다. 흔히 쓰는 말에 '앉은 자리가 꽃자리'라는 말이 있다. 이 말은 내가 있는 곳이 곧 명당이라는 말이다. 극대화된 긍정이 우러나는 말이다. 자신의 삶에 대해 당당하고, 확신을 가지는 것은 삶에 대한 '자발성'이라고 할 수 있을 것이다. 마음의 명당은 자신의 마음이 빛나고 있음을 아는 것에서 생겨난다. 살다 보면, 마음의 날씨가 어두컴컴해질 때가 있다. 간혹 먹구름이 몰려오고 천둥 번개가 치더라도 구름이 걷히고 나면 원래의 푸른 하늘이 펼쳐진다. 가리고 덮인 어둠들이 가득하다고 하더라도 내 마음의 빛은 절대 꺼지지 않는다. 가려진 것들이 들춰지고 드러날 때 '마음의 빛'은 여전히 그곳에서 빛나고 있다. 마음의 빛을 깨닫는 것이 바로 마음의 명당이다.

심상 시 치료 기법으로서 명당

순서 ——————————————————————

1   '명당'에 대해 아는 것을 말하고, 느낀 점을 충분히 나눈다.

2   치료사는 '내 마음의 명당'과 '마음의 빛'을 연결 지어서 알려주고, '내 마음의 명당-마음의 빛'에 대한 느낌,

생각을 한 단어로 적고, 그 이유를 적게 한다.

3   2를 충분히 나눈다.

4   다음 심상 시 치료 멘트대로 행한다.

(눈을 감고 간단한 복식호흡과 이완을 한 후 진행한다.)
나는 내 마음의 명당이 있는 곳을 알고 있습니다. 내 마음의
밝은 곳은 빛으로 가득합니다. 이곳은 ○○○(내담자가 순서
'2'에서 적은 단어. 이하 동일)입니다. 언제나 ○○○을 떠올
리면, 그대로 내 마음의 명당을 떠올릴 수 있습니다. 나는 ○
○○의 기운을 그대로 느낄 수 있습니다. 이 느낌을 지금 온
전히 느낍니다. …… …… …… 이제 지금, 현재의 느낌을 그
대로 간직한 채 셋을 세고 눈을 뜹니다. 하나, 둘, 셋!

5   심상 시 치료 멘트대로 행하고 나서의 느낌을 그대로
     적는다. 혹시 아무것도 떠오르지 않았다면, 눈을 뜬 채
     멘트대로 장면을 상상해봐도 된다.

6   5에서 적은 글을 함께 충분히 나눈다.

치유 효과

명당이 뜻하는 '복'을 부르는 자리와 만물을 탄생시키는 대지

의 위대한 힘을 내면으로 끌어와서 '마음의 빛'과 연결해서 이를 충분히 느낌으로써 내면의 근원적 힘을 체득할 수 있다. 심상 시 치료의 과정 중 '마음의 빛' 단계에 적합하다.

02 복조리

복조리의 치유 비평

복조리^{福笊籬}는 우리 선조들이 섣달 그믐날 한밤중부터 정월 초
하룻날 아침까지 걸어놓고 복을 빌었던 조리를 말한다. 정월
초하루에 만들어 파는 조리는 특히 복을 가져다준다고 해서
복조리라고 불렀다. 초하루 전날 밤부터 조리 장수는 골목을
돌아다니면서 "복조리 사시오, 복조리요"라고 외치곤 했다.
겨우내 만든 복조리를 온 식구가 등에 지고 전국 각지로 흩어
져 내다 팔기도 했다. 각 가정에서는 대개 1년 동안 쓸 수 있

는 양의 복조리를 사는데, 밤에 미처 사지 못한 사람은 이른 아침에 사기도 했다. 조리는 쌀을 이는 데에 쓰는 기구로 가는 조리는 대나무를 가늘게 쪼개어 가는 죽사竹絲로 엮어서 만들거나 대오리나 싸리 따위로 결어서 조그만 삼태기 모양으로 만든다. 새해의 행복을 조리와 같이 일어 얻는다는 뜻에서 이런 풍속이 생겨난 것으로 보인다. 1년 동안 쓸 조리들을 사서는 몇 개를 한데 묶어 방 귀퉁이나 부엌에 매달아두었다가 썼다.

복조리는 말 그대로 복을 불러오는 조리이다. 축복이 일어나기를 간절하게 소망하며 걸어두고 그 마음을 합했다. '복'을 비는 마음은 그야말로 극대화된 긍정의 마음이다. 이 긍정적인 마음을 담아 집 안 잘 보이는 곳에 걸어두었던 것은 '복'을 다만 비는 데 그치지 않고 적극적으로 일궈내겠다는 의미이다. 즉, 부지런히 손을 놀려서 쌀을 일어내듯 복을 불러오기 위해 복을 짓는 언행으로 열심히 살아가겠다는 의지가 함께 담겨 있는 것이다. 쌀을 일어 구수한 밥을 짓듯이 복을 일궈내어 양식이 되는 삶, 향기 나는 삶을 일구고자 하는 자발성을 상징적으로 드러내고 있는 것이 바로 복조리다.

심상 시 치료 기법으로서 복조리

순서

1   치료사는 '복조리' 사진이나 그림을 제시하면서 복조리에 대해 간략하게 설명한다.

2   복조리에 대한 느낌을 충분히 나눈다.

3   '내 마음의 복조리-복을 불러들이는 나만의 단어'를 하나만 적고, 그 단어를 선택한 이유를 적는다.

4   3을 충분히 나눈다.

5   복조리 모양으로 준비된 종이(크기는 자유이나 휴대하기 간편한 것이 좋다) 위에 3에서 행한 단어를 적고 코팅을 해서 내담자로 하여금 휴대하게 한다.

6   다음 심상 시 치료 멘트대로 행한다.

(눈을 감고 간단한 복식호흡과 이완을 한 후 진행한다.)

나는 마음의 복조리를 가지고 있습니다. 내 마음 깊은 곳에 있는 이 복조리는 ○○○(내담자가 '2'에서 적은 단어. 이하 동일)입니다. 나는 ○○○을 내 마음의 빛 안에 둡니다. 내가 힘들 때, 슬프거나 우울할 때, 스트레스를 받거나 기분 나쁜 일이 일어났을 때도 내 마음의 빛과 함께 ○○○은 나를 올바른 방향으로 이끌어준다는 사실을 믿고 받아들입니다. 내가 ○○○라는 단어를 부르고 떠올리면 내 마음은 회복되고 치유될 것입니다. 나는 ○○○라는 단어가 빛과 함께 나를 평생, 언제나, 어디에서나 나를 이끌어준다는 사실을 받아들입니다. 지금, 현재, 이 느낌을 고스란히 간직하고 느낍니다. …… …… …… 이제 지금, 현재의 느낌을 그대로 간직한 채 셋을 세고 눈을 뜹니다. 하나, 둘, 셋!

7   심상 시 치료 멘트대로 행하고 나서의 느낌을 그대로 적는다. 혹시 아무것도 떠오르지 않았다면, 눈을 뜬 채 멘트대로 장면을 상상해서 적는다.

8   7에서 적은 글을 함께 충분히 나눈다.

치유 효과

마음의 빛과 함께 복조리라는 긍정을 불러들이는 기운을 간직함으로써 내면의 힘을 자각하여 닥쳐오는 고난과 역경을 무난히 헤쳐나갈 수 있다. 심상 시 치료의 과정 중 '마음의 빛' 단계에 적합하다.

03

줄타기

줄타기의 치유 비평

줄타기는 한국 전통 방식으로 줄 위에서 행하는 놀이이다. 줄타기는 전 세계적으로 널리 알려져 있고 행해져왔으나 우리나라는 독특한 방식을 가지고 있다. 즉, 한국 전통 공연예술인 줄타기는 음악 반주에 맞추어 줄타기 곡예사와 바닥에 있는 어릿광대가 서로 재담을 주고받는다는 점에서 독창적이다. 주로 줄타기는 야외에서 행한다. 줄을 타는 곡예사가 재담을 하면서 줄 타는 동작을 하는가 하면, 줄 위에서 노래와 춤을 곁들이기도 한다. 다양한 기예를 하는 동안 어릿광대는 줄 아래 바닥에서 곡예사와 거리낌 없이 재담을 주고받고 악사들은 그에 곁들여 흥을 돋우는 반주를 한다. 줄타기 곡예사는 간단하고 단순하게 줄을 왔다 갔다 하는 동작을 하다가 점점 더 어렵고 난이도가 높은 묘기를 선보인다. 줄타기 기술은 약 40개에 달한다고 알려져 있다.

　줄 타는 곡예사는 줄 위를 걷는 것만 하는 것이 아니라 노래, 춤, 곡예를 하면서 두 지점 사이에 매단 가느다란 줄 위에서 흥미진진하고 세태를 풍자하는 재담을 늘어놓는다. 곡예사 혼자서 행하는 것이 아니라 재담에 맞춰 반주하는 악사들이 있고, 곡예사와 대화를 주고받는 어릿광대가 함께 어우러진다. 줄판은 오후 내내 이어지기 때문에 지루하지 않도록 곡예와 재담과 음악이 잘 조화되게끔 구성되어 있다. 곡예사는 간단한 기술에서 시작해 줄에서 오르락내리락 뛰기도 하고, 구르고, 재주를 넘기도 하고, 다리를 꼬고 앉는 등 어려운 묘기를 선보인다. 동시에 줄 위에서 농담하고 노래를 부르며 천연덕스러운 행동을 한다. 보는 이로 하여금 가슴을 졸이게 하고, 그 대담함에 혀를 내두르게 만든다. 줄타기는 예부터 전해 내려오는 종합예술이며, 놀음이다. 우리나라 줄타기는 다만 기예만 선보이는 것이 아니라 대화와 노래가 어우러지고 관객과 곡예사와 서로 소통한다는 점에서 독보적이다. 줄타기는 고려시대 때 처음으로 기록에 등장했고, 1976년에는 중요무형문화재 제58호로 지정되었다.

'줄타기'는 곡예의 일종이다. 줄타기는 인간의 삶을 상징하고 있다. 언제 떨어질지 알 수 없는 불안이 늘 잠재되어 있다는 점, 방심하게 되면 떨어질 염려가 크다는 점, 능수능란한 사람도 안심할 수 없다는 점, 언제 무슨 일이 일어날지 예측할 수가 없는 점, 불안하지만 짐짓 태연하게 아무렇지도 않게 지내야 한다는 점, 여러 변수가 작용하기 때문에 줄에서 내려올 때까지 긴장의 연속이라는 점, 갈수록 어렵고 힘들고 책임감이 가중된다는 점이 그러하다. 그런 위험천만한 상황에서도 곡예사는 노래하고 풍자와 위트 섞인 재간을 부리는가 하면, 점점 난이도 높은 기술을 보여준다. 줄타기를 가만히 바라보고 있자면 자신의 인생을 연민의 눈으로 지켜보는 것 같은 느낌이 든다. 위태로운 삶을 살아내는 것이 줄타기에 들어 있다. 그러면서 곡예사처럼 능청스럽게 웃고 함께 흥얼거리고 손뼉을 친다. 줄 위에 있으나 줄 위에 있지 않은 것처럼 흥에 겨워 어우러진다. 줄 따위의 위협에 기죽지 않겠다는 듯, 줄 위가 마치 바닥과도 같다는 듯 줄과 같이 노는 곡예사의 몸짓과 하나가 된다. 그리하여 줄 타는 이와 그것을 보는 이의 경계가 허물어지며 모두 하나가 된다. 위태로운 지금의 삶을 건너 줄을 가지고 마음껏 놀듯이 삶을 주무르는 자신을 상상하게 되는 것이다. 이와 같은 줄타기와 마음이 합쳐지는 경험으로 말미암아 삶에 대한 긴장감이 해소되고, 일상의 스트레스가 감소하면서 막혔던 마음이 스르르 풀어지는 경험을 할 수 있다. 한 치 앞을 내다보지 못하는 삶의 한계를 그대로 껴안은 채 위험천만한 삶의 한가운데서 더불어 놀고 노래 부르고 웃다가 삶을 마무리하게 되는 경험은 개인적 통찰로 이어져서 줄타기 같은 삶을 신나는 축제로 변하게 한다.

심상 시 치료 기법으로서 줄타기

순서 ————————————————————————

1 치료사는 '줄타기'의 모습을 찍은 사진이나 이미지, 동영상을 준비해서 제시하고 이를 감상하게 한다. 동영상의 경우 보는 시간은 10분을 넘기지 않도록 한다.

2 줄타기에 대한 느낌을 충분히 나눈다.

3 '삶의 줄타기', '줄을 타는 나'라는 말에서 연상되는 느

낌과 생각을 나눈다.

4   나무젓가락 한 짝을 둘로 갈라서 세우고 젓가락 두 개의 윗부분에 줄을 길게 매어서 이어 '줄타기'를 하는 모습을 만든다. 종이 인형으로 줄을 타는 장면을 연출한다. 이때, 나무젓가락 하단 부분의 바닥과 닿는 곳은 지점토 등으로 지지대를 만들어서 세워놓을 수 있도록 한다. 치료사는 종이 인형으로 줄을 타고 곡예를 부리는 모습을 연출한다.

5   4의 느낌을 충분히 나눈다.

6   '줄 타는 나'에게 들려주고 싶은 메시지를 적고, 함께 대화를 나누는 형식으로 글을 적는다. 정해진 분량은 따로 없다.

7   6에서 적은 글을 '줄 타는 나'와 '줄 밖의 나'가 대화를 나누듯 내담자가 직접 읽게 한다.

8   전체 느낌을 충분히 나눈다.

치유 효과

'줄타기'로 상징화되는 삶의 불안과 긴장을 있는 그대로 들여다보면서 통찰과 관조의 시각으로 자기 자신을 볼 수 있다. 또한, 자신을 위로하고 격려하는 메시지를 건넴으로써 삶에 대한 긍정 에너지를 얻을 수 있다. 심상 시 치료의 과정 중 '내면 진입' 단계에 적합하다.

CHAPTER 10

수용

공무도하가
조각보
진달래꽃

수용^{accept}은 받아들이는 것이며, 심리학적으로 볼 때는 가치 있는 삶의 방향으로 나아가는 경험을 하는 과정에서 겪는 전반적인 체험에 대해 개방적인 태도를 갖는 것을 의미한다. 호킨스는 수용의 단계에서 삶의 위력과 조화롭게 살 수 있는 능력을 발휘할 수 있다고 했다. 행복의 근원이 자기 안에 있다는 각성과 자신의 힘을 되찾는 엄청난 도약이 이 단계에서 완성된다. 수용은 감정적 평온을 가져다주고, 부정^{否定}을 넘어서 지각의 확장을 가져온다. 수용하게 되면 편견이나 왜곡, 그릇된 해석 없이 있는 그대로 세상을 바라볼 수 있다. 수용은 본질적으로 균형, 비례, 적절함과 관련되어 있다. 의식이 수용 수준에 있다면, 옳고 그름을 가리는 것보다 문제의 해결에 집중하게 된다. 또한, 해결을 위해 구체적으로 사유하고 행동으로 옮긴다. 이때 자기조절과 통찰력이 함께 일어나게 된다. 타인에게도 자신과 같은 권리가 있다고 인식하며, 사회적 다양성을 인정하고 받아들인다. 차별이나 편협한 사고에서 자유롭고, 평등 또한 다양성을 포함해서 일어난다는 사실을 깨닫는다. 따라서 수용은 포용력을 가지고 있다. 호킨스가 밝힌 수용의 에너지 수준은 350이다.

01

공무도하가

공무도하가의 치유 비평

〈공무도하가公無渡河歌〉는 백수광부白首狂夫의 아내가 지은 고대가요이다. 정확한 제작 시기는 알 수 없으나, 고조선 시기로 추정된다. 원래의 노래는 전해지지 않지만, 그 한역인 「공후인」이 진나라 최표의 『고금주』에 설화와 함께 채록되어 있다. 노래는 다음과 같다.

그대여, 물을 건너지 마오.(공무도하公無渡河)

그대 결국 물을 건너셨도다.(공경도하公竟渡河)

물에 빠져 돌아가시니(타하이사墮河而死),

가신 임을 어이할꼬(당내공하當奈公何).

최표의 『고금주』에 기록된 이 노래의 배경 설화는 다음과 같다. 공후인은 조선의 진졸津卒 곽리자고霍里子高의 아내 여옥麗玉이 지은 것이다. 진졸은 관청에서 뱃사공으로 일하는 사람을 이르는 말이다. 자고子高가 새벽에 일어나 배를 저어 가는데, 머리가 흰 미친 사람이 머리를 풀어헤치고 호리병을 들고 어지러이 물을 건너고 있었다. 그의 아내인 듯 보이는 이가 뒤쫓아가면서 외치며 막았으나, 그 사람한테 다다르기도 전에 결국 물에 빠져 죽었다. 쫓아가던 아내는 그가 죽자 공후箜篌를 타며 '공무도하公無渡河'의 노래를 즉석에서 지어 불렀다. 그 노래는 너무나 구슬펐다. 그 노래가 끝나자 스스로 물에 몸을 던져 죽었다.

자고가 돌아와 아내 여옥麗玉에게 그 광경을 이야기하고 들었던 노래를 들려주니, 여옥이 슬퍼하며, 곧 공후로 그 소리를 본받아 탔다. 그 노래를 듣고 눈물을 흘리지 않는 이가 없었다. 여옥은 그 소리를 이웃 여자 여용麗容에게 전하니 일컬어 공후인이라 한다.

이 노래는 채록자·채록 양식·창작 지역 등이 중국이라는 점에서 중국의 작품이라는 견해가 대두되기도 했다. 그러나 창작 지역인 중국의 직례성 조선현이 고조선 이래로 한인들이 잔류하면서 독자적인 문화 양식을 유지해온 곳이어서, 〈공무도하가〉의 원작자는 우리나라 사람일 가능성이 크다. 오히려 중국 쪽에 이런 노래가 전해지고 기록된 것은 우리 노래가 그만큼 널리 전파되어 있었던 증거라고 볼 수 있겠다.[44]

설화에는 상징과 은유, 주술과 신화적 의미가 포함되어 있다. 설화와 노래 속에서 '물'이 상징하는 것은 '경계'이다. 이승과 저승 사이를 가르는 기준이 바로 '물'이다. 머리가 하얗게 센 미친 남편이 저승 쪽으로 건너가려고 한다. 제정신이라고 볼 수 없을 정도로 만취해 있는 상태이다. 그 행동을 저지하려고 뒤따라오던 아내가 미처 닿기도 전에 남편은 익사하고 만다. 이때, 그의 아내는 이미 물속으로 몇 발자국 뛰어들었을 것이다. 그렇다면 물이라는 경계는 수직 구조를 이룬다. 물의 표면 위는 이승이고, 물 아래는 저승이다. 깊이에 따라서 삶과 죽음이 나뉘는 셈이다. 백수광부의 처가 노래하는 모습을 지켜보던 곽리자고 또한 물 위의 배에 있다. '물'이 지니는 공통성은 삶과 죽음이 따로 존재하지 않는다는 사실이다. '물'이라는 같은 상황 속에서 물의 표면과 내면으로 삶과 죽음이 나뉜다. 그것도 확연하게 분리되는 것이 아니다. 노래를 부르던 백수광부의 처 또한 물속에 잠김으로써 물과 하나가 되고 만다. 별리別離에 대한 구슬픈 노래를 부르면서 합일合一이 되었지만, 인간적인 관점에서 보자면 비극적 종결이 되고 만 것이다. 인간이 처할 수 있는 가장 두려운 상태가 '죽음'이라는 사실을 볼 때, 죽음은 회피하고 막아내고 싶지만 그럴 수가 없다. 그저 '수용'할 수밖에 없다.

설화 속 이야기를 좀 더 들여다보면 백수광부는 '취해 있는 상태'임을 알 수 있다. '취해 있다'는 것은 어떤 의미일까. 19세기의 프랑스 시인 샤를 피에르 보들레르Charles Pierre Baudelaire 는 그의 시 「늘 취해 있으라Enivrez-Vous」에서 노상 취해 있도록 우리를 부추기고 있다. 모든 것이 거기, 취해 있음에 있으며 이것이 본질적인 문제이다. 마음 내키는 대로 다만 계속 취해 있다가 취기가 덜하거나 가셨으면 물어보라고 한다. 바람이나 파도나 별에게 새나 시계에게 지나가는 모든 것, 울부짖는 모든 것, 굴러가는 모든 것, 노래하는 모든 것들에게 물어보면, 그들이 대답해줄 것이라고 말한다. 술이든, 시든, 미덕이든 무엇이든 취해 있으라고 한다. '취한다는 것'은 무엇일까. 그것은 몰입하는 것이다. 몰입沒入은 깊이 파고들어가 빠지는 것으로 내가 나임을 잊어버릴 수 있는 심리적 상태를 말한다. 몰입은 무아지경無我之境이나 물아일체物我一體와 일맥상통한다. 다시, 설화 속으로 들어가보면 백수광부는 '물'이라는 이승을 넘어선 초월적 세계에 몰입하고 있음을 알 수 있다. 그것을 바라보다가 마침내 물에 뛰어든 백수광부의 처와 이 모든 광경을 그대로 지켜보던 곽리자고, 그의 아내 여옥은 모두 '몰입'을 경험하고 있다. 그것은 경계선으로서의 물이 수직적 차원에서 표면과 내면의 위치를 점하고 있음으로써 삶과 죽음을 나누는 것이 아니다. 여옥의 노래를 들었던 여용, 그리고 수 세기를 건너와 노랫가락은 알 수 없지만, 설화와 노래 내용을 듣고 있는 지금, 우리와 하나로 연결되어 있다. 애초에 경계선으로 작용했던 물은 삶과 죽음을 한데 이어주고 있다. 이 노래를 듣고 슬퍼하지 않은 자가 없다는 문헌상의 구절에서 우리는 모두 죽음과 연결되는 경험을 하게 된다. 따라서 우리는 백수광부가 되고, 또 그의 처가 되어 줄 없는 공후를 타며, 가락 없는 노래를 부르며 물속에 잠기는 것이다.

미국의 심리학자 미하이 칙센트미하이Mihaly Csikszentmihalyi가 물 흐르는 것처럼 자연스럽고 편안한 느낌이란 의미에서 몰입을 영어로 '플로flow'로 칭한 것도 이러한 맥락이다. 우리는 함께 취해서 흘러가는 것이다. 이러한 느낌을 '수용'이라고 일컬을 수 있을 것이다. 우리는 각자 현재에 살아가고 있지만, 〈

공무도하가〉에 얽힌 이야기 속으로 들어가면, 백수광부와 그의 처와 함께 곽리자고와 여옥과 여용을 만날 수 있다. 이들은 이미 물속에 가라앉은 이들이며, 우리도 서서히 그 안으로 들어가고 있다. 이 자명한 사실을 어찌하겠는가. 다만 받아들일 뿐이다. 그것도 적극적으로.

심상 시 치료 기법으로서 공무도하가

순서 ———————————————————————

1 치료사는 〈공무도하가〉의 가사와 그에 얽힌 설화를 들려준다.

2 〈공무도하가〉에 대한 느낌을 충분히 나눈다.

3 스스로 설화 속의 백수광부가 되어 무엇에 취해 있는지, 물의 어디쯤에 왔는지, 물속에 완전히 들어갈 때 어떤 마음일지 떠오르는 대로 적는다. '취한다'는 것은 '내면의 몰입'을 의미하므로 물질이 아닌 비물질을 떠올려서 적게 한다. 혹시 취해 있는 것이 없다면, 어떤 것에 취하고 싶은지를 적는다.

4 3을 충분히 나눈다.

5 '마지막 순간의 나' 하면 떠오르는 나이, 장소, 마음과 생각을 상상해서 구체적으로 적는다.

6 5에서 적은 글을 함께 충분히 나눈다.

7 '마지막 순간의 나'가 '지금, 현재, 이 순간의 나'에게 해주는 말을 적는다.

8 7에서 적은 글을 함께 충분히 나눈다.

치유 효과

〈공무도하가〉에서 느낄 수 있는 몰입과 삶과 죽음 그 자체에 대한 수용을 통해 현재와 삶의 마지막 순간을 떠올려보고, 삶에 대한 통찰과 성찰을 함께 경험할 수 있다. 심상 시 치료의 과정 중 '깊은 내면' 단계에 적합하다.

02

조각보

조각보의 치유 비평

조각보는 쓰다 남은 천 조각을 이어서 만든 보를 말한다. 주로 서민들이 천 조각이라도 아끼려는 마음에서 천을 모아 만든 보로써 궁보에서는 발견되지 않는 특색이 있다. 자투리 천조각들은 따로 모아서 필요할 때 적당한 크기와 색상의 조각을 찾아 썼는데, 이 천 조각을 모아두는 반 주머니 형태의 보자기를 '맘부'라고 했다. 조각 천들을 머릿속으로 그려서 꿰매어 잇는 작업은 정성이 많이 들어간다. 조각보를 만들면서 옛 선조들이 생활 예술을 성취해가는 즐거움을 느꼈으리라고 짐작할 수 있다. 또한, 발견된 조각보 가운데에는 장롱 깊은 곳에 보관되어 있고, 직접 쓰지 않는 것이 많은 것으로 봐서 조각보를 만들면서 복을 비는 염원의 마음을 담은 것이라고도 볼 수 있다. 원래 보자기는 복을 싸둔다는 의미에서 '복'이라고도 불렀다. 이처럼 '보자기'의 원래 뜻이 '복福'과 관련이 있으며, 특히 조각보를 공들여 만드는 과정에서 복을 비는 마음이 충분히 담겼을 것으로 보인다. 이렇게 만든 조각보는 장롱 깊숙이 보관해두었다가 일가 간에 나누어 쓰거나 시집가는 딸한테 혼숫감으로 주거나 대를 이어 며느리한테 물려줬다.

조각보에 주로 사용했던 직물은 각종 견직물과 모시 등이며, 같은 종류끼리 이어져 있다. 얇은 사, 나 따위의 견직물이나 모시로 된 조각보는 홑보로 대부분 여름에 사용되었으며, 두꺼운 명주는 겹보로 꾸며져서 겨울철에 주로 사용하였다. 홑보는 이중으로 홈질을 해서 솔기를 쌌고, 이때 홈질한 자국이 오히려 드러나게 천과 다른 색실을 사용해서 바느질한 흔적을 보여주면서 실의 자리 또한 장식의 효과에 이용하기도 했다. 겹보를 꾸밀 때는 시접을 양쪽으로 꺾은 다음 천의 겉면에서 감침질을 해서 실을 감추었다. 한 폭 이내 조각보로는 받침보, 덮개보, 노리개보 등이 있다. 두 폭 정도의 큰 조각보는 대부분 상보가 많이 있다. 구성미가 특히 빼어난 조각보는 조각들을 일정한 패턴 없이 자유롭게 결합한 것이 많다.[45] 크기와 모양과 색상이 각양각색인 수십 개의 천 조각이 조화를 이루어 예술의 미를 느낄 수 있다. 이것은 질서 정연한 미가 아니라 자연스러우면서도 수준 높은 절묘한 아름다움을 자아내기 때문이다.

조각보는 생활 속의 지혜를 담고 있다. 근검절약하는 마음이 배여 있다. 자투리 천이라도 버리지 않고 소중하게 여기는 마음이 모인 것이다. 즉, '조각'을 귀하고 소중하게 여기는 마음이 조각보를 탄생시켰다. 조각보는 여러 다양한 크기와 색깔의 조각들이 만나서 어우러져 하나의 보가 되는 과정을 담고 있다. 각기 다른 색깔을 있는 그대로 받아들인다. 우리 삶 또한 제각각 크기와 모양이 다른 것들로 이루어진다. 살아오면서 각양각색의 사람들을 만나고 부딪치기 일쑤이지만, 조각보 안에서는 누구 하나 동떨어지지 않는다. 자기 색깔을 버리지도 않는다. 조각보는 다양함을 수용하는 열려 있는 공간이다. 다르지만 외따로 있거나 흩어져 있지 않다. 한데 모여 한 공간에서 조화를 이루고 하나의 보자기가 된다. 어두운 색깔이라고 함부로 취급하지도 않는다. 다양한 색이 그 모습 그대로 어우러져서 완성체가 된다. 우리의 삶도 그러하다. 어떤 것은 취하고 어떤 것은 버리고 싶다. 이왕이면 좋은 것들만 취하고 싶지만, 실상은 그렇지 않다. 더럽고 추하고 냄새나는 것들도 그대로 하나로 엮여서 '나'를 이룬다. 일그러지고 비뚤어진 것도 나이다. 여기저기 비틀리고 숨기고 싶을 정도로 역겨운 것도 나이다. 삶의 편린들은 때때로 수치스럽기만 한 기억을 남기기도 한다. 그 모든 삶의 시간들이 지금 현재의 나를 만들어낸 것이다. 여러 색깔을 가지고 있는 순간들이 모여서 하나의 삶을 이룬다. 그러므로 있는 그대로의 나를 들여다보라고, 삶을 수용하라고 조각보가 가만히 속삭이고 있다.

심상 시 치료 기법으로서 조각보

순서 ————————————————————

1   치료사는 조각보의 이미지를 준비해서 감상하도록 한다.

2   조각보의 의미를 나누며 느낌을 충분히 나눈다.

3   종이 위에 사각형을 그리고 각각 조각을 원하는 만큼 내어 '내 인생의 조각보'를 만든다. 사각형은 지금까지의 내 삶이며, 조각 안에는 지금, 내 삶을 떠오르는 단

어로 표현하고, 색연필을 이용해서 각 단어에 어울리는
색깔로 색칠하되 단어가 보이도록 옅게 색칠한다.

4 '내 인생의 맘부' 만들기.

① 평상시에 많이 쓰는 표현 세 가지를 말한다. 매일 자
주 쓰는 말(속말 포함)을 솔직하게 적는다.

② 들으면 힘이 되는, 에너지가 되는 말을 3가지 적는다.

③ ①과 ②가 같은지 다른지를 파악한다. 즉, 평상시 에
너지가 되는 말을 많이 사용하는지 여부를 스스로
알아차린다.

④ 치료사는 미리 맘부 모양의 그림이나 주머니를 준
비한다. 맘부 안에는 ②의 글 세 가지를 써 넣는다.
각 글마다 어울리는 색깔의 글로 적어 맘부 안에 넣
는다.

5 3과 4의 의미를 충분히 나눈다.

6 다음 심상 시 치료 멘트대로 행한다.

(눈을 감고 간단한 복식호흡과 이완을 한 후 진행한다.)

나는 지금, 내가 살았던 그동안의 삶을 조각조각 이어서 아

름다운 조각보를 만들어냈습니다. 그리고 지금, 현재, 이 순

간에 떠오르는 내 삶의 소중한 마음들을 이어나가기 위해

맘부 안에 간직했습니다. 나는 아름다운 조각보를 가지고 내 삶에서 가장 힘든 순간을 감싸고 덮어줄 것입니다. 이 조각보로 벌거벗은 나, 힘든 나, 아픈 나를 덮어주고 위로해줄 것입니다. 나는 내 삶에서 힘들고 아픈 순간, 울고 싶은 순간을 억지로 참으며 오랫동안 견뎌왔고, 그저 어쩔 수 없이 지나쳐왔지만, 이렇게 아름다운 조각보로 엮어냈습니다. 이제 그 어떤 아픈 순간, 괴롭고 외로운 순간이 오더라도 맘부 안에 이미 넣어둔 긍정의 기운과 함께 아름답게 조각보를 만들 수 있으리라는 사실을 깨닫습니다. …… …… …… 지금, 이 느낌을 그대로 느껴보시기 바랍니다. …… 지금, 현재의 느낌을 그대로 간직한 채 셋을 세고 현재로 돌아옵니다. 하나, 둘, 셋!

7   심상 시 치료 멘트대로 행하고 나서 느낌을 적는다. 혹시 떠올리지 않았다면, 눈을 뜬 채 멘트대로 장면을 상상해서 적는다.

8   7을 충분히 나눈다. 맘부 안의 에너지 말을 하루에 세 번 이상(자기 전, 눈을 떴을 때, 그 사이에) 하도록 내담자에게 과제를 부여한다.

치유 효과

'조각보'를 통해 일상의 여러 일들, 기억에 남는 일들을 승화시켜 작품으로 재탄생시킴으로써 삶의 긍정성을 이끌어낼 수 있다. 또한 '맘부'의 에너지 말을 일상 속에서 자주 함으로써 마음 깊이 내재화시켜 극복의 에너지를 키울 수 있다. 심상시 치료의 과정 중 '내면 진입' 단계에 적합하다.

03

진달래꽃

진달래꽃의 치유 비평

「진달래꽃」은 김소월의 시 제목이다. 1925년 매문사賣文社에서 간행된 시집 『진달래꽃』에 실려 있다. 이 작품은 제일 먼저 1922년 《개벽》 6월호에 「개여울」, 「고적한 날」, 「제비」, 「장별리」, 「강촌」 등과 함께 발표되었다가 시집에 수록되었다.

총 4연, 각 연 3행의 짧은 서정시이며, 수미상관식의 4연 12행으로 이루어졌고 7·5조의 음수율과 3음보 민요조의 전통적 리듬을 지니고 있다. 이 시는 「산유화」와 함께 소월의 대표작으로 꼽히며 우리 민족의 정서를 고스란히 담아내고 있어 널리 알려져 있다.

시 구절 중에서 '영변에 약산'이라는 말을 살펴보면 다음과 같다. 약산은 평안북도 영변군 영변면 소재 해발 480미터의 산이다. 영변의 약산동대藥山東臺는 서관西關의 명승지이다. 그곳을 둘러싼 많은 전설과 민요가 전해지고 있다. 봄이 되면 진달래가 흐드러지게 핀 약산, 그 서쪽으로는 벌판이 펼쳐져 있고, 구룡강의 푸른 물이 흐르고 있다. 옛날 어떤 수령의 외동딸이 약산에 왔다가 그 강의 절벽에서 떨어져 죽고, 그 넋이 진달래가 되어 약산을 뒤덮고 있다는 전설이 있다. 시인이 이러한 전설에서 착안해서 시를 썼을 것이라고 보는 견해도 있다.

시의 전문은 다음과 같다.

진달래꽃

　　　　　　　김소월

나 보기가 역겨워
가실 때에는
말없이 고이 보내드리오리다.

영변에 약산

진달래꽃
아름 따다 가실 길에 뿌리오리다.

가시는 걸음걸음
놓인 그 꽃을
사뿐히 즈려밟고 가시옵소서.

나 보기가 역겨워
가실 때에는
죽어도 아니 눈물 흘리오리다.

한때 '나'와 잘 지냈던 '그대'가 있다. 더할 나위 없이 즐겁고 기뻤을 때도 있었다. 온 세상이 내 것인 양 행복하고 즐거웠던 때였다. 혹여나 내가 역겨워서 간다면, 말없이 고이 보내드리겠다고 말하고 있다. 그냥 고이 보내드리는 것이 아니라 영변의 약산에 있는 진달래꽃을 따다가 그대가 가는 길에 뿌리겠다고 한다. 그러면 그대는 그 꽃을 사뿐히 즈려밟고 가시라고, 그렇게 해도 된다고 말하고 있다. '즈려밟는' 것은 '짓밟다'라는 의미인데, 기껏 따다 놓은 진달래꽃을 짓이기듯 밟아서 가는 뒷모습을 보면서 죽어도 눈물을 흘리지 않겠다고 말하고 있다.

이 시의 화자가 눈 하나 깜박이지 않고 또렷한 눈망울로 상대방을 쳐다보면서 말하는 장면이 충분히 연상된다. 동시에 더없이 정한 가득한 화자의 마음을 짐작할 수 있다. 얼마나 사무치게 그리워하며 애증을 느끼고 있는지, 마지막 구절을 말하면서 입술을 사려 물며 속으로 울고 있을 화자의 모습이 아리게 다가온다. 하지만 이 모든 것은 가정이다. 실제로 일어나지 않은 일이다. 그렇지만 언젠가는 일어나고 말 일이다. 만나고 헤어지는 것은 너무나 자연스러운 것이기 때문이다. 아무리 정이 들어도 헤어지고 싶지 않더라도 만남이 있으면 작별이 있기 마련이다. 이 시에서 화자는 헤어지는 순간을 아름답게 그리고 있다. 꽃을 뿌린다는 것은 '축복'의 의미다. 나를 버리고 가는 그대, 어찌할 도리 없는 상실의 순간이라 해도 그 모든 것을 있는 그대로 받아들이고 있다. 그대가 떠날 때, 꽃을 뿌리면서 축복해주겠다고 낮은 자세로 당신을 떠받들고 있다. 또한, 순수한 사랑은 언제나 늘 영원하다는 뜻을 품고 있다. 그대가 내 곁에 있을 때만 사랑하는 것이 아니라 내 곁을 떠날 때조차 사랑하는 마음을 간직하는 것이다. 헤어지는 것을 원망하는 것이 아니라 그 상황을 순리대로 받아들이는 성숙함이 배어 있는 시이다.

이 시는 우리 민족의 정서를 대변하고 있다고 보는데, 시에서 우러나는 우리 민족의 정서는 슬프고 한이 서려 있는 것이 아니다. 사랑을 축복으로 승화시킬 수 있는 차원 높은 절제미와 숭고미가 돋보이는 시이다. 어쩔 수 없지만, 주어진 섭리를 기꺼이 받아들이는 마음, 곧 수용의 미학이다. 이는 진달래꽃의 꽃말인 '신념, 애틋한 사랑, 사랑의 기쁨'과도 연결되어 있다.

심상 시 치료 기법으로서 진달래꽃

순서 ─────────────────────────────

1   '진달래꽃' 하면 어떤 느낌이 드는지 나눈다.

2   김소월의 「진달래꽃」을 낭송한다.

3   치료사는 시의 느낌을 충분히 느끼고 시의 정황을 이미지화할 수 있도록 자세한 설명을 곁들여 안내한다.

4   시의 느낌을 충분히 나눈다.

5   시를 읽고 떠오르는 어떤 대상 혹은 존재(사람 혹은 물질)를 한 단어로 표현하고 그 이유를 적는다.

6   5를 함께 나눈다.

7   다음 심상 시 치료 멘트대로 행한다.

(눈을 감고 간단한 복식호흡과 이완을 한 후 진행한다.)

나는 어떤 대상을 떠올리고 있습니다. 이 대상과의 결별을 떠올립니다. 헤어지는 것이 순리라고 여기며 이를 받아들입니다. 나는 겉으로는 태연한 척하지만, 속으로는 눈물을 흘리고 있습니다. 이 눈물조차도 그대로 받아들입니다. ……

나는 지금 어떤 대상과 헤어지고 있습니다. 순리대로 이를 받아들입니다. 만남이 감사하듯이 헤어짐 또한 감사합니다. 이 모든 것을 내가 알지 못하는 큰 흐름이자 섭리로 받아들입니다. 모든 것이 그저 감사합니다. 이 감사한 마음을 고스란히 느껴보시기 바랍니다. …… …… ……

지금 이 느낌을 그대로 간직한 채 셋을 세고 눈을 뜹니다. 하나, 둘, 셋!

8   심상 시 치료 멘트대로 행하고 나서의 느낌을 적는다. 혹시 아무것도 떠오르지 않았다면, 눈을 뜬 채 멘트대로 장면을 상상해서 적는다.

9   8을 충분히 나눈다. 특히, 이러한 작별을 한 뒤 깨달은 점, 배울 점이 무엇이었는지에 관해 나눈다.

치유 효과 ─────────────────────────

「진달래꽃」 속, 이별의 슬픔을 뛰어넘는 적극적인 사랑과 축복을 통해 자신의 인생에서 헤어짐을 경험하고, 이에 대한 능동적인 재해석으로 온전히 축복을 전함으로써 내면을 정리하고, 궁극적으로 자기 자신의 삶을 건강하게 세워나갈 수 있다. 심상 시 치료의 과정 중 '깊은 내면' 단계에 적합하다.

CHAPTER 11

이성

온달과 평강공주
사랑방
절

이성^{rationality}은 생각하고 판단하는 능력, 사물을 옳게 판단하고 진위^{眞僞}나 선악 또는 미추를 식별하는 능력을 말한다. 철학적으로 볼 때, 이성은 절대자를 직관적으로 인식하는 능력이며, 감성이나 오성^{悟性}과 구별되면서 이데아에 관계하는 더 높은 사고 능력을 일컫기도 한다. 호킨스가 주창했던 이성은 지성과 합리성을 포함한다. 복잡한 정보를 처리하고 판단할 수 있으며 여러 관계와 서서히 일어나는 변화와 복잡한 구조를 파악함으로써 미세한 구별을 할 수 있는 것을 뜻한다. 또한, 추상적 개념을 능숙하게 상징으로 형상화할 수 있는 것을 의미한다. 호킨스에 따르면, 객관적 세계와 주관적 세계를 혼동하지 않으나 그 자체로는 한계가 있다. 즉, 논리의 방법론이 지배하는 기술 세계에서는 효율적으로 사용할 수 있지만, 의식의 높은 수준에 이르는 것에는 큰 장애라고 본 것이다. 그래서 이성을 초월하는 경우는 사회적으로 볼 때 드물기도 하다. 이성의 에너지 수준은 호킨스에 의하면 400이다.

01

온달과 평강공주

온달과 평강공주의 치유 비평

온달과 평강공주은 실존했던 인물이다. 고구려 제25대 평원왕은 559년에서 589년까지 재위하면서 나라를 번영으로 이끈 인물이다. 그의 이름은 양성이며, 양원왕의 첫째 아들이었다. 정식 호칭은 '평강상호왕'인데, 고구려인들이 그를 훌륭한 임금으로 존경했다는 뜻으로 '호好' 자가 들어간다. 평원왕에게는 첫째 아들 원, 후에 영류왕이 되는 건무, 보장왕의 아버지인 태양, 그리고 평강공주가 있었다. 평강공주는 어린 시절부터 너무나 잘 울어서 평원왕이 놀리면서 이런 말을 자주 했다. "자꾸 울면 바보 온달한테 시집보낼 거야!"

'바보 온달'은 고구려의 수도였던 평양성 즉, 안학국성 주변에서 살았다. 집이 몹시 가난해서 밥을 빌어먹고 살았는데 시각장애인이던 어머니를 봉양했다. 항상 떨어진 옷과 해진 신을 신고 평양 시내를 돌아다녔고, 사람들이 손가락질해도 늘 명랑하게 웃으면서 받아넘겼기에 사람들은 그를 '바보 온달'이라 불렀다. 평원왕은 공주가 16세가 되자 권력가인 상부 고씨 집안과 혼인시키려고 했다. 그러자 공주는 왕한테 오래 전부터 이미 온달한테 보내기로 해놓고 왜 다른 말씀을 하냐며, 온달한테 시집가겠다고 우겼다. 이에 왕이 격노하여 마음대로 하라고 했고, 공주는 궁궐을 나와 금팔찌를 지니고 혼자 온달을 찾아 나섰다. 온달의 집에 도착해보니 맹인 노모가 있어 공주는 절을 하고 온달이 있는 곳을 물었다. 노모는 아들이 가난하고 못생겨 귀한 신분의 여자와 결혼할 수 없다고 말했다. 온달은 공주를 보자마자 사람이 아니라 여우나 귀신이니 곁에 오지 말라고 물리쳤다. 공주는 이에 굴하지 않고 사립문 아래에서 잠을 자고, 다음 날 금팔찌를 팔아 생계에 보태자며 모자를 설득했다. 지극히 영리하고 이성적이었던 공주는 온달에게 쓸 만한 말을 사 오라고 일렀다. 단, 상인이 파는 말이 아니라 나라에서 파는 말을 사되, 병들고 파리해서 내다 파는 것을 사 오라고 했다. 공주는 그렇게 사 온 말을 정성껏 가꾸어서 살찌우고 건강하게 만들었다. 게다가 공주는 온달이 훌륭한 무사가 되도록 열심히 도왔다. 온달이 글공부를 하고 말을 타고 활쏘기를 익히게 했다. 당시 3월 3일이면 낙랑 언덕에 사람들이 모여서 사냥을 하는 행사가 열렸다. 온달도 기른 말을 타고 참여했는데, 워낙 실력이 출중하여 사냥 대회에서 화제가 되었다. 마침내 평원왕이 그를 주목하고 불러들여서 누구냐고 물었다. 온달이라고 말하자 왕은 놀라며 특혜를 베풀어 온달을 장군으로 등용시켰다.

578년경 북중국의 서쪽 지역에 있던 나라인 후주가 동쪽의 북제를 멸망시키고 그 여세를 몰아 고구려를 공격해왔다. 평원왕은 군사를 거느리고 나가서 배산 아래 들판에서 싸웠다. 온달은 가장 선두에 서서 날쌘 무술을 발휘하며 적을 물리쳤다. 이에 고구려군의 사기가 충천하여 후주의 군대를 대파하였다. 그러자 평원왕은 크게 기뻐하여 정식으로 온달과 평강 공주를 궁궐로 불러들여서 공주를 용서하고 온달에게는 '대형'이라는 높은 직위를 주었다.

세월이 흘러 평원왕이 사망하고 590년에 온달의 처남인 영양왕이 왕위에 오른 후, 온달은 한강 유역의 땅을 도로 찾아오겠다고 제의하고 허가를 받아 출정한다. 그러나 온달은 신라가 차지하고 있던 아차성을 공격하던 중 화살에 맞아 죽고 만다. 온달의 시신을 넣어둔 관을 옮기려고 했으나 관이 움직이지 않았다. 평강공주는 온달의 관을 어루만지면서 이렇게 말했다. "장군, 살고 죽는 것이 이미 결정되었습니다. 이제는 돌아갑시다." 그러자 관이 움직였고, 시신은 평양으로 옮겨져서 성대한 장례식을 치렀다고 한다.[46]

온달이 '바보'라고 불릴 만큼 착하고 너그러우며 화낼 줄 모르는 성격을 지녔다면, 평강공주는 당차고 고집이 세며, 생활력이 강한 '이성'적인 면모를 가지고 있었다. 그런 까닭에 온달의 잠재력을 발굴하고, 이를 키워서 보잘것없던 그를 일국의 장군으로 이끌었다. 평강공주는 온달의 아내를 넘어서 스승이기도 했다. 이러한 평강의 지혜는 비루먹은 말을 싸게 사들여서 살찌워 명마로 키워낸 일에서도 어김없이 발휘되었다. 공주의 현명함은 전장에서 숨진 온달 장군의 시신이 움직이지 않자, 달려가서 그의 영혼을 달래주었던 일화에서도 드러난다. 생전의 목적을 달성하지 못해서 원통하겠지만, 이제 이 세상을 떠났으니 하늘의 뜻을 수용하고 돌아가자고 했던 말은 지극히 이성적이다. 남편의 죽음 앞에서 울부짖고 오열할 수도 있었을 것이다. 이성적으로 생각해보면, 그렇게 한다고 살아올 수 없다는 사실은 자명하다. 하지만 그렇게 자신을 통제하는 것은 힘들기 마련이다. 온달 장군의 마지막 순간까지 평강공주는 격정에 휩싸이지 않고 자신을 제어하면서 현실을 판단하는 뛰어난 능력을 발휘했다. 평강공주의 뒷받침이 아니었더라면 온달은 장군의 자리에 올라서지 못했을 것이다. 자신을 잘 통제하고 조절하면서 눈앞의 이익보다는 잠재력을 발견하고자 애썼던 평강공주는 뛰어난 이성의 능력을 잘 활용했던 슬기로운 인물이었다.

심상 시 치료 기법으로서 온달과 평강공주

순서 ——————————————————————

1   치료사는 '온달과 평강공주' 일화를 소개한다.

2   '온달과 평강공주'에 대해 느낌을 충분히 나눈다.

3   '내 안의 평강공주' 하면 떠오르는 단어를 적는다. '내 안의 평강공주'는 미처 깨닫지 못하고 바보처럼 둔하게 느껴지는 나에게 이성적이고 지혜로운 메시지를 전하는 '내 마음 안의 평강공주'이다. 단어를 적고, 그 이유를 함께 적는다.

4   3을 함께 나눈다.

5   다음 심상 시 치료 멘트대로 행한다.

> **(눈을 감고 간단한 복식호흡과 이완을 한 후 진행한다.)**
> **내 마음 안에는 지혜롭고 이성적인 '평강공주'가 있습니다. 나는 세상과 나에 대해 잘 알지 못하지만, 내 마음 안의 '평강공주'는 이 모든 것을 현명하게 꿰뚫어 보고 나에게 알려줍니다. 평강공주가 지금, 나에게 무엇이라고 하는지 들어보시기 바랍니다. 그리고 서로 자연스럽게 대화를 나눠보시기 바랍니다. …… …… …… 내게 이성적인 지혜와 슬기로움이 필요할 때 '○○○(순서 3에서 내담자가 적은 단어)'라고 떠올리면 내 안의 평강공주가 현명하게 어떤 메시지로 나에게 알려줄 것을 믿습니다. 이제 지금, 현재의 느낌을 그대로 간직한 채 셋을 세고 눈을 뜹니다. 하나, 둘, 셋!**

6   심상 시 치료 멘트대로 행하고 나서 평강공주와 나눴던 대화를 그대로 적는다. 혹시 아무것도 떠오르지 않았다면, 눈을 뜬 채 멘트대로 대화를 상상해서 적으면 된다.

7   6에서 적은 글을 함께 충분히 나눈다.

치유 효과

평강공주라는 이성적이고 현명한 인물의 이미지를 그대로 마음 안으로 가져와서 내 마음 안에 존재하는 현명하고 지혜롭고 이성적인 메시지를 듣게 함으로써, 합리적이고 이성적인 힘을 형성하고 증진시킬 수 있다. 심상 시 치료의 과정 중 '깊은 내면' 단계에 적합하다.

02   사랑방

사랑방의 치유 비평

사랑방^{舍廊房}은 글을 읽거나 손님을 접대하던 곳이다. 문갑, 서안, 연상, 지통 등 문방에 관련한 기구들과 팔걸이, 보료, 방석, 장침, 병풍 등의 가구들이 배치되어 있었다. 즉, 옛 선비들이 일상적으로 머물렀던 장소이자 손님을 위한 접객 공간으로 주택 외부에 위치했다. 공간은 비교적 좁은 편이나 아담하게 정리된 선과 면의 형태를 이루고 있었다.

  이런 사랑방의 용도가 지금은 이웃과 나누는 공간, 지역사회의 소모임이 열리고 정다운 이야기들이 오고 가는 곳으로 전환되어, '사랑방'이라는 이름은 원래의 취지보다 확대된 용도로 널리 쓰이고 있다. 즉, 원래 쓰였던 한자어인 집 '사舍'와 사랑채 '랑廊'이라는 말보다 '사랑'을 주고받는 공간, '사랑'이 퍼지는 공간으로 단어의 의미가 확장·확대되어 쓰이면서, 사랑방은 이웃과 소통하는 장소라는 상징성을 갖게 되었다. 또한, 옛 선조들의 집에 있었던 사랑채가 가부장적인 남성 중심의 장소였다면, 현재의 '사랑방'의 의미는 남녀노소를 불문하고 함께 어우러지는 소통의 의미를 지니고 있다. 따라서 현대에 와서 '사랑방'은 원활한 소통이 이뤄지면서 서로의 의견을 교환하면서 토론하기도 하고, 정담 어린 이야기꽃을 피우는, 사랑이 충만한 공간이라는 의미로 활용된다.

서로 대화가 통한다는 것은 감성에 바탕을 두되 이성적 작용이 활발하게 일어나는 상태로 볼 수 있으며, 사랑방은 합리적이고 이성적인 면을 활성화한다고 볼 수 있다.

심상 시 치료 기법으로서 사랑방

1   '사랑방'에 대한 느낌과 생각을 함께 나눈다.

2   '내 마음의 사랑방'에 초대하고 싶은 이, 즉 손님으로 맞이하고 싶은 사람이 누구인지 떠오르는 대로 적는다. 살아 계신 분도, 세상을 떠난 분도 괜찮다. 그리고 그 사람에 대한 이미지를 간략하게 적는다.

3   2를 충분히 나눈다. 여러 명을 적었다면, 그중 한 명을 선택하도록 한다.

4   3에서 그 사람을 선택한 이유를 나눈다.

5   다음 심상 시 치료 멘트대로 행한다.

(눈을 감고 간단한 복식호흡과 이완을 한 후 진행한다.)

나는 지금 사랑방에 있습니다. 안락하고 편안한 곳에서 손님을 기다리고 있습니다. 잠시 후 셋을 세면, 내가 원하는 손님이 문을 열고 들어설 것입니다. 셋을 세겠습니다. 하나, 둘, 셋! …… 손님이 문을 열고 들어왔습니다. 이 손님과 자연스럽게 인사를 나누고 대화를 나눠보시기 바랍니다. …… …… …… 이제, 손님과 작별 인사를 합니다. …… …… 손님은 천천히 일어나서 문을 열고 나갑니다. 나도 일어서서 손님의 뒷모습을 배웅하는 마음으로 지켜봅니다. ······ 지금, 현재의 느낌을 그대로 간직한 채 셋을 세고 현재로 돌아옵니다. 하나, 둘, 셋!

6   심상 시 치료 멘트대로 행하고 나서 손님과 나눈 대화와 느낌을 적는다. 혹시 떠올리지 않았다면, 눈을 뜬 채 멘트대로 장면을 상상해서 손님과 나눈 대화를 적는다.

7   6에서 적은 글을 함께 충분히 나눈다.

치유 효과

사랑방에 방문을 청하고 싶은 의미 깊은 존재와 대화를 나눔으로써 이성적인 판단과 지혜를 내면에서부터 습득하여 사유의 깊이를 증진하는 효과를 얻을 수 있다. 심상 시 치료의 과정 중 '마음 잇기' 단계에 적합하다.

03

절

절의 치유 비평

절은 타인에 대한 공경의 인사를 말한다. 우리나라에서는 몸을 굽혀서 인사를 하며, 공경하는 마음과 상황, 대상에 따라 굽히는 정도가 약간씩 차이가 나기도 한다. 절을 할 때는 먼저 경의敬意의 마음을 가져야 한다. 그런 다음 몸을 굽혀서 마음을 표현하는 것이다. 일반적으로 절을 하는 이는 아랫사람이고 절을 받는 이는 윗사람이다. 사람에게만 절을 하는 것이 아니라 신한테도 행했다. 예로부터 신은 감정이 있는 인격체라고 여기고 인간과 영적인 소통을 한다고 믿었으므로 살아 있는 인간에게 존경을 표하듯이 절을 했다. 민간신앙이나 무속에서는 선 채로 허리를 굽히며 손을 비비거나 꿇어앉아서 머리를 숙이며 손을 비는 '비손'의 형태를 취했다. 유교에서는 꿇어 엎드려 머리를 땅에 대고 배례를 했다. 효제충신孝悌忠信의 마음으로 윤리에 입각한 절을 행했으며, 돌아가신 조상에 대한 예를 갖추기 위해 절을 하면서 섬겼다. 불교에서는 합장 배례를 하면서 부처에 대한 공경을 행했다.

절의 역사에 대한 정확한 문헌상의 기록은 없지만, 청동기 시대나 고대 국가의 성립 시기 때 어떤 형태로든 절이 있었을 것이라고 추정된다. 절에 관한 가장 오래된 기록은 『삼국유사』의 고조선조에 나오는 단군신화에서 찾을 수 있다. 호랑이와 곰이 동굴에 살면서 사람이 되게 해달라고 신웅에게 빌었다는 대목의 '빌다祈'라는 말과 다시 사람의 여자로 화한 웅녀熊女가 아이를 갖게 해달라고 '빌고 원하였다呪願'는 말은 바로 '비손'을 뜻하는 것이라고 짐작할 수 있다.

현재 우리나라에서 행해지는 절은 크게 '선절'과 '앉은절'로 구분된다. '선절'은 똑바로 선 자세에서 고개나 허리를 굽히는 것으로, 그 굽히는 정도로 존경의 깊이를 나타낸다. 이때, 양손은 사람에 따라 다리의 양옆에 자연스럽게 놓거나 앞으로 모으기도 하는데, 양손을 모으는 것을 더 정중한 것으로 여긴다. '앉은절'은 앉은 자세로 하는 절로서 특별한 의식으로 행하는 큰절, 평상시 웃어른을 뵐 때 하는 평절, 그리고 약식 절이라고 할 수 있는 반절이 있다. 큰절은 평절에 비해 형식이 분명하고 절의 횟수도 평절의 배가 된다.

여자의 큰절은 혼자 하기 힘들고 실수할 염려도 있어 수모手母 한두 사람이 겨드랑이 밑을 부축해주었다. 손과 팔의 모양을 그대로 유지한 채 천천히 앉아서 다리를 양옆으로 벌리고 머리와 허리를 최대한으로 굽혀 바닥에 숙인다. 또는 앉을 때 왼쪽 다리를 조금 뒤로 빼고 앉아 정좌한 자세가 되도록 하고 머리와 허리를 굽히기도 한다.

남자의 큰절은 몸을 똑바로 세워 발뒤꿈치를 모으고 오른손 엄지를 왼손으로 감싸듯 해서 눈높이까지 가볍게 올렸다가 천천히 내려 바닥을 짚는다. 이어서 먼저 오른쪽 다리를 약간 뒤로 빼내어 꿇은 다음 왼쪽 다리를 무릎을 가지런하게 꿇고 허리를 굽혀서 코가 바닥에 닿을 만큼 엎드린다. 이때 등, 허리, 엉덩이가 거의 수직이 되도록 한다. 한 호흡 정도의 시간이 지난 뒤 양손과 왼쪽 무릎을 떼어 일어나면서 손을 다시 눈높이까지 올렸다가 같은 방법으로 절을 반복한 뒤 일어나서 양손을 눈높이까지 올렸다가 가슴 앞까지 내림으로써 마친다. 지역에 따라 길사와 흉사의 차이를 두어 손의 처리 방법을 달리하기도 한다. 길사에는 왼손으로 오른손을, 흉사에는 오른손으로 왼손을 각각 감싼다. 여자의 큰절은 시부모나 친정 부모에게, 또는 혼례, 상례, 제례 등의 의식에서 행한다. 대개는 재배를 하나 혼례 때 시부모를 처음 뵐 때, 사당 참배나 제사 때에는 반드시 4배를 한다. 절의 형식은 바른 자세로 서서 오른손을 왼손 위에 가볍게 얹고 양팔을 손과 수평이 되게 팔꿈치를 들어 손을 이마에 대고 머리를 약간 숙인다.

여자의 평절은 이마에 손을 대지 않은 채 앉아서 하는데, 앉는 자세는 대체로 세 종류가 있다. 양 무릎을 세우고 하는 자세, 양 무릎을 꿇고 하는 자세, 그리고 한쪽 무릎은 세우고 다른 무릎은 꿇고 하는 자세가 그것이다. 양 무릎을 세우고 하는 자세는 똑바로 서서 양손을 자연스럽게 몸의 양옆으로 드리우고 몸을 천천히 곧게 내려서 쪼그린 모양이 되게 한다. 이때 엉덩이는 바닥에 닿지 않게 하고 양손은 양옆의 바닥을 짚는다. 양 무릎을 꿇고 하는 자세는 오른쪽 무릎을 약간 앞으로, 왼쪽 무릎을 약간 뒤로 하여 비켜 앉는다. 이때 엉덩이는 왼발 위에 놓이고 손은 앞으로 모아 바닥을 짚는다. 한쪽 무릎만 세우는 경우, 왼쪽 다리는 무릎을 구부려 세우고 오른쪽 다리는 무릎을 꿇고 앉는다. 이때 엉덩이는 왼발 위에 살짝 닿게 하고 손은 양옆을 짚는다.

남자의 평절은 살아 있는 어른을 뵐 때나 조상弔喪할 때 행하는 절로서 대개 단배單拜를 한다. 절을 하는 방법은 양손을 모아 약간 위로 올리듯 하고는 큰절과 같은 방법으로 한 다음 일어났다가 무릎을 꿇고 양손을 무릎 위에 올려놓는다.

여자의 반절은 남자의 경우와 비슷한데, 아랫사람에게 답례할 때에는 왼쪽 무릎을 세우고 앉은 채 손은 상대에 따라 양옆을 살짝 짚거나 앞으로 모아 짚고 머리와 허리를 약간 숙인다.

반절은 평등한 친교 사이 또는 손아랫사람에게 답례로 하는 절이다. 경우에 따라 무릎을 꿇기도 하고 앉은 채로 하기도 하며, 손도 양손을 모아 짚기도 하고 따로 떼어서 짚기도 한다. 가장 가벼운 평절은 앉은 채로 상체나 고개를 약간 숙이는 정도에 그치기도 한다.47

이러한 절 풍습은 현재에 이르러 간소화되어, 서서 허리를 굽혀 인사를 하거나 악수나 목례로 대신하기도 한다. 하지만 격식을 차려야 할 때나 의식을 거행할 때는 반드시 절을 하며, 이러한 우리나라 고유의 풍습이 생활 속에서 고스란히 이어져 내려오고 있다.

절은 상대방을 '공경'하고 '존중'하는 마음을 갖고 몸으로 행하는 것이라는 점에서 지극히 '이성'적인 행위이다. 원망이나 질투, 상대방에 대한 부정적 생각을 가지고 있다면, 반듯한 자세로 예를 다하는 절을 하고 싶은 마음이 일지 않는다. 혹은 그런 마음을 가진 채 절을 한다면, 그렇게 한 자신의 이율배반적인 행동 때문에 갈등하거나 불편한 마음이 들 것이다. 절을 한다는 것은 겸손하게 자신을 낮추는 행위이며, 상대방을 존중하면서 예를 통해 소통하는 것이다. 앞에서 기술했지만, 인간은 인간만이 아니라 자연 만물, 현존하는 세계뿐만 아니라 알지 못하는 다른 세상에 대해서도 예를 갖추고 절을 했다. 이는 인간을 포함한 자연, 그리고 초자연을 공경하고 존경한다는 의미로 해석할 수 있다. 지구의 여러 존재 중에서 인간만이 절을 할 수 있다는 점에서 절은 '이성의 꽃'이라고 볼 수 있다. 이런 풍습은 서양에서는 잘 볼 수 없으며, 공경과 정성을 담은 인간관계와 소통을 중시하는 우리나라의 아름다운 전통이라고 할 수 있다.

심상 시 치료 기법으로서 절

순서

1 '절'의 이미지를 떠올리며 느낌을 말한다.

2 내 마음속에서 정성을 다해서 절을 하고 싶은 대상을 떠올린다. 여러 대상이 있다면, 그중에 한 명을 선택하도록 한다.

3 다음 심상 시 치료 멘트대로 행한다.

(눈을 감고 간단한 복식호흡과 이완을 한 후 진행한다.)

나는 지금 절을 하려고 합니다. 내가 절을 하고 싶은 대상은 바로 ○○○(순서 2에서 정한 대상을 말한다. 이하 같음)입니다. 지금 ○○○가 바로 앞에 앉아 있습니다. 나는 가까이 다가가서 예의를 갖춥니다. 천천히 고개를 숙이면서 온몸을 낮추며 절을 합니다. …… …… ○○○는 지금 어떤 표정을 짓고 있습니다. 어떤 표정을 짓고 있는지 바라보시기 바랍니다. ○○○이 나에게 말을 걸고 있습니다. 자연스럽게 대화를 나누고 있습니다. 어떤 대화를 나누고 있는지 그대로 지켜보시기 바랍니다. …… …… …… 이제 작별 인사를 합니다. 한 번 더 고개를 숙이고 온몸을 낮춰서 작별 인사로 절

을 하시기 바랍니다. …… …… …… 지금 이 느낌을 그대로

간직한 채 셋을 세고 눈을 뜹니다. 하나, 둘, 셋!

4   심상 시 치료 멘트대로 행하고 나서의 떠올린 대상과
     나눈 대화와 느낌을 적는다. 혹시 떠올리지 않았다면,
     눈을 뜬 채 멘트대로 장면을 상상해서 적는다.
5   4에서 적은 글을 함께 충분히 나눈다.

치유 효과

'절'이라는 행위에 담긴 정성과 공경하는 마음을 통해 스스로
예를 찾고 갖추면서 앙망하는 대상을 만나고 그 대상을 통해
격려와 위로를 얻음으로써 내면의 힘을 증진할 수 있다. 심상
시 치료의 과정 중 '마음 잇기' 단계에 적합하다.

CHAPTER 12

기쁨

마당
복주머니
부채

기쁨^{joy}은 욕구가 충족되었을 때 생겨나는 흡족한 마음이나 느낌을 말한다. 특히 성경에서는 마음이 평화, 만족, 희망으로 차 있는 상태를 일컫는다. 세상 모든 사람들이 살아가면서 느낄 수 있는 것들인 육체적인 기쁨, 일시적인 기쁨, 어리석은 기쁨 등의 유한한 기쁨과 주 안에서 거듭난 자들만이 누릴 수 있는 최후에 누릴 기쁨, 장래에 얻을 기쁨 등 영적이며 영원한 기쁨으로 구분하기도 한다.[48]

호킨스에 의하면, 기쁨은 사랑이 스며들면서 자연스럽게 내면의 기쁨을 경험하게 된다. 사건들에 대한 만족에 의해 일어나는 기쁨이 아니라 음악으로 비유하자면, 모든 활동이라는 연주에 따른 반주의 효과로 존재한다. 진정한 기쁨은 매 순간 일어나며, 내면 깊은 곳에서 솟아오르는 느낌이다. 기쁨의 에너지 수준은 540으로 이는 치유의 수준이며 영성에 기초한 자조 모임들의 수준이라고 할 수 있다. 이러한 에너지장에서는 각별한 인내심을 가지며, 역경에서도 긍정적인 태도를 유지할 수 있다. 이 상태에서 타인에 대한 연민의 정이 느껴지는데 타인을 응시할 때 사랑과 평화의 상태를 이루게 된다. 에너지 수준 500의 후반대에서는 세상이 절묘한 아름다움과 창조의 완벽함으로 빛나는 것을 감지하게 되고, 세상의 모든 것은 사랑과 신성의 표현으로 받아들일 수 있다. 개인의 의지는 신성의 의지와 하나가 되며, 신성의 현존이 느껴지기도 한다. 그것은 기적적인 현상을 촉진하며, 이러한 현상은 개인이 아니라 에너지장의 힘으로 인해 나타나게 된다. 이 수준에서는 자신의 의식 상태는 개별적인 생명의 유지가 아니라 생명 자체의 큰 이익을 위해 사용하려는 욕구가 있으며, 인류를 사랑할 수 있는 큰 능력을 갖게 된다. 때로는 이 세상에 대한 한계를 극복하고 다른 차원을 다녀오는 하나의 변형 상태인 임사 체험을 통해 이 에너지장을 얻을 수 있게 된다.[49]

01 마당

마당의 치유 비평

마당은 집의 앞뒤에 닦아놓은 평평한 땅을 말한다. 집 둘레의 빈 땅이 건축물이나 벽체에 둘러싸여 형성되는 마당과 특수한 목적을 위해 독자적으로 만든 마당으로 크게 구분된다. 마당의 '마'는 맛·맏·묻과 관련되어서 땅의 의미로 사용하고, '당'은 장場, 즉 장소의 의미를 포함하고 있다.[50]

우리나라 전통 가옥의 구조는 마당이 있었고, 집안의 대소사에서 마당을 활용하였다. 마당에 멍석을 깔고 차일을 쳐서 손님을 접대하였고, 추수철이 되면 마당에서 타작을 하고 곡식을 말리기도 했다. 또한, 농악대가 모여 놀기도 했으며, 온 가족이 모여 앉아 이야기를 나누기도 했다. 농촌의 민가에서는 안마당과 뒷마당으로 구분하였는데, 농작물의 타작, 건조, 가공 등의 작업에는 주로 안마당을 활용하였고, 주거 생활에 필요한 저장, 공급을 위한 장소인 뒷마당에는 장독대나 우물이 있었다. 중류 및 상류계급의 주택에서는 남녀의 생활공간을 구분하기 위해서 사랑 마당과 안마당으로 차이를 두었다, 사랑 마당은 직접 대문에서 통하는 개방 공간이었으며 안마당은 대문에서 몇 번 방향 전환을 해서 문과 담을 지나야만 이르게 되는 폐쇄적 공간으로 안쪽에 자리했다. 안채의 뒷마당에는 화초와 나무를 심어서 휴식을 위한 공간으로 이용하기도 했다. 행랑채의 마당에는 작업을 위주로 하는 마구간, 창고 등이 있었다. 민가 농촌의 마당에는 외양간, 돼지우리, 닭장, 농기구 창고, 곡식 창고 등이 있어서 농경 생활을 바탕으로 구성되어 생활공간의 기능을 했다. 대개 마당은 사각형으로 평평하게 다져진 땅이었다. 이처럼 우리나라 전통의 마당은 다양한 기능을 가지고 지역민들과 소통하는 공간이라는 특징이 있다.

마당은 여러 이야기가 있는 장소다. 그 집안의 사람들이 날마다 오가면서 가졌을 희로애락을 고스란히 품고 있다. 누군가를 그리워하면서 달을 보기도 했을 것이고, 정화수를 떠놓고 간곡하게 소원을 빌기도 했을 것이다. 마당에 내리는 눈을 보면서 설레기도 하고, 떨어지는 낙엽에 스산한 가슴을 쓸어내리기도 했을 것이다. 잔칫날에는 부지런히 음식을 날라서 손님들을 접대하고, 흥에 겨운 풍물패를 맞이하면서 한 해의 복을 기원했을 것이다.

이처럼 마당은 가족의 숨결이 깃든 장소이자 가족 신화가 이뤄지는 소통의 장소였다. '마당'이 주는 넉넉함 속에서 '기쁨'을 떠올릴 수 있다. 지금, 현대인들의 생활공간에서는 요원한 일이기도 하다. 대부분 아파트나 빌라에서 생활하게 되어 예전의 마당 형태는 없어졌기 때문이다. 아파트의 경우 통로가 마당을 대신하겠지만, 시멘트로 만들어진 데다 고유의 마당 기능을 수행하기에는 턱없이 부족하다. 마당이 사라진 오늘날이지만, '마당'이라는 말이 어떤 일이 이루어지는 판이나 상황에 대한 말로 쓰여 '판소리 한마당', '인형극 한마당' 같은 의미로 사용되기도 한다.

심상 시 치료 기법으로서 마당

순서

1 '마당' 하면 떠오르는 생각과 느낌을 함께 나눈다.

2 '내 마음의 마당'의 모습은 어떨지 상상해본다. 크기와
   형태를 먼저 떠올린 다음, '내 마음의 마당'에 무엇을 놓
   고 싶은지, 누구를 초대하고 싶은지를 떠올려본다.

3 2를 함께 충분히 나눈다.

4 다음 심상 시 치료 멘트대로 행한다.

(눈을 감고 간단한 복식호흡과 이완을 한 후 진행한다.)
내 마음의 마당을 떠올려봅니다. 마당의 넓이와 크기는 내
가 떠올린 그대로 이루어집니다. 내 마음의 마당을 떠올려
보시기 바랍니다. 내 마음의 마당에 내가 서 있습니다. 나는
이 마당을 어떻게 꾸미고 싶은가요? 내가 꾸미고 싶은 대로
마당을 꾸며봅니다. …… …… …… 내가 꾸민 마당에 누구
를 초대하고 싶은가요? 초대하고 싶은 누군가를 떠올려봅
니다. 이제 셋을 세면 그가 마당으로 들어설 겁니다. 하나,
둘, 셋! …… 초대하고 싶은 존재가 마당 안으로 들어섰습니
다. 내가 권하는 곳으로 앉습니다. 그와 나는 대화를 나눕니

다. 어떤 대화가 오고 가는지 그대로 들어보시기 바랍니다. …… …… …… 이제 대화를 마무리 짓습니다. 작별 인사를 합니다. 이제 셋을 세면 지금, 이 순간으로 돌아와서 눈을 뜹니다. 내 마음의 마당은 지금 모습 이대로 항상 이곳에 있습니다. 지금, 현재의 느낌을 그대로 간직한 채 셋을 세고 눈을 뜹니다. 하나, 둘, 셋!

5 심상 시 치료 멘트대로 행하고 나서의 느낌과 마당에 초대한 존재와 나눈 대화를 적는다. 혹시 아무것도 떠오르지 않았다면, 눈을 뜬 채 멘트대로 장면을 상상해서 적는다.

6 5에서 적은 글을 함께 충분히 나눈다.

치유 효과 ————————————————————————

마당으로 표현되는 '기쁨'의 장소를 내면에서 발굴해내고, 기쁨을 나누고 싶은 대상을 떠올릴 수 있다. 이러한 소통을 마음으로 행함으로써 내면의 기쁨을 창조하고 기쁨의 대화를 나눌 수 있는 긍정성을 형성할 수 있다. 심상 시 치료의 과정 중 '마음의 빛 확산' 단계에 적합하다.

02

복주머니

복주머니의 치유 비평

복주머니는 복을 불러오는 주머니라는 뜻으로 천에 길한 의미를 지닌 한자어 '수壽', '복福', '부富', '귀貴' 글자를 무늬처럼 수놓아 만든다. 우리나라의 전통 옷인 한복에는 물건을 넣을 수 있는 호주머니가 없어서 따로 주머니를 만들어 허리에 차거나 손에 들고 다녔다. 이왕이면 복을 불러들인다는 의미에서 길상吉祥의 의미를 담아 주머니를 만들어 착용했다. 신라시대부터 모든 시대에 걸쳐 남녀 모두 사용하였고, 그 신분에 따라서 감이나 색상을 다르게 했다. 여자들은 한복을 입고 나들이를 할 때 장식을 겸해서 들고 다니기도 했다. 바탕천으로는 여러 가지 색채의 비단이나 무명을 썼고, 형태는 양 모서리가 각이 진 귀주머니와 전체가 둥그스름한 모양의 두루주머니로 나눌 수 있다. 새해나 정월 초하루에 새해맞이 선물로 친척, 자손들한테 나눠주기도 했다. 이 풍습은, 조선시대 궁중에서 음력 정월 첫해 일(상자일上子日, 정초 십이지 일의 하나로 첫 쥐날이라고 부름)에 볶은 콩 한 알씩을 붉은 종이에 싸서 넣은 주머니를 종친들에게 보내주던 풍습으로 인해 비롯되었으며, 이는 쥐날에 주머니를 차면 그해 내내 귀신이 물러가고 만복이 온다고 믿는 데에서 비롯되었다.[51]

복주머니는 복을 불러온다는 주술적인 의미에서 복조리와 비슷한 맥락을 가진다. 다만, 걸어두는 복조리에 비해, 복주머니는 안에 소지품을 넣어 갖고 다닐 수 있다는 점에서 실용적이었다. 복주머니를 만드는 과정에서 복을 염원하는 마음과 정성이 수놓아지면서 복주머니를 전해줄 대상을 떠올리며 잘되기를 기원하는 마음도 함께 담겼다. 복주머니를 전해 받은 이는 그것을 전해준 이의 간절한 기도를 함께 받고 행복했을 것이다. 복주머니를 가지고 다니면서 복이 들어올 것을 믿는 마음은 인간이 가진 자만을 내려놓는 것과도 연결된다. 즉,

초월적인 힘을 인정하고 인간의 행위로 만사가 결정되는 것이 아님을 겸손하게 받아들이는 마음을 읽을 수 있다. 열심히 노력했으니 마땅히 복을 받아야 한다는 당위성이 아니라, 하늘의 뜻으로 복을 받을 수 있기를 기원하는 겸허한 마음이 깃들어 있다. 마음을 먹고 행동으로 옮기는 것은 인간이 하되, 그 일의 성사는 하늘의 뜻임을 수용하는 마음이 담겨 있는 것이다. 단순히 실용적인 주머니가 아니라 복을 염원하는 복주머니는 '복'을 생각하고 복 받을 것을 기대하는 마음으로, 복이 임했을 때의 기쁨까지 미리 간직하고 있다.

심상 시 치료 기법으로서 복주머니

순서 ————————————————————————

1　'복주머니'에 대한 생각과 느낌을 떠오르는 대로 나눈다.

2　'내 마음의 복주머니'는 어떤 모양이고 색깔일지 상상해본다. 색연필이나 사인펜으로 모양을 그리고, 주머니에 새길 글자를 적고 색칠을 한다.

3　'내 마음의 복주머니' 안에 들어올 글자의 의미를 2 그림의 여백에 펜으로 적는다.

4   3을 충분히 나눈다.

5   다음 심상 시 치료 멘트대로 행한다.

(눈을 감고 간단한 복식호흡과 이완을 한 후 진행한다.)

내 마음의 복주머니가 있습니다. 나에게 복을 주는 주머니입니다. 내 마음의 복주머니를 내가 떠올린 그대로 지금 다시 떠올려봅니다. …… 내 마음의 복주머니 글자를 그대로 떠올려봅니다. 이 글자의 의미를 생각하면서 떠올려보시기 바랍니다. …… 지금, 복주머니 안에 내가 원하는 복이 담겨 있습니다. 어떤 복이 담겼는지 그대로 떠올려보시기 바랍니다. 지금, 이 복주머니 안에 담겨 있는 복이 나에게 뭔가 말을 걸고 있습니다. 어떤 말을 하고 있는지 들어보시기 바랍니다. 그리고 나도 뭔가 답을 합니다. 자연스럽게 복주머니 안의 복과 대화를 나눠보시기 바랍니다. …… …… …… 자, 이제 이 복이 복주머니 안에 담겨서 내 마음 안에 이미 들어와 있습니다. 나는 지금, 오로지 감사하고 있습니다. '감사합니다'라는 말을 속으로 말해주시기 바랍니다. …… …… 감사하는 이 느낌을 그대로 간직한 채 셋을 세고 눈을 뜹니다. 하나, 둘, 셋!

6　심상 시 치료 멘트대로 행하고 나서 복주머니에 어떤 복이 담겼는지, 복주머니와 어떤 대화를 나누었는지, 어떤 느낌이었는지를 적는다. 혹시 떠오르지 않았다면, 눈을 뜬 채 멘트대로 장면을 상상해서 적는다.

7　6에서 적은 글을 함께 충분히 나눈다.

치유 효과

자신의 마음 안에 복을 넣는 적극적인 마음으로 인해 복을 받을 수 있음을 깨닫고, 이러한 마음의 행위를 통해 능동적이며 수용적인 조화로운 기쁨을 체험할 수 있다. 심상 시 치료의 과정 중 '마음의 빛 확산' 단계에 적합하다.

03

부채

부채의 치유 비평

부채는 손으로 흔들어 바람을 일으키는 물건을 말한다. 대오
리로 살을 하고 종이나 헝겊 따위를 발라서 자루를 붙여 만든
다. 우리나라 전통 부채는 태극선, 미선, 합죽선, 부들부채, 까
치선이 있다. 인류가 처음으로 사용한 부채는 큰 나뭇잎이었
을 것으로 추정된다. 우리나라 문헌 가운데 부채에 관한 가
장 오래된 기록은 『삼국사기』 「견훤조」에 "우리 태조를 추대
하여 즉위하였다. 견훤은 이 말을 듣고 그해 8월에 일길찬^{一吉}

澳 민극^{閩部}을 파견하여 이를 하례하고 드디어는 공작선^{孔雀扇}과 지리산 대화살^{竹箭}을 보냈다"라는 구절이 등장한다. 이를 통해 우리나라에는 고려 초인 10세기에 이미 부채가 있었음을 알 수 있다.[52]

부채는 예로부터 바람을 일으키거나 먼지를 날려 청정하게 하는 기능이 있었으며, 재앙을 몰고 오는 액귀나 병을 일으키는 병귀 같은 사^邪를 쫓는다고도 믿었다. 단오에 부채를 선물하는 풍습이 있었는데 이를 염병을 쫓는 부채라는 뜻으로 벽온선^{辟瘟扇}이라고 하였다. 신명 나는 굿판을 벌이는 가운데에서도 부채를 들고 무춤을 추기도 했는데 이때는 신을 부르는 상징으로 활용하였다. 신랑이 신부를 맞이하기 위해 백마에서 내려 신부 집 문으로 들어서면서 얼굴을 가릴 때는 파란 부채를 썼으며, 신부가 초례청으로 나올 때는 신부 얼굴을 가리기 위해 수모가 빨간 부채로 가려주기도 했다. 이때 부채는 신랑과 신부의 동정의 표상이기도 했다. 국상이나 친상을 당하면 그림이나 글씨가 없는 '소선^{素扇}'을 2년 동안 지니고 다녔다. 이는 군부^{君夫}를 잃은 죄인이 얼굴을 들고 다닐 수 없다 하여 얼굴을 가리기 위한 것이었다. 또한, 양반집 부녀자는 내외하기 위해 낮 외출을 삼갔는데, 부득이 외출할 때는 부채로 얼굴을 가리고 다니기도 했다. 이런 풍습은 태종 14년에 이르러 부채 대신 모자 앞에 발을 드리워 염모로 얼굴을 가리고 다니는 것으로 바뀌었고, 이 염모는 머리에서 상반신을 덮어씌우는 장옷으로 발전하였다. 그런 후로는 부채를 들고 다니는 여자는 기생과 무당으로 국한되었다.

부채는 방구부채와 접부채로 나뉜다. 방구부채란 부챗살에 깁綃이나 비단 또는 종이를 붙여 만든 둥근 형태의 부채를 말한다. 한자로는 단선團扇 또는 원선圓扇이라고 한다. 접부채는 접었다 폈다 할 수 있게 부챗살에 종이를 붙여 만든 것이다. 한자로는 접선摺扇 또는 접첩선摺疊扇이라고 한다. 접부채 중에서 부챗살은 10골에서 60골까지 다양하다. 단옷날을 앞두고 임금에게 부채가 진상되면 임금은 그 부채를 신하들에게 하사했는데, 벼슬의 품수에 따라 부챗살의 골수를 맞추어 냈다. 부챗살의 골수뿐 아니라 부채 끝에 다는 패물로도 신분을 식별했다. 비취나 호박, 서각犀角 등을 단 것은 품수가 높고, 옥이나 쇠뿔이면 중간, 쇠붙이면 낮은 신분이었다. 또 3품 이상의 벼슬아치에게 하사하는 부채에는 내의원에서 만든 옥추단에 구멍을 뚫어 다는데, 가지고 다니다가 복통이나 곽란(霍亂, 음식이 체하여 토하고 설사하는 급성 위장병) 등이 생기면 이 선초扇貂의 옥추단을 긁어 타 마심으로써 응급 처치를 하였다.[53]

우리나라에는 '별선別扇'이라는 특별한 부채가 있다. 문헌상

에만 남아 있고 지금은 볼 수가 없는데 고려시대의 송선松扇,
부드러운 솔가지를 엮어 만든 것 등을 말한다.

　이처럼 부채의 기능과 모양은 다양했지만, 일반적으로 '부
채'는 바람을 일으키는 역할을 한다. '바람'이 꼭 필요한 순간
에 부채를 부치는 것이다. 바람은 잡귀나 악귀를 쫓아낼 때,
더위를 쫓아낼 때, 부끄러움을 쫓아낼 때 필요했다. 또한, 바
람은 신을 불러들일 때도 필요했다. 부채는 쫓아내고 불러들
이는 바다의 밀물과 썰물 같은 역할을 가지고 있었다. 즉, 우
주의 음과 양을 동시에 품고 조화를 이룬 것이 부채의 역할이
다. 그것은 바로 부채가 지닌 '환기'의 기능 때문이다. 마음에
담아둔 것들이 정체된 것이라면, 부채를 부쳐서 날리고 불러
옴으로써 기운이 도는 것, 즉, 환기해서 정화되는 것을 의미
했다. 원활한 환기를 위해서 적극적인 행동으로 옮기는 것이
바로 '부채질'이다. 약을 달이면서 불이 잘 붙도록 부채질을
할 때는 거기에 지극정성의 마음이 깃들어 있었다. 굿판에서
부채는 신을 잘 불러들이기 위한 도구로 쓰였다. 판소리나 시
조를 읊을 때 간간이 부채를 폈다 오므렸다 하는 너름새의 도
구가 되기도 했다. 부채는 쫓아내거나 불러들이거나 간에 '기
쁨'을 주는 존재였으므로 부채를 선물하는 풍습이 지금까지
도 이어져오고 있다.

심상 시 치료 기법으로서 부채

순서 ——————————————————————————

1   '부채'에 대한 느낌, 생각을 나눈다.

2   '내 마음의 부채'는 어떤 모양일지 직접 색연필이나 사
    인펜으로 그리고, 그 부채로 어떤 것을 부쳐서 내 안으
    로 들어오게 할지를 상상해 부채 모양 위에 적게 한다
    물질이 아니라 비물질, 즉 마음을 적는다. 예를 들면 기
    쁨, 사랑, 여유, 감사, 용서 등이다.

3   부채 그림의 여백에 부채의 이름을 정해서 적고, 그 이
    름을 정한 이유를 적는다.

4   2와 3을 충분히 나눈다.

5   다음 심상 시 치료 멘트대로 행한다.

(눈을 감고 간단한 복식호흡과 이완을 한 후 진행한다.)

지금, 나는 내 마음의 부채를 만났습니다. 내 마음의 부채를

○○○(순서 3에서 정한 이름을 말한다. 이하 같음)이라고

이름 지었습니다. 이 부채는 ○○○(순서 2에서 쓴 글을 읽

는다)을 내 안으로 들어오게 합니다. 지금, 내가 이 부채의

이름을 세 번 부르면, 이 부채는 내 마음에서 내가 원한 ○○

○(순서 2에서 쓴 글을 읽는다)을 나에게 오도록 부칠 것입니다. 자, 이제 부채의 이름을 세 번 불러보시기 바랍니다. ○○○, ○○○, ○○○(앞에서 정한 부채 이름을 세 번 말한다). 지금 나는 이 부채를 부치고 있습니다. 그리고 내가 원한 것이 내 안에 들어왔습니다. …… 지금의 느낌이 어떤지 고스란히 느껴보시기 바랍니다. …… …… 네, 좋습니다. 이제 내가 언제 어디서나 부채의 이름을 세 번 부르면 이렇게 내 마음의 부채인 ○○○을 부칠 것입니다. 이 느낌을 그대로 간직합니다. 이제 셋을 세고 눈을 뜹니다. 하나, 둘, 셋!

6   심상 시 치료 멘트대로 행하고 나서의 느낌을 적는다. 혹시 떠올리지 않았다면, 눈을 뜬 채 멘트대로 장면을 상상해서 적는다.

7   6에서 적은 글을 함께 충분히 나눈다.

치유 효과

환기와 정화의 성질을 지닌 부채를 통해 마음으로 불러일으켜서 내가 원하는 것이 무엇인지를 자각하고, 이를 적극적으로 불러오는 행위를 통해 긍정적인 내면의 힘을 형성할 수 있다. 심상 시 치료의 과정 중 '내면 진입' 단계에 적합하다.

CHAPTER 13

평화

엄마야 누나야
정자
풍경

평화^{peace}는 전쟁이나 분쟁 또는 일체의 갈등이 없는 평온하고 화목한 상태를 말한다. 호킨스는 이 단어의 뜻을 확장해서 '평화'가 초월, 참 나에 대한 각성, 신을 의식하는 것과 관련이 있다고 보았다. 이 에너지장을 개인이 온전하게 경험하는 경우는 지극히 드물며, 이 상태에서는 주체와 객체 간의 구별이 사라지고 무경계가 된다. 세상에서 물러나는 체험을 하는데, 뒤따라 일어나는 지복^{至福}의 상태로 인해 일상생활의 활동을 할 수 없기 때문이다. 이 수준에 이르면 영적인 스승이 되거나 무명으로 인류의 향상을 위해 노력한다. 또는 각자의 분야에서 위대한 업적을 이루면서 사회에 큰 기여를 하기도 한다. 성인의 위엄을 가지며, 공식적으로 성인으로 칭할 수도 있지만, 이 수준에서 이뤄진 것은 형식적인 종교를 초월하며, 모든 종교가 이 속에서 기원하는 순수한 영성으로 들어서게 된다. 평화의 에너지장은 600이며, 이 수준에서 지각은 아주 천천히 일어나고 시간과 공간이 멎고, 모든 만물이 살아 있고, 광채를 발하게 된다. 호킨스에 의하면, 이 에너지장으로 승화된 미술, 음악, 건축물 등의 예술 작품들은 일시적으로 우리를 의식의 높은 수준으로 끌어올릴 수 있으며, 인간 세상을 초월해서 영감을 불러일으키는 작용을 한다.

호킨스가 말한 에너지장으로서의 '평화'는 영적 감응의 의미가 짙다. 페니 피어스$^{Penny Peirce}$에 따르면, 감응력은 자신의 육체적, 감정적 느낌과 감각을 알아차리는 능력이다. 또한, 감응이란 감응력을 무언가에 침투시켜 그것과 하나가 되고 잠시 그것 자체로서 존재하는 것이다.[54] 영적인 감응력은 영적인 세계에서 하나가 되어 머무는 것을 의미한다. 이 글에서는 '평화'의 의미를 초월적이고 고차원적인 해석 이전의 '평온'과 '화목'에 초점을 둘 것이다. 호킨스가 정의한 '평화' 에너지장을 체험하게 되는 경우는 그의 말대로라면, 천만 명 중의 한 명으로 몹시 드물고, 그러한 경지를 체험하기가 어려우므로 치유 비평의 시각에서 접근하기에는 무리가 있기 때문이다. 하지만 통상적으로 '평화'가 가지는 의미를 바탕으로 그러한 영적 감응력으로서의 평화에 도달한다는 것은 자명한 이치이다. 그러므로 '평화' 에너지장의 바탕이 되는 의미에서의 '평화'로 접근하고자 한다.

01 엄마야 누나야

엄마야 누나야의 치유 비평

〈엄마야 누나야〉는 김소월이 지은 시에 김광수가 곡을 붙여 만든 노래다. 노래 가사가 된 시는 1922년 1월호《개벽》에 발표되었다가 시집 『진달래』(1925)에 수록되었다. 4행으로 된 민요조의 서정시이다. 민요조의 가락과 반복적인 운율로 따라 부르기 쉽고, 그리움을 자아내는 곡조로 널리 불렀다. 이 노래는 현재 초등학교 교과서에 수록되어 있다. 가사는 다음과 같다.

엄마야 누나야 강변 살자 / 뜰에는 반짝이는 금모래빛 /

뒷문 밖에는 갈잎의 노래 / 엄마야 누나야 강변 살자

우리나라 사람이라면, 한 번쯤 불러보거나 흥얼거려봤음 직한 노래다. 노래를 부르는 주체는 소년이다. 강변에 함께 모여 살고 싶은 소망을 읊었다. 넓은 강변에 깔려 있는 하얀 모래들이 햇빛을 받아 찬란한 금빛으로 펼쳐져 있다. 모래로 성을 만들기도 하고 모래 위에 낙서도 하면서 강변을 뛰논다. 한참을 그렇게 놀다가 집으로 돌아오면 뜰 안에도 한가득 금모래빛이 출렁거리고 있다. 어디선가 날아온 갈매기가 지붕 위를 선회하면서 집 안을 기웃거리고 있다. 집 안 가득 울려 퍼지는 엄마와 누나의 웃음소리, 사각사각 과일을 깎는 소리, 멸치를 다듬으며 나는 비릿하고 고소한 내가 물씬물씬 피어오른다. 저녁놀이 번질 무렵에는 뒷문 밖으로 갈잎이 서로의 얼굴을 비비대고 있다. 자글자글 된장국을 끓이는 소리가 부엌에서 들려오고 "밥 먹자!" 하고 부르는 다정한 목소리가 평온한 저녁을 채워준다. 강변에서 강을 바라보며 살아가는 가족의 일상이 그려진다. '강'이라는 상징은 흘러가는 물의 의미를 지니고 있기에 무엇보다 여성성을 의미한다. 비슷한 상징의 맥락으로 '바다'가 어머니를 뜻한다면, '강'은 어머니를 포함하여 보편적인 여성의 이미지를 지니고 있다. 강은 대지의 젖줄이기도 하다. 자연스럽게 강은 어머니, 누나와 연결된다. 이들에 대한 그리움과 평화의 이미지가 고스란히 노래 속에 녹아 있다.

심상 시 치료 기법으로서 엄마야 누나야

순서 ────────────────────────────

1 〈엄마야 누나야〉 노래를 함께 부른다.

2 1의 느낌을 충분히 나눈다.

3 이 노래를 나에게 적용해서, 나는 누구와 어디에서 살고 싶은지, 그곳은 어떤 곳인지 구체적으로 적는다.

4 3을 적은 느낌을 단어 하나로 표현하고 그 이유를 적는다.

5 4를 충분히 나눈다.

6 다음 심상 시 치료 멘트대로 행한다.

(눈을 감고 간단한 복식호흡과 이완을 한 후 진행한다.)

나는 지금 내가 원하는 곳에 있습니다. 이곳에서 ○○○(순

서 3에서 적은 존재)와 함께 살고 있습니다. 현재의 느낌을 고스란히 느껴보시기 바랍니다. 어떤 느낌이 드는지 떠올려보시기 바랍니다. …… …… 지금, ○○○(순서 3에서 적은 존재)이 나에게 말을 걸고 있습니다. 어떤 말을 하는지 들어보면서 자연스럽게 대화를 나눕니다. 어떤 대화가 오고 가는지 그대로 들어보시기 바랍니다. …… …… …… 자, 이제 대화를 마무리합니다. 나는 내가 원하는 곳으로 언제든지 갈 수 있습니다. 이곳으로 올 때는 ○○○(순서 4에서 적은 단어)라고 세 번 말하면 됩니다. 그러면 언제, 어디에 있든 이곳으로 다시 올 수 있습니다. …… 자, 지금, 현재의 느낌을 그대로 간직한 채 셋을 세고 눈을 뜹니다. 하나, 둘, 셋!

7 심상 시 치료 멘트대로 행하고 나서의 느낌과 함께 나눈 대화를 적는다. 혹시 떠오르지 않았다면, 눈을 뜬 채 멘트대로 장면을 상상해서 적는다.

8 7에서 적은 글을 함께 충분히 나눈다.

치유 효과

부드럽지만 대지를 적시는 큰 힘을 가진 '강'의 여성성을 내면으로 가지고 와서 평온함과 안락함을 느끼고, 이와 어울리는 존재를 불러내어 상징적이고 의미 있는 마음의 대화를 통해 내면의 긍정성을 체험할 수 있다. 심상 시 치료의 과정 중 '깊은 내면' 단계에 적합하다.

02

정자

정자의 치유 비평

정자亭子는 경치가 좋은 곳에서 쉬거나 풍류를 즐기며 정서를
환기하기 위해 마련된 건축물로, 벽이 없는 것이 특징이다.
기둥과 지붕만 있도록 지어서 바닥을 마루로 깐 것도 있고,
바닥의 한 부분에 온돌방을 둔 것도 있다. 정자는 살림집과
다르게 쉬거나 유람하는 공간으로 낮은 마루를 가지고 있으
며, 누樓와 대臺보다 규모가 훨씬 작고 평면이 장방형, 육각형,
팔각형의 단층 구조다. 정자는 '정각亭閣' 또는 '정사亭榭'라고도

하는데 '사榭'는 높은 언덕, 혹은 대 위에 세운 집을 의미한다. 정자는 이름을 지어 앞에 붙이되 끝말은 '당堂', '헌軒', '정亭' 등으로 불렀다. 보통 개인이 건축했지만, 여러 사람이 함께 공유하면서 어울렸다. 정자는 그 지역 선비나 문인들의 휴식처였고, 뜻이 통하는 벗들과 함께 모여 시를 짓거나 정세를 논의하는 정치 토론의 장이기도 했으며 때로는 제자들을 가르치는 교육의 장소이기도 했다.

문헌상 나타나는 최초의 정자는 태조가 왜구를 물리치기 위하여 서해도 해주海州에 가서 관아의 동쪽에 있는 정자에서 여러 장수들과 만났다는 『조선왕조실록』의 기록에서 찾을 수 있다. 이 문헌에서 정자는 관아의 부속 건물을 의미하는 것으로 보인다. 그보다 더 구체적으로는 1394년(태조 3)의 판문하부사 안종원이 그가 거처하는 정자를 '쌍청정雙淸亭'이라 하였다는 기록이 있다.[55]

정자는 대개 물 좋고 산 좋은 곳에 위치한다. 정자에 앉아서 환담을 나누거나 명상에 잠기기도 한다. 자연의 일부인 인간이 일상의 갖은 고초와 근심을 잠시 내려놓는 공간이 바로 정자이다. 정자 위에 머무는 동안은 생활의 터전으로서의 삶을 잠시 쉴 수 있다. 누구나 정자 위에 있을 때는 편안하고 느긋해진다. 조급해할 것도 안달할 것도 없다. 구름이 제각각 모양을 바꾸면서 바람을 타고 하늘을 유영하듯이, 인간사도 흘러가는 대로 내맡기면 될 것이라고 넌지시 알려주고 있다. 양다리를 뻗고 앉거나 아예 대자로 뻗어서 누울 수도 있다. 정자는 바삐 돌아가는 삶과 거리를 두고 자연과 하나가 될 수 있는 공간이다. 잡념으로 가득 찬 머리를 개운하게 씻어내어 마음의 여유를 되찾는 곳이기도 하다. 세파에 찌든 마음을 꺼내 시원한 바람으로 헹굴 수 있는 정자에서는 마음 깊은 곳에서 살고 있던 시인이 불쑥 고개를 내민다.

심상 시 치료 기법으로서 정자

순서 ───────────────────────────

1   치료사는 '정자'의 기능에 대해 설명하고, '정자' 하면 어떤 느낌이 드는지 함께 나눈다.

2   '내 삶의 정자'는 어떤 것인지 생각해보고 적는다. '내 삶의 정자'라는 의미는 힘든 삶 속에서 잠시 쉬면서 재충전하는 것을 말하며, 스트레스를 효율적으로 조율할 수 있는 탁월한 자신만의 방법을 의미한다.

'내 삶의 정자'는 어디에 있는지, 그곳에서 재충전하기 위해 무엇을 하고 싶은지 적는다. 즉, 구체적으로 어떤 방법으로 행할 것인지, 어떻게 시도하고 싶은지(이미 하고 있는 것, 혹은 경험하지 않았지만 앞으로 하고 싶은 것 둘 다 가능하다. 단, 자연과 함께할 수 있는 것에 국한하여 적는다)를 적는다.

3   '내 삶의 정자' 하면 떠오르는 단어를 적고, 그렇게 적은 이유를 적는다.

4   3을 충분히 나눈다.

5   다음 심상 시 치료 멘트대로 행한다.

(눈을 감고 간단한 복식호흡과 이완을 한 후 진행한다.)
내 마음의 정자가 있습니다. 내가 원하는 장소에 원하는 모습으로 있습니다. 나는 이 정자에 다가갑니다. 이제, 이 정자에 왔습니다. 정자 위에 올라갑니다. 여기에서 나는 편안하게 내 몸과 마음을 이완합니다. 이제, 정자 위에 있는 나를 떠올려보시기 바랍니다. 나는 나를 내려다볼 수 있습니다. ······ ······ ······ 나는 정자 위의 내 모습을 그대로 지켜보고 있습니다. 정자 위의 내가 나에게 말을 걸고, 나는 대답을 합니다. 어떤 말을 주고받는지 대화를 그대로 들어보시기 바랍니다.

······ ······ ······ 이제 대화를 마무리합니다. 작별 인사를 나

눕니다. …… 내 마음의 정자는 이 모습 이대로 늘 그곳에 있습니다. 내가 ○○○(순서 3의 단어)라고 세 번을 말하면, 내 마음의 정자에 갈 수 있습니다. …… 지금, 현재의 느낌을 그대로 간직한 채 셋을 세고 눈을 뜹니다. 하나, 둘, 셋!

6   심상 시 치료 멘트대로 행하고 나서 정자 위에서 나와 나눈 대화와 느낌을 적는다. 혹시 떠올리지 않았다면, 눈을 뜬 채 멘트대로 장면을 상상해서 적는다.

7   6에서 적은 글을 함께 충분히 나눈다.

치유 효과

쉼과 안식을 위한 평화의 공간인 '정자'의 이미지를 떠올리고, 생활 스트레스와 일상의 고단함으로부터 안식이 되는 '정자'를 심상으로 체험하고 느낌으로써 내면의 환기와 마음의 이완을 경험할 수 있다. 심상 시 치료의 과정 중 '깊은 내면' 단계에 적합하다.

03

풍경

풍경의 치유 비평

풍경風磬은 처마 끝에 다는 작은 종이다. 붕어 모양의 쇳조각을 달아서 바람이 부는 대로 흔들리면서 소리가 나게 되는 구조를 가지고 있다. 또한, 풍경은 법당이나 불탑의 처마 또는 옥개 부분에 매달아 소리가 나게 하는 장엄구를 말한다. 장엄구莊嚴具는 부처의 위대함과 숭고한 정신, 지극한 덕을 중생들에게 보다 효과적으로 알리기 위한 방편으로 불상 주위를 아름답고도 엄숙하게 장식하는 것을 일컫는다. 풍경을 '풍령風鈴'

또는 '풍탁風鐸'이라고도 한다. 바람에 흔들려서 소리가 나게 하는 구조다. 풍경은 수행자의 나태와 방일함을 깨우치는 역할을 한다. 풍경의 방울에는 대개 고기 모양의 얇은 금속판을 매달아두었다. 고기가 잘 때도 눈을 감지 않는 것과 마찬가지로 수행자는 언제나 깨어 있어야 한다는 의미를 지닌다. 풍경은 일반 범종의 형태를 취하고 있다. 큰 것은 20센티미터가 넘는 것도 있으나 대부분 10센티미터 내외이다. 대표적인 유물로는 신라 감은사지에서 출토된 청동 풍경이나 백제 미륵사지에서 출토된 금동 풍경이 있다.

종 아래 매달려 있는 물고기는 유유자적하다. 매달려 있는데도 한가롭다니 이상하게 들릴 수 있겠지만, '풍경'을 직접 보면 누구나 그렇게 여길 것이다. 바람 따라 흔들리는 폼이 꼭 바람과 노는 듯 보인다. 허공을 자유롭게 헤엄치는 것 같기도 하다. 물고기가 매달려 있는 것이 아니라 물고기가 종을 이끌고 다니는 것처럼 느껴진다. 물고기가 종을 칠 때마다 경쾌하면서 은은한 소리가 울려 퍼진다. 소리조차 여유롭다. 풍경 소리는 바람이 부르는 노래다. 원래의 범종이 강하고 깊다면, 풍경에 달린 종이 울리는 소리는 가볍고 높다. 풍경에 있는 종과 물고기와 소리는 바람과 한데 어울려 있다. 그러니까 풍경을 완성하는 것은 '바람'이라고 할 수 있다. 바람이 불면

부는 대로 멈추면 멈추는 대로 흐름을 탈 줄 아는 풍경을 보고 있으면 뭔가 깨달아지는 것이 있다. 순리대로 수용하면서 사는 삶이 최고의 삶이다. 제 소리를 낼 줄 알되 그게 다가 아니어야 한다. 풍경은 보는 이의 마음을 평화로 이끄는 역할을 한다.

심상 시 치료 기법으로서 풍경

순서 ——————————————————————————

1   치료사는 직접 '풍경'을 준비하거나 '풍경 소리'가 녹음된 파일을 준비해서 내담자한테 들려준다. 시간과 장소가 허락된다면, 풍경이 있는 곳으로 직접 찾아가서 진행해도 좋다.

2   풍경 소리를 들으면서 느낌을 나눈다.

3   풍경 소리를 들으면서 '마음의 메시지'를 느끼고 이를 적는다. '마음의 메시지'는 지금, 현재, 이 순간에 문득 떠오르는, 나에게 전해줄 느낌과 생각을 일컫는다.

4   3을 충분히 나눈다.

5   다음 심상 시 치료 멘트대로 행한다.

(눈을 감고 간단한 복식호흡과 이완을 한 후 진행한다.)

나는 내 마음 안으로 들어갑니다. 내 마음은 마치 원처럼 동그랗게 생겼습니다. 원 밖에서 점점 원 안으로 들어가봅니다. 조금 더, 좀 더, 천천히 동그라미 안으로 들어가봅니다. …… 네, 좋습니다. 나는 내 마음의 중심 가까이에 와 있습니다. 이제 유리문을 열고 들어가면, 내 마음의 중심을 만날 수 있습니다. 제가 셋을 세면, 문을 열고 내 마음의 중심에 들어가면 됩니다. 셋을 세겠습니다. …… 하나, 둘, 셋! 이제 문이 열렸습니다. 나는 한 발자국 안으로 걸음을 내딛습니다. …… 내 마음의 중심에 다가갑니다. 중심에 하얀 천이 덮여 있습니다. 이 천을 걷으면 너무나 찬란하고 아름답고 나만의 고유한 색깔을 가지고 있는 보석이 나타날 것입니다. 이 천을 걷어보겠습니다. 제가 셋을 세면 이 천의 한 자락을 잡고 당겨보시기 바랍니다. …… 하나, 둘, 셋! 네, 이제 이 보석을 바라보시기 바랍니다. 어떻게 생겼나요? 어떤 모양인지, 광채는 어떤지, 크기는 어느 정도인지 바라보시기 바랍니다. …… …… 내 마음의 중심에 늘 변함없이 존재해온 보석입니다. 이 보석에 대한 느낌을 고스란히 느껴보시기 바랍니다. …… …… …… 보석은 내가 찾을 때마다 이렇게 빛을 발하며 이 모습 이대로 존재할 것입니다. 미처 내가 생각하지 못하거나 잊어버릴 때도 이 보석은 여전히 이 모습으로 존재합니다. 지금, 이 느낌을 가슴 깊숙이 간직하시기 바랍니다. …… 이제 셋을 세고 눈을 뜹니다. 하나, 둘, 셋!

6 심상 시 치료 멘트대로 행하고 나서의 느낌을 적는다. 혹시 떠올리지 않았다면, 눈을 뜬 채 멘트대로 장면을 상상해서 적는다.

7 6에서 적은 글을 함께 충분히 나눈다.

치유 효과

마음의 긍정성을 표상한 '빛'과 '보석'을 자각함으로써 내면의 힘을 체험할 수 있다. 이로써 삶에 대한 적극적이고 진취적인 자세를 가지며, 이러한 긍정성의 획득은 삶 속에서 핵심적이고 중추적인 역할을 할 수 있는 원동력을 제공한다. 심상 시 치료의 과정 중 '마음의 빛' 단계에 적합하다.

CHAPTER 14

깨달음

상엿소리
아리랑
까치밥

깨달음은 생각하고 궁리하다가 마침내 알게 되는 것을 뜻한다. 종교적인 차원에서 깨달음은 우주의 탄생, 인간의 존재, 인격의 완성, 자기실현 같은 근본적인 진리를 알아차리는 것을 말한다. 모든 이는 신성과 결합되어 있으며 신성과 동일시된다. 호킨스가 주창한 바에 따르면, 깨달음의 에너지장에서는 개별적이고 사적인 자기 경험이 아니라 '참 나'의 의식 및 신성과 동일시되어 인간계에서 의식 진화의 정점을 이루게 된다. 종종 위대한 가르침은 대중의 의식을 향상하게 하고 인류의 지혜를 신장시키는데, 이러한 가르침의 능력을 가지게 되는 것이 바로 은총이라고 할 수 있다. 이러한 은총이 가져다주는 선물은 한마디로 정의할 수 없다. 그것은 언어 너머에 있는 초월적 세계에서 오는 것이기 때문이다. 단지 은총 자체로 무한한 평화를 경험하게 될 뿐이다. 깨달음의 에너지장에서 무한한 평화와 '참 나'와 융합을 이룸으로 비이원성, 완전한 하나를 경험하게 된다. 모든 것에 앎이 존재하고 깨달음이 도처에 있다. 에너지 수준은 700부터 시작해서 신성한 은총 수준 정도라면 1,000으로 측정된다.

불교에서는 선정禪定 또는 삼매三昧에 들어가도록 수행할 것을 장려한다. 선정이나 삼매를 통해서 불교적 진리를 아는 지혜를 획득하고 깨달음을 얻을 수 있다고 여겼다. 존재의 의미와 더불어 우주 만물의 근본 생성 원리를 아는 것이 바로 깨달음이다. 따라서 깨달음은 자아에서 해탈해서 자유롭게 되고, 무애無碍의 작용으로 새로운 인격으로 다시 태어나는 것이다. 이처럼 불교에서는 깨달음을 위해 수행하고 구도 정진하는 자세를 중시하였다. 그런 의미에서 석존을 '깨달은 자'를 뜻하는 산스크리트어 '붓다'의 음역으로 '불타Buddha, 佛陀'라고 불렀다. 또한, 수행의 결과 얻는 깨달음의 지혜 또는 그 지혜를 얻기 위해 위한 수도 과정을 이르는 말로 산스크리트 보디Bodhi를 음역한 말인 '보리菩提'를 중시하였다.

이 글에서는 삼매로 인한 보리의 수준에 이르는 '깨달음' 혹은 호킨스가 말했던 신성과 합일되는 깨달음의 차원에서가 아니라 통용되는 보편적 의미의 '깨달음'에 입각하여 치유 비평을 하고자 한다. 사유의 깊이와 확장을 통해서 '깨달음'을 이루었다면, 이를 '통찰insight'이라고 할 수 있다. 통찰은 예리한 사유의 힘으로 사물이나 상황을 꿰뚫어 보는 것을 말한다. 통찰을 발휘함으로써 예기치 못한 사태에 맞닥뜨려도 의미를 재해석하고 재조직화해서 신속하게 문제를 해결할 수 있다. 통찰은 심리 치료에서는 대상자가 이전에는 인식하지 못했던 자신의 마음 상태를 알아차리게 되는 것을 말한다. 이 글에서는 이러한 통찰의 수준에서 일어나는 '깨달음'을 주제로 삼아 펼쳐나가고자 한다.

01

상엿소리

상엿소리의 치유 비평

상엿소리는 장례식 때 상여를 메고 가는 상두꾼이라고 불리는 이들이 부르는 노랫소리를 말한다. 옛날에는 마을에서 초상이 나면 마을 사람들이 서로 협동해서 장례를 치르고, 또 상여꾼들이 되어서 상엿소리를 불렀지만, 이러한 장례 풍습이 사라져가고 있어서 지금은 보기가 쉽지 않다.

상여는 시신을 싣고 장지까지 옮기는 데 쓰이는 도구를 말한다. 가마보다 더 길고 크며 몸채 좌우에는 밀채가 앞뒤로 길게 뻗어 있다. 밀채의 앞과 뒤에는 가로로 채막대가 대어 있고, 앞의 채막대 좌우에는 두 줄씩 끈을 달아서 뒤의 채막대에 붙잡아 맨다. 앞과 뒤의 채막대와 몸채 사이에는 중간 채막대가 일정한 간격으로 가로질러 있어서 줄과 묶어서 상두꾼들이 상여를 메는 끈으로 삼을 수 있다. 상여의 몸채는 단청으로 채색을 하고 네 귀에는 포장을 쳐서 햇볕을 가렸다. 뚜껑에는 연꽃이나 봉황새로 장식해서 화려한 외관을 나타내었다.

상여가 나가기 전날 밤에 초경, 중경, 종경으로 나누어 예행연습을 하면서 부를 때는 '장맞이' 혹은 '말메이는 소리'라고 한다. 앞소리를 부르고 요령을 잡았다 하여 '요령잡이'라고도 불리는 선창자는 요령을 흔들면서 애처로운 소리로 앞소리를 한다. 앞소리의 노랫말은 유·불·선적인 내용을 포함해서 이들 정신과 사상을 바탕으로 한 고사를 인용하는 것이 상례였다. 또한, 삼강오륜의 도덕성 확립을 위한 교훈적이고 계몽적인 내용을 많이 담고 있다.

출상하는 순서에 따라 서창소리, 행상소리, 자진상엿소리, 달구소리로 나누어진다. 서창은 24~32인으로 구성된 상여꾼들이 상여를 메고 죽은 이의 혼이 집을 떠나기 서러워하는 심정을 나타내기 위하여 느리게 부르는 부분이다.

행상소리는 상여를 메고 가면서 부르는 소리이다. 자진상옛소리는 묘지에 거의 다 와서 산으로 올라가면서 부르는 소리이고, 달구소리는 하관 뒤에 무덤을 다지면서 부르는 소리이다.

상옛소리는 장례 의식과 상여를 메고 운반하는 과정, 또한 땅을 다지면서 하는 노동의 기능이 복합되어 있다. 따라서 의식요이면서도 노동요의 성격을 지닌다. 상옛소리는 전국적으로 널리 행해졌으며, 지역적 특색이 짙게 드러난다.[56]

다음은 경상북도 울릉군 울릉읍 도동리에서 전해지는 상옛소리의 노랫말이다. 이 노래는 연의 구분이 없는 25행의 연속체이다. 가창 방식은 후렴이 있는 선후창이고 율격은 장중한 4음보 격을 기본으로 하고 있다.

어허 어어어 어리넘자 어허어 / 저승길이 멀대해도 삽작밖이 황천이요 /

어허 어어어 어리넘자 어허어 / 서른서이 상도군아 발을마차 소리하소 /

어허 어어어 어리넘자 어허어 / 좁은질도 널리잡아 질도없이라 넘어간다 /

어허 어어어 어리넘자 어허어 / 간다간다 나는간다 저승길에 나는가네 /

(……)

어허 어어어 어리넘자 어허어.[57]

상엿소리는 죽은 자의 넋을 기리면서 무덤에 묻히는 순간까지 함께하며 산 자와 죽은 자가 어우러지게 한다. 가사를 보면, 말로 표현할 길이 없는 죽은 자의 심정을 대변하고 있다. 가사에 나오는 화자는 이미 죽은 자이다. 특히, 위에 인용한 상엿소리의 첫 구절을 살펴보자. 저승길이 멀다고 하지만, 삽작 밖이 황천길이라고 말하고 있다. '삽작'은 '대문'이나 '문'을 뜻하는 경상도 사투리이다. 사람들은 흔히 언제까지 구차한 삶을 살아야 하나 한탄하기도 하고, 때로는 세월이 너무나 빨리 간다고 탓하기도 한다. 그런데 죽고 보니 죽음이 아주 가까워서 문 안은 이승, 문밖은 저승이라는 것이다. 우리의 삶과 죽음은 문을 열고 문을 나가는 것 차이 외에 더 없다는 것이다. 살고 죽는 것이 문 하나를 두고 나뉘는 셈이다. 대개 상여는 망자가 많이 가던 길, 살던 곳을 한 번 돌고 가기도 한다. 상엿소리를 부르면서 망자와 하나가 되어 망자의 심정으로 노래를 부르며 망자의 눈과 귀가 되어 걸어갔을 것이다.

죽음을 이야기하는 것은 실로 두려운 일이다. 피할 수만 있다면 좋겠지만, 불가능하다. 오히려 피할수록 두려움은 커지기 마련이다. 대개는 죽음을 금기시하고 화제에 잘 올리지 않는다. 그러다 보니 언제 닥칠지 모르는 죽음에 대한 지식이 전무하다. 어차피 닥칠 경우라면, 미리 알아둘 필요가 있다. 알지 못하는 곳, 처음 가보는 곳으로 여행을 떠난다면 보통은 미리 그곳에 대한 지식과 정보를 신경 써서 수집한다. 그런데 정작 우리가 꼭 가야 할 곳에 대해서는 아무런 지식 없이 생각조차 하지 않고 산다면, 그것은 이치에 맞지 않다. 죽음을 앞두고 있는 사람이나 죽은 사람을 보면 슬퍼하면서도, 정작 자신이 어떻게 될지는 모르는 경우가 대부분이다. 죽음에 대해 열려 있는 마음이 중요하다. 죽음을 금기시하는 것은 어리석을 뿐만 아니라 바람직하지도 않다. 그러한 태도는 결코 삶을 풍요롭게 해주지 못한다. 이왕이면 여러 경로를 통해 사후 세계에 대한 정보를 습득하고 머릿속에 담아두어야 할 것이다.

죽음 이후의 세계에 대한 정보는 흔히 임사 체험을 통해 알 수 있다. 즉, 심장 및 뇌파가 정지되어 의학적으로 사망 판정을 받았다가 소생한 사람들의 증언을 통해 사후 세계를 이해할 수 있다. 임사 체험의 연구는 1975년 심리학자 레이먼드 무디Raymond Moody가 관련 저서들을 출판하면서 주목을 받게 되었다. 국제적으로 임사 체험의 최고 전문가로 평가받는 물리학자이자 방사선종양학과 전문의인 제프리 롱Jeffrey Long 박사는

'임사 체험 연구 재단'을 설립했다. 롱 박사는 전 세계 최대의 임사 체험 연구기관을 운영하며, 1,300건 이상의 임사 체험을 연구해서 『죽음 그 후』라는 연구 서적을 냈다. 재단은 체험을 추가해 현재 수집된 사례는 2,000건에 달한다. 롱 박사에 의하면 생명의 위협을 겪은 사람들의 12~18퍼센트가 임사 체험을 한다. 또한, 임사 체험은 세계 어디서든지 놀라울 만큼 유사성을 보인다고 했다. 롱 박사에 의하면, 임사 체험자는 삶에 대한 태도를 바꾸게 되고, 이때 평균 7년에 걸쳐 큰 변화를 겪는다고 하며, 이들이 보이는 변화의 공통점은 다음과 같다.

죽음에 대한 공포가 줄어든다. 사후 세계에 대한 믿음이 강화된다. 신의 존재를 더 굳게 믿는 경향이 생긴다. 사랑하는 사람들과의 관계를 더 중요시하고 더 강하게 찾아 나선다.[58]

이상과 같이 살펴본 '죽음'에 대한 의미에 따르면, 죽음을 인식하고 수용하는 것은 삶의 에너지를 활성화시킨다. 그것은 죽음을 생물학적인 관점에서 받아들이는 것을 초월해서 영적으로 수용할 때 일어나게 되는 깨달음이다. 죽음을 연구하는 학자들이 많아지고, 이를 인정하는 추세를 볼 때, 사후 세계의 존재는 이미 명백한 사실이라고 할 수 있다. 믿지 않더라도 없다고 할 수는 없는 이 자명한 사실을 두고 현명해져야 한다. 회피하고 싶다고 덮어두고만 있을 때 죽음에 대한 두려움은 걷잡을 수 없이 커지게 되고, 그것을 억압하려는 방어기제가 더 크게 작용할 것이다. 바로 이러한 이유로 죽음에 대한 인식 변화가 일어날 수 있도록 상엿소리를 이용한 치유 기법을 긴밀하게 활용할 수 있다.

심상 시 치료 기법으로서 상엿소리

순서 ────────────────────────────────

1 치료사는 유튜브나 파일을 통해 '상엿소리'를 3~5분 정도 내담자한테 들려준다.

2 상엿소리를 듣고 어떤 느낌인지 나눈다.

3 치료사는 미리 준비한 용지에 경상북도 울릉군 울릉읍 도동리에서 전해지는 상엿소리 노랫말을 출력해서 내담자에게 제시하고 함께 낭송한다. 낭송할 때는 내담자가 먼저 한 줄 읽고, 치료사가 그다음 줄을 읽는 방식으로 한다.

4 3의 느낌을 충분히 나눈다.

5 죽음 역할극을 진행한다. 치료사는 검은색 관의 모형(필

통 크기 정도)을 준비하고 그 안에 들어갈 수 있는 크기의 종이 인형으로 '나(내담자)'를 준비해서 내담자에게 지금 이 마지막 순간이고, '나'는 곧 관에 들어가게 될 것이라고 말한다. 이때, 마지막 날의 내가 지금의 나에게 들려주는 메시지를 종이에 적게 한다.

6 내담자로 하여금 5를 소리 내어 읽게 한다. 마지막 순간의 내가 직접 읽어주는 느낌으로 읽도록 한다.

7 준비한 관에 나를 넣고 티슈 한 장으로 관을 덮는다. 이때 엄숙하고 진지한 태도로 천천히 진행하면서 상엿소리를 한 번 더 들려준다. 과정을 끝내는 모습을 내담자가 지켜보게 한다.

8 1에서 7까지 행한 느낌을 종이 위에 적는다.

9 8에서 적은 글을 함께 충분히 나눈다.

치유 효과

인간이 가장 두려워하는 죽음의 순간을 미리 경험해보고, 생의 마지막 순간에 처한 내가 지금, 현재, 이 순간의 나에게 보내는 전언을 통해 성찰과 통찰을 경험하면서, 자신을 성숙한 내면으로 이끄는 긍정적 효과를 얻을 수 있다. 심상 시 치료의 과정 중 '깊은 내면' 단계에 적합하다.

02

아리랑

아리랑의 치유 비평

〈아리랑〉은 '아리랑', 또는 그와 유사한 발음의 어휘가 들어 있는 후렴을 규칙적으로, 또는 띄엄띄엄 부르는 한 무리의 노래를 말한다. 우리나라 문화를 상징하는 것 중에 단연 으뜸이 되는 것이 〈아리랑〉이다. 우리나라의 대표적 민요인 아리랑은 여러 세대를 거쳐 현재까지 이어져오고 있다. 대중적이고 서민적이며, 입에서 입을 거치며 덧붙여지고 변형되어왔다. 〈아리랑〉의 구성은 '아리랑, 아리랑, 아라리요'라는 여음餘音과 지역에 따라 다른 내용으로 발전해온 두 줄의 가사로 되어 있다. 지역마다 제각각 특색 있는 주제를 담고 있지만, 지극히 단순한 곡조와 사설 구조를 가지고 있기 때문에 즉흥적인 편곡과 모방이 가능하다. 곡조를 모르더라도 쉽게 익힐 수 있고, 다른 음악과 자연스럽게 어우러져 연주될 수 있다. 가장 유명한 아리랑은 강원도의 〈정선 아리랑〉, 호남 지역의 〈진도 아리랑〉, 경상남도 일원의 〈밀양 아리랑〉이다.

〈아리랑〉은 2010년대에 들어 대전환을 맞이했다. 2006년에는 문화관광부 선정 '한국 100대 상징'에 들었다. 중국이 조선족 〈아리랑〉을 자국 비물질문화유산으로 지정했고, 국내 무형문화재에서 '인류적인 무형문화유산'으로 등재되기도 했다. 북한도 〈아리랑〉을 인류무형유산으로 등재하였다. 유형문화재 중심의 기존 '문화재보호법' 대신 2016년 '무형문화재 보호 및 진흥에 관한 법률'이라는 새로운 법제의 적용을 받게 되면서 무형문화재의 보존 가치는 한층 높아지고 관리는 강화되었다. 2015년에는 경북 문경시가 문화도시를 표방해 '아리랑 도시'를 선포하기도 했다. 또한, 〈아리랑〉은 지역과 세대를 초월해 광범위하게 전승되고 재창조되고 있다는 점과 '아리랑 아리랑 아라리요'라는 후렴구만 들어가면 누구나 쉽게 만들어 부를 수 있다는 다양성의 가치를 인정받아 2012년 12월 6일,

유네스코 인류무형문화유산에 등재되었다.

〈아리랑〉은 한국을 비롯하여 북한과 해외 한민족 사이에서도 널리 애창되는 대표적인 노래이며, 가사가 특별히 정해져 있지 않고 주제 또한 개방되어 있어 누구든지 자유롭게 노래할 수 있다는 특징을 가지고 있다. '아리랑'이라는 제목으로 전승되는 민요는 약 60여 종, 3,600여 곡에 이르는 것으로 추정된다. 인간의 창의성, 표현의 자유, 공감에 대한 존중이야말로 〈아리랑〉이 지닌 가장 훌륭한 덕목 중 하나이다. 누구라도 새로운 사설을 지어낼 수 있으며, 다양하게 활용될 수 있어서 〈아리랑〉의 지역적·역사적·장르적 변주는 계속되고 있으며, 다양한 예술 장르와 매체에서 주제나 모티프로 활용되는 등 문화적 다양성은 더욱 풍성해지고 있다.[59]

〈아리랑〉 속에서 우리는 우리 민족문화의 정신을 발견할 수 있다. 모든 종류의 〈아리랑〉에 통용되는 후렴구를 다시 한번 들여다보자.

"아리랑 아리랑 아라리요 / 아리랑 고개로 넘어간다"

아리랑 고개를 넘어가는 일은 바로 굽이굽이 인생길을 걸어가는 것을 상징한다. 고작 한두 개 고개를 넘는 것이 아니라 넘어가고 또 넘어가는 것, 그것이 삶이다. '고개'는 단순히 '고난'을 의미하지 않는다. 고개는 산이나 언덕을 넘어 다니도록 길이 나 있는 비탈진 곳을 말한다. 혹은 일의 중요한 고비나 절정을 비유적으로 이르는 말이기도 하다. 고개를 넘어간 것은 중요한 일을 해결하고 해쳐간 것을 말한다. 삶 속에서 한 고비를 넘기고 나면 성장하게 된다. 고개를 넘어가기 전과 넘어가고 나서의 마음가짐은 사뭇 다르다. 고개를 넘어갈 때마다 우리는 영혼의 성장과 성숙을 얻게 된다. 삶은 〈아리랑〉의 숱한 후렴구처럼 무수한 고개를 넘어가는 것이다. 또한, 고개를 넘어감으로 인해 얻을 수 있는 것은 '깨달음'이다. 생각하고 궁리하다 알게 되는 상태인 깨달음은 숙성의 과정을 필요로 한다. 단 한 번 고개를 넘어가서 되는 게 아니라 여러 번, 여러 형태의 고개를 넘어가면서 서서히 얻게 되는 것이다. 깨달아서 알게 되는 일이란 결코 쉽지만은 않다. 스스로 체화되어 마음과 정신 깊숙이 들어앉게 되어야 깨달음이 불꽃처럼 강렬하게 인식될 수 있다. 아리랑 고개를 넘는 것은 삶의 길을 정진하는 것이다. 고된 인생의 길을 포기하지 않고 직면해서 넘어갈 때, 거기에서 느껴지는 것들이 하나둘 쌓여갈 때, 어느 순간 찾아오는 축복 같은 느낌이 바로 깨달음인 것이다.

깨달음은 인간 고유의 특성이다. 인식하고 판단하며 뜻을 세우고 깨닫고 깨우치는 일련의 과정은 바로 삶을 살아나가는 방식이며, 이것은 인성을 형성해가는 밑바탕이 된다. 진정한 깨달음은 인간이라는 제한된 상황에 머무르게 하지 않는다. 그것은 바로 우주의 에너지와 연결된다. 인간은 저마다 각기 다른 환경에서 영혼의 성장이라는 공통의 목적을 가지고 이 땅에 태어났다. 영혼의 성장을 위한 핵심 요소는 바로 '사랑'이다.

독일의 극작가 뷔흐너Georg Büchner는 "인간은 사랑하기 위해 존재한다. 인간이 사랑하지 않으면 이미 살아 있다고 말할 수 없다"라고 하였다. 사랑은 사랑하고 싶은 대상만을 향한 일시적이고 감정적인 것이 아니다. 사랑할 수 없는 것을 사랑할 때 엄청난 치유의 힘이 솟아날 것이다. 그것은 '용서의 힘'과도 연결된다. 구구절절한 사연으로 뒤범벅된 파란 많은 자신의 삶도, 고난과 역경을 헤쳐온 자기 자신도, 지극히 어려운 삶을 살아나가고 있는 무수히 많은 사람들의 삶도, 심지어는 상처와 아픔을 준 타인의 삶도 사랑하는 것이다. 사랑을 제대로 발휘하게 되면, 획기적인 영혼의 성장이 이뤄진다. 인간의 삶은 사랑의 힘에 뿌리를 내리고 있기 때문이다.

심상 시 치료 기법으로서 아리랑

순서

1 〈아리랑〉을 함께 부른다.

2 노래를 부른 다음의 느낌을 자연스럽게 나눈다.

3 도화지에 원하는 색깔의 색연필로 아리랑 고개를 그려 넣도록 한다. 고개의 개수, 높이, 골짜기의 깊이 등은 자유롭게 정한다.

4 3 위에 고개를 넘어가고 있는 지금, 현재, 이 순간의 '나'를 그려보게 한다. 이때, 고개를 그릴 때 썼던 것과 같은 색깔을 포함해서 어떤 색이든 자유롭게 써도 된다.

5 '고개를 넘어가고 있는 나'를 그린 그림을 약 3분간 침묵하면서 바라보게 한다. 그다음, 문득 떠오르는 단어를 그림 옆, 여백이나 다른 종이 위에 적게 하고, 그 이유를 적게 한다.

6 다음 심상 시 치료 멘트대로 행한다.

(눈을 감고 간단한 복식호흡과 이완을 한 후 진행한다.)

나는 내가 그린 그림만큼 삶의 고개를 넘어가고 있습니다.

고개를 넘고 나면 또 고개가 나타나리라는 사실을 잘 알고 있습니다. 하지만 살아가는 동안에 이 고개들을 넘어가지 않을 수 없다는 것도 잘 압니다. 나는 고개를 넘어가기로 결심합니다. 그리고 고개를 넘어가고 있는 중입니다. 힘들지만, 걸음을 멈춰선 안 된다는 것도 알고 있습니다. 이런 나에게 문득 하늘에서 어떤 목소리가 들려옵니다. 푸르른 하늘에서 아주 또렷하고 우렁찬 목소리로 내게 들려주는 메시지가 있습니다. 나는 이 메시지를 잘 들을 수 있습니다. 뭐라고 말하는지 메시지를 들어보시기 바랍니다. …… …… …… 네, 좋습니다. 나는 지금 이 메시지를 마음에 담아둡니다. 지금의 느낌은 어떠합니까? 이 느낌을 그대로 간직합니다. …… 이제, 잠시 후 셋을 세면 지금 현재의 느낌과 메시지를 그대로 간직한 채 눈을 뜹니다. 하나, 둘, 셋! 자, 눈을 떠보세요.

7   심상 시 치료 멘트대로 행하고 나서 하늘과 나눈 대화와 느낌을 적는다. 혹시 떠올리지 않았다면, 눈을 뜬 채 멘트대로 장면을 상상해서 적는다.

8   7에서 적은 글을 함께 충분히 나눈다.

치유 효과

고난과 역경의 아리랑 고개를 넘어가면, 일상의 평범한 순간에 축복처럼 깨달음이 일어나게 된다. 진정한 깨달음은 우주와 연결된다. 그럴 때, 인성은 깊어지고 내면은 확장되고 강해진다. 삶의 길을 걸어가면서 하늘의 속삭임을 들을 수 있다는 것은 자기 안에 있는 신성성이 현현된 것이라고 할 수 있다. 결국 자신의 삶을 사랑하게 되면, 타인의 삶도 소중하게 여기고 존중하게 된다. 진정한 깨달음은 결국 인간을 자유롭게 하고, 아름다운 인성을 지닌 사람이 되게 한다. 심상 시 치료의 과정 중 '깊은 내면' 단계에 적합하다.

03

까치밥

까치밥의 치유 비평

까치밥은 까치 따위의 날짐승이 먹도록 따지 않고 몇 개 남겨
두는 감을 말한다. 까치밥은 문헌 등에 기록되어 공식적으로
전해지는 풍습이라기보다는 생활 문화라고 볼 수 있다. 감나
무에 매달린 감을 딸 때는 주로 대나무로 만든 장대를 이용한
다. 감나무 가지는 약해서 잘 부러지기 때문이다. 감을 딸 때
쯤 되면 나뭇가지도 말라 있어서 제법 큰 가지라도 부러지기
일쑤다. 아주 높이 달린 감이나 우듬지 쪽에 달린 감은 장대

가 닿지 않을 때도 많고 따기가 어렵다. 그것을 다 따려 하다가는 용을 쓰게 되고, 마음이 조급해지고 화가 치밀기 마련이다. 그래서 자연스럽게 몇 개 감을 남겨두고 날짐승들이 와서 먹도록 배려하는 마음을 가지게 되었다고 볼 수 있을 것이다.

일본에도 기마모리(木守り)라는 풍습이 있다. 감이나 귤 따위의 열매를 한두 개 정도 남겨두는 것을 말한다. 하지만 기마모리는 나무를 지키는 존재에게 제물을 바치는 일종의 의식에 가까우며, 이듬해에도 열매가 많이 열리기를 바라는 뜻에서 행하는 것이다. 결과적으로 날짐승이 먹게 된다고 하더라도 인간의 소망이나 욕심이 들어 있는 행위인 것이다.

이에 비해 우리나라는 그런 욕심을 내세우지 않는다. 겨울에 추워서 먹을 것도 없는 '까치'가 먹고 살아가도록 배려하는 마음을 낸 것이다. 이는 '상생'과 '공생'의 개념으로 이해할 수 있다. 인간만이 사는 것이 아니라 이 지구상에는 인간 외의 많은 존재들이 함께 살아가고 있으니 서로 돕고 살아야 한다는 생각의 실천이라고 볼 수 있다. 또한, 더 나아가 장자(莊子)의 '만물제동(萬物齊同)' 사상과 같은 맥락을 지니고 있다. 만물제동이란 만물은 도(道)의 관점에서 본다면 등가(等價)라는 사상이다. 장자는 도(道)에 이르는 것이 덕(德)이라고 여겼다. 사람은 습관적으로 시비선악(是非善惡) 같은 것에 분별지식을 쓰려 하지만, 그 판단의 정당성은 결국 알 수 없는 것이다. 또한, 한쪽이 소멸하면 다른 한쪽도 존립하지 않는다. 즉, 시비선악은 존립의 근거가 똑같이 동질적이며, 그것을 하나로 이루는 절대적인 것이 도(道)이다. 인간이나 짐승이나 먹어야 사는 것은 매한가지다. 감나무의 감을 함께 나눠 먹자는 의미에서 보자면, 인간이나 짐승은 친구이고 동지다. 생명이 있는 존재는 먹이가 필요하니, 인간이 좀 덜 먹고 나눠 먹으려고 하는 것이다. 그것이 바로 욕심을 버리고 인정을 담은 채 살아가는 아름다운 인성의 표현이다.

심상 시 치료 기법으로서 까치밥

순서 ────────────────────────────

1   치료사는 '까치밥'에 대한 이미지를 준비해서 제시하거나 까치밥에 대한 이야기를 나눈다.

2   '까치밥'에 대한 느낌을 충분히 나눈다.

3   내가 '까치'가 되어 추운 겨울날, 아무것도 먹을 것이 없을 때 마을에 가득한 '까치밥'을 먹을 때 어떤 느낌일지 상상해서 표현해본다. 이때 글로 적거나 말로 표현하고,

이를 나눈다.

4 '내 삶의 까치밥'에 대해 생각하고 글로 적는다. '내 삶의 까치밥'은 앞으로의 삶을 위해 지금, 현재의 내가 남겨두고 비축해야 할 것을 말하며 동시에 이타적인 마음으로 도움이 될 수 있는 것을 말한다. 단, 물질이 아니라 비물질로 적는다. 예를 들면, 배려, 친절, 봉사, 나눔 등등이다. 생각나는 대로 적되 다 적은 뒤 적은 것들을 합쳐서 어떤 단어가 떠오르는지 한 단어로 압축해서 적고, 그 이유를 적는다.

5 4를 충분히 나눈다.

6 다음 심상 시 치료 멘트대로 행한다.

(눈을 감고 간단한 복식호흡과 이완을 한 후 진행한다.)
나는 큰 감나무를 가지고 있습니다. 감나무에는 아주 많은 감이 열려 있습니다. 나는 이 감나무의 감들을 마음껏 땁니다. 장대로 많은 감을 따고 있습니다. …… 나는 지금, 이렇게 수확하지만 '내 삶의 까치밥'을 남깁니다. …… 까치밥은 ○○○(순서 4에서 압축한 단어를 말한다. 이하 같음)이라는 마음을 가지고 있습니다. 이제 ○○○을 행하고자 합니다. 나는 ○○○을 행할 수 있습니다. '내 삶의 까치밥'으로 내가 꼭 해야 할 것을 알고 실천합니다. 그렇게 실천하고 있는 나를 떠올려 보시기 바랍니다. …… …… …… 나는 이제 까치입니다. 자유롭게 날 수 있는 까치가 되어보시기 바랍니다. …… 겨울이 왔습니다. 먹을 것이 없는데, 신기하게도 감나무마다 감이 열려 있습니다. 날개를 펴고 날아오릅니다. 감나무들이 아주 많이 있습니다. 나는 자유롭게 날아다니면서 까치밥으로 남아 있는 감들을 먹습니다. 나는 반가움의 소식을 전해주는 역할을 합니다. 나는 자유롭고 반가운 의미를 담아서 날아오르고 있습니다. 지금, 어떤 느낌이 드는지 충분히 느껴보시기 바랍니다. …… …… …… 지금 이 느낌을 그대로 간직한 채 셋을 세고 눈을 뜨시면 됩니다. 하나, 둘, 셋!

7　심상 시 치료 멘트대로 행하고 나서의 느낌을 적는다. 혹시 떠올리지 않았다면, 눈을 뜬 채 멘트대로 장면을 상상해서 적는다.

8　7에서 적은 글을 함께 충분히 나눈다.

치유 효과 ─────────────────────────

'까치밥'이라는 조화로운 상생의 뜻을 내면으로 가져와서 이

타적인 마음을 내어 실천하고자 하는 의지로 세상과 조화를 이뤄내는 효과가 있다. 심상 시 치료의 과정 중 '깊은 내면' 단계에 적합하다.

CHAPTER 15

포용

고주몽
자장가
따오기

세상은 각박하기 그지없지만, 그래도 살아갈 만한 이유가 있다. 사람과 사람 사이에 오가는 훈훈함, 인정이 이 세상을 버티게 한다. 세상도 그러하지만, 자기 자신에게 가지는 감정도 중요하다. 자기 자신에게 따뜻한 마음을 베풀게 되면, 긴장이 풀리고 마음이 이완되면서 충분한 휴식을 취할 수 있다. 평안한 휴식을 취하고 나면 힘이 생기기 마련이다.

포용包容은 너그럽게 감싸주거나 받아들이는 것을 말한다. 포옹抱擁은 사람끼리 품에 껴안는다는 의미와 함께 남을 아량으로 너그럽게 품어준다는 의미도 있다. 포옹이나 포용의 성격은 '따뜻함'과 '너그러움'이다. '너그러움'은 마음이 넓고 아량이 있어서 여유 있다는 의미이다. 기꺼이 마음을 내어 상대방한테 베푸는 것이다. 또한, '너그러움'은 실수와 실패에 대해 관대한 마음을 뜻한다. 그것은 인격의 향기가 삶 속에서 어우러지고 충만해짐으로 인해 일어난다. 감정이 가는 대로 무분별하게 좋은 마음만 내는 것이 아니다. 긍정적 에너지가 원활한 상태에서 빛이 저절로 자연스럽게 퍼져나가듯이 긍정성이 번져가는 것이다. '포용'부터 그다음 연이어 다룰 범주들은 '심상 시 치료'를 '인성'으로 접목해서 창안한 '창의 인성 치유'에서 문화 치유의 주제로 정해서 기술한 내용들을 따온 범주임을 밝혀둔다.[60]

01

고주몽

고주몽의 치유 비평

고주몽高朱蒙은 고구려를 건국한 시조인 동명성왕의 이름이다. 이와 관련한 전해오는 설화를 '주몽 신화'라고도 한다. 『동국이상국집』에 수록되어 있으며, 『삼국유사』, 『삼국사기』, 「광개토왕릉비문」의 서두, 『동국여지승람』의 평양조, 『청장관전서』 등에 수록되어 있다.

고려의 문신 이규보의 시문집으로 53권 13책으로 된 『동국이상국집』의 「동명왕편」은 오언고시이다. '영웅 서사시'라고 일컬어질 만한 특성을 갖추고 있으며 설화 내용이 상세히 기록되어 있는 장시이다. 또한, 고려 초기에 편찬된 삼국시대에 관한 역사책인『구삼국사』의「고구려본기」기록은 풍성한 신화적 요소를 지니고 있다. 이들을 바탕으로 설화 내용을 간추려보면 다음과 같다.

천제가 태자인 하늘의 신 해모수解慕漱를 부여의 옛 도읍지로 보냈다. 그곳은 천제의 명에 따라 동해 가섭원으로 나라를 옮겨서 동부여를 세운 부루왕의 땅이었다. 오룡거에 탄 해모수는 고니를 탄 100여 명의 사람들을 거느리고 내려왔다. 머리에는 까마귀 깃으로 만든 관을 쓰고 허리에는 용광검을 차고 있었다. 아침에 정사를 보고, 저녁에 하늘로 올라갔다. 이 때문에 세상 사람들은 그를 '천왕랑'이라 불렀다.

해모수는 웅심연 물가에 놀러 나온 강의 신 하백河伯의 세 딸인 유화, 훤화, 위화를 구리집으로 유혹했다. 유화는 버들꽃, 훤화는 원추리꽃, 위화는 갈대꽃이라는 뜻이다. 그 가운데 맏이인 유화柳花와 통정을 하게 된다. 이후 해모수가 용수레를 따라 하백의 나라에 이르러 유화와의 혼인을 요청한다. 해모수와 변신술 대결에서 패한 하백은 혼인을 허락한다. 하백은 한 번 더 해모수를 시험하기 위해서 술에 취하게 한 다음 둘을 함께 가죽 수레에 넣어 용수레에 싣는다. 술이 깬 해모수는 유화의 금비녀로 가죽 수레를 뚫고 홀로 하늘로 올라가버리고 만다. 이에 하백이 크게 노하여 유화를 우발수로 추방한다.

유화는 어부의 그물에 걸려 동부여의 금와왕에게 가게 되었다. 금와왕은 유화가 천자의 비라는 사실을 알고 별궁에 머무르게 한다. 어느 날, 햇빛이 창을 통해 들어와서 유화의 몸을 비추었다. 이리저리 몸을 옮겨도 따라와서 비추었다. 그런 다음, 아이를 잉태하게 되고 왼쪽 겨드랑이에서 큰 알을 낳았다. 왕이 괴이하게 여기고 알을 숲속에 버리라고 명령을 내렸다. 그렇지만 소와 말이 피해 가고, 새가 깃으로 품어주었다. 이번에는 왕이 알을 깨뜨리라고 했으나 도무지 깨지지 않아서 어쩔 수 없이 도로 유화에게 갖다주었다. 유화가 이를 감싸 안고 따뜻한 곳에 두자 얼마 후 알 속에서 한 아기가 나왔다. 태어난 지 한 달이 지나자 말을 하기 시작했고, 활과 화살을 만들어주자 백발백중이었다. 그래서 활을 잘 쏘는 사람이라는 뜻으로 '주몽朱蒙'이라고 불렀다. 아이는 금와왕의 일곱 아들과 어울려 사냥을 다니곤 했는데 솜씨가 뛰어나서 시기를 받게 되었다. 아이가 성장하자 금와왕의 일곱 아들은 주몽을 없애기로 의견을 모았다. 그즈음 주몽의 어머니 유화는 계략을 썼다. 주몽이 기르고 있던 왕실의 말들 가운데에서 가장 좋은 말을 볼품없게 만들어 그 말을 차지하게 한 후 먹이를 풍족하게 주어 명마로 만들었다. 그러고는 주몽이 도망가도록 했다.

주몽이 도망하여 엄수(혹은 개사수)에 도달하였으나 왕자들이 뒤따라와 주몽을 해하려고 했다. 주몽은 물을 향해서 "내가 천제天帝의 아들이고 강의 신의 손주인데 이제 이 추격을 어찌하리오" 하고 말하자 고기 떼와 자라들이 다리를 놓아주어 강을 건넜고 구사일생으로 살아났다.

주몽은 남쪽으로 달아나서 졸본卒本에 도착하여 나라 기틀을 잡고 나라 이름을 '고구려'라고 하였다. 이후 비류국 바로 이웃에 나라를 세웠으므로, 비류국의 송양왕과 주종 관계를 결정짓는 싸움을 벌이게 되었다. 주몽은 활쏘기에 이기고, 계략을 써서 북과 나팔을 빼앗고 주술로 비류 땅이 물에 잠기게 함으로써 송양왕의 항복을 얻어냈다. 동명왕은 기마술과 궁술에 능했으며, 비를 내리게 하는 주술적 면모도 갖고 있었다. 영성이 있는 주술사이며 정치를 하는 왕인 동명왕에게서 상고시대 왕권의 모습을 볼 수 있다.[61]

어머니 유화가 없었다면 주몽은 고구려를 건국하지 못했을 것이다. 주몽이 고구려를 세우는 데 가장 큰 역할을 한 것은 유화의 지혜라고 할 수 있다. 그런 이유로 고구려에서는 매년 10월에 '동맹'이라는 행사를 열고 동명성왕과 유화 부인을

신으로 모시며 성대한 감사제를 지냈다.

유화에 집중해서 살펴보자. 유화는 억울하기 그지없는 상황을 겪어야 했다. 해모수와 사랑했으나 같이 살 수도, 만날 수도 없었다. 아버지한테서도 쫓겨나서 이리저리 떠돌 뿐이었다. 금와왕의 배려로 별궁에 살았지만 편치 않았을 것이다. 유화가 머무는 방에서 찬란한 햇살이 유화를 따라가면서 비추던 것은 빛으로 변신한 해모수일 것이라고 추측할 수 있다. 그러다가 태기를 느꼈고 이후 알에서 태어난 존재가 주몽이다. 훗날 주몽이 금와왕의 다른 형제들로부터 시샘을 받아 해로운 일을 당할 것을 알고 유화는 주몽을 도망가게 한다. 이 모든 과정에서 유화가 자신의 신세를 한탄하고 억울해하며 분통을 터뜨렸다는 기록은 그 어디에도 없다. 유화는 모든 것을 섭리로 받아들이되 지혜롭게 위기를 모면했다. 이 설화 속에서 '포용'은 네 가지 장면에서 크게 드러난다.

첫째, 유화는 자신을 버리고 가버린 해모수에 대해 원망과 원한을 가지지 않고 이를 포용한다. 둘째, 혼자 살아가는 유화에게 해모수는 빛으로 다가와 유화를 포용했다. 더 이상 지상으로 내려오지 못하게 되자 해모수가 유일하게 선택한 포용의 방법인 셈이다. 셋째, 유화가 낳은 알을 날짐승들이 품으며 포용한 것이다. 넷째, 유화의 포용이다. 그는 금와왕의 아들들이 자신의 아들을 해하려 한다는 것을 알고 주몽을 살리기 위해 계획을 짜고 도피하게 하지만, 원수를 갚으라고 하지는 않았다. 또한, 기록 어디에도 주몽이 그 아들들을 공격했다는 내용은 없다. 그 아들들의 시기심에서 비롯된 악행에 맞서지 않고 현명하게 피함으로써 불행을 막은 것이다.

이렇게 '포용'을 실천하고 지혜롭게 대응한 유화의 성품은 이름에서도 드러난다. 유화는 '버들꽃'이며, 버들처럼 유연하며 부드러운 기질을 가지고 있었을 것이라고 짐작할 수 있다. '포용'은 강직과 경계와 긴장을 풀게 한다. 엉켜진 마음을 이완하고 기운의 흐름을 잘 감지하면서 긍정으로 이해하고 용서하면서 결국 평화로 이끌어나가는 큰 힘을 지닌다.

심상 시 치료 기법으로서 고주몽

순서 ──────────────────────

1   치료사는 '주몽 설화'에 대해 제시하고, 특히 '유화'의 포용에 대해 제시한다.

2   1에 대해 느낀 점을 충분히 나눈다. '내가 유화가 되면' 어떨 것 같은지 유화의 마음을 함께 나눈다. 내담자의

성을 초월해서 진행할 수 있다. 즉, 내담자가 남성이어도 같은 질문으로 상상해서 답하게 한다. 이하의 진행도 마찬가지다.

3   나 자신이 유화라고 여기고, 유화가 방에서 맞이했던 '빛'의 느낌을 떠올려보도록 한다. 만약 나한테 빛이 쏟아지고, 내 안에 뭔가 잉태된다면, 그것이 무엇일지 자연스럽게 떠올리게 한다. 단, 비물질적인 것(마음, 정신) 위주로 하나를 떠올려서 적게 한다.

4   3을 함께 나눈다.

5   다음 심상 시 치료 멘트대로 행한다.

(눈을 감고 간단한 복식호흡과 이완을 한 후 진행한다.)

나는 지금 내 방에 있습니다. 방 안 가득 햇빛이 들어옵니다. 나는 그 햇빛을 피해 방 안 이곳저곳으로 옮겨 다니지만, 햇빛은 멈추지 않고 내게 쏟아지고 있습니다. 이 빛의 느낌을 고스란히 느껴보시기 바랍니다. …… 이 햇빛과 대화를 나눠보시기 바랍니다. 어떤 대화가 오고 가는지 자연스럽게 지켜보시기 바랍니다. …… …… …… 이제, 대화를 마무리합니다. 대화를 마치고도 햇빛은 나를 고스란히 안고 있습니다. 문득, 내 안에서 나도 모르는 뭔가가 자라고 있는 것을 느낍니다. 내 안에 무엇이 자라나고 있는지 그대로 지켜보시기 바랍니다. 내 안에서 그것이 자라나고 있습니다. 그것은 무엇인지 나는 알 수 있습니다. …… 그대로 지켜보면서 자라는 것을 바라보시기 바랍니다. …… …… 자, 지금, 현재의 느낌을 그대로 간직한 채 셋을 세고 눈을 뜹니다. 하나, 둘, 셋!

6　심상 시 치료 멘트대로 행하고 나서의 느낌과 대화 내용, 내 안에서 자라나는 것을 적는다. 혹시 아무것도 떠오르지 않았다면, 눈을 뜬 채 멘트대로 장면을 상상해서 적는다.

7　6에서 적은 글을 함께 충분히 나눈다.

치유 효과

주몽 설화 속 유화에 초점에 두고 유화의 포용성을 마음으로 끌어와서 내면의 성장이 이뤄지는 체험을 통해 자신의 잠재력을 자각할 수 있다. 심상 시 치료의 과정 중 '내면 진입' 단계에 적합하다.

02

자장가

자장가의 치유 비평

자장가는 아이를 잠재울 때 부르는 노래이다. 입에서 입으로 전해 내려왔으므로 전승 동요의 성격을 가지고 있다. 아이의 어머니나 업저지(어린아이를 돌보는 여자아이)나 양육자 등의 어른들이 주로 부르며 기본 율격은 4·4조이다. 아기를 재우기 위해 단조롭고 반복적인 운율을 사용하여 잠이 오게 하는 특징이 있다. 아이에게 교훈이나 좋은 말을 들려주는 사설조이며, 아이가 아니라 어른이 부른다는 점에서 민요로 분류되기도 한다. 아이를 등에 업거나 품에 안아 흔들면서 부르기도 했다. 〈심청가〉나 〈옹고집타령〉에도 자장가가 등장하는 것으로 볼 때 예로부터 전국적으로 널리 불렀음을 알 수 있다.

지역마다 다 다르게 불렀으나 대개는 아기가 훌륭하게 자라나서 나라에 충신이 되고, 부모에게는 효자가 되며 형제간에 우애가 있고 일가친척과 화목하고 덕이 있고 신망이 두터운 사람이 되라는 간절한 소망과 기대가 담겨 있다. 이러한 유교적인 관념에 의거하여 성장 지향적인 자장가가 있는 반면, 울기만 하는 앞집의 아기와 대비하면서 잘 자는 아기를 칭찬하고, 다른 무엇보다 건강하게만 자라기를 바라는 소박한 마음을 표현한 노래도 있다. 대개 아기를 재우는 일은 양육하는 자가 도맡아서 혼자 하는 일이므로 '자장가'는 독창으로 불렸다. 경기도 파주에서 내려오는 자장가는 다음과 같다.

자장자장 자는고나 / 우리애기 잘도잔다 // 은자동이 금자동이 / 수명장수 부귀동이 // 은을주면 너를살까 / 금을주면 너를살까 // 나라에는 충신동이 / 부모에게 효자동이 // 형제간에 우애동이 / 일가친척 화목동이 // 동네방네 유신동이 / 태산같이 굳세거라 // 하해같이 깊고깊어 / 유명천하 하여보자 // 잘도잔다 잘도잔다 / 두둥두둥 두둥두둥 // 우리아

기 잘도잔다

다음은 경상북도 봉화의 자장가이다.

둥실둥실 모개야 아무락구 굵아다오 / 둥굴둥굴 모개야 개

똥밭에 궁글어도 / 아무락구 굵아다고[62]

한편, 길림성이나 흑룡강성, 요령성에서 주로 불렀던 자장
가의 선율은 우리나라 민요에 가장 많이 나타나는 '솔-라-
도-레-미'와 '미-라-시-도-레'의 두 종류의 운율을 가지고
있다. 대체로 기존의 전통 선율에 가사만 다르게 얹어 불렀
다. 여러 채록 자료 중에서 특히 항일정신을 노래한 자장가는
김형직이 지은 다음의 자장가가 있다.

1. 아가야 자장자장 어서 자거라 아가야 자장자장 잘두 자
누나 친척에는 화목동 부모님껜 효자동 사랑있다 장중보옥
능할하 자장

2. 아가야 자장자장 얼른 소학교 아가야 자장자장 벌써 중
학교 박사둥이 되여라 영웅둥이 되어라 우리나라 광복 사업

능할하 자장[63]

지역마다 특색이 있으나 가장 많이 들어왔고, 지금까지 부르고 있던 자장가는 다음과 같은 소박하고 단순한 가사이다.

자장자장 우리애기 / 자장자장 우리애기 / 꼬꼬닭아 우지마라 / 우리애기 잠을깰라 / 멍멍개야 짖지마라 / 우리애기 잠을깰라

이 노래는 단순한 선율로 반복될 때 가물가물 잠이 오는 경험을 하게 된다. 가사를 보면, 아기의 잠을 위해서 닭도 개도 울거나 짖지 말라고 한다. 이렇게 주문처럼 잠을 부르다 보면, 세상 만물도 함께 잠이 들 것만 같다. 아기를 중심으로 번잡하고 소란스러운 세상도 조용해지고, 잠잘 수 있도록 아기에게 만물의 기운이 초점을 맞추는 듯하다. 이렇게 노래를 부르는 동안 아이도 어른도 함께 졸리게 되어 같이 잠이 들기도 했다. 세상은 사람을 포근하게 감싸주고 안아준다. 노래 안에서 세상 자체가 안전하고 편안한 큰 요람이 된다.

심상 시 치료 기법으로서 자장가

순서 ─────────────────────────────

1   어릴 때 들었던 '자장가'가 있으면 불러본다. 내담자와
    함께 알고 있거나 불러봤던 자장가를 충분히 불러본다.
    또한, 치료사는 전통 자장가가 녹음된 파일을 준비해서
    들려주는 것도 좋다.

2   1의 노래에 대한 느낌을 나눈다.

3   자장가를 들려주고 싶은 과거의 나를 떠올린다. 굳이
    아기 때의 내가 아니어도 된다. 몇 살 때의 나인지 그때
    의 나를 떠올리면 어떤 느낌이 드는지 한 단어로 나타
    내고, 그 단어를 쓴 이유를 간략하게 적는다.

4   3을 충분히 나눈다.

5   다음 심상 시 치료 멘트대로 행한다.

(눈을 감고 간단한 복식호흡과 이완을 한 후 진행한다.)

나는 자장가를 불러주고 싶은 과거의 나에게 다가가려고 합
니다. 그 시절의 나는 ○○○(순서 3에 적은 단어, 이하 같
음)의 느낌을 가지고 있는 나입니다. 이제 셋을 세면 ○○○
의 느낌을 가지고 있는 과거의 나에게 다가가게 됩니다. 셋

을 세겠습니다. 하나, 둘, 셋. …… 지금, 나는 과거의 내 곁으로 왔습니다. 포근하게 나를 안아주시기 바랍니다. 과거의 내 손을 이끌고 천천히 목욕탕으로 갑니다. 따뜻하고 깨끗한 물에 목욕을 시킵니다. 과거의 나는 개운해집니다. 보송보송한 수건으로 과거의 나를 닦아줍니다. 새 옷으로 갈아입혀주시기 바랍니다. 그리고 깨끗하고 편안한 이부자리에 나를 누입니다. …… 이제 내가 아는 자장가를 불러줍니다. 잘 잘 수 있도록, 과거의 내가 편히 쉴 수 있도록 노래를 불러줍니다. …… …… …… 과거의 나는 잠이 듭니다. 고르게 숨을 쉬며 편안하게 잠이 듭니다. 이 모습을 그대로 지켜보면서 이불을 잘 덮어주고 이마에 입을 맞춰주시기 바랍니다. …… …… 지금, 현재의 느낌을 그대로 간직한 채 셋을 세고 현재로 돌아옵니다. 하나, 둘, 셋!

6   심상 시 치료 멘트대로 행하고 나서의 느낌을 적는다. 혹시 떠올리지 않았다면, 눈을 뜬 채 멘트대로 장면을 상상해서 적는다.

7   6을 충분히 나눈다.

치유 효과

휴식과 평온함이 필요한 과거의 나를 만나서 정성껏 돌봐주면서 충분히 잘 수 있도록 노래를 불러줌으로써 충족되지 못했던 돌봄의 욕구를 이룰 수 있으며, 자기 위안의 힘으로 마음의 안정을 얻을 수 있다. 심상 시 치료의 과정 중 '내면 진입' 단계에 적합하다.

03 따오기

따오기의 치유 비평

한정동 작사와 윤극영 작곡으로 만들어진 〈따오기〉 노래의
가사는 다음과 같다.

> 1. 보일 듯이 보일 듯이 보이지 않는
>   따옥 따옥 따옥 소리 처량한 소리
>   떠나가면 가는 곳이 어디메이뇨
>   내 어머니 가신 나라 해 돋는 나라

2. 잡힐 듯이 잡힐 듯이 잡히지 않는

　　따옥 따옥 따옥 소리 처량한 소리

　　떠나가면 가는 곳이 어디메이뇨

　　내 아버지 가신 나라 달 돋는 나라

　이 노래는 일제강점기 때 만들어졌다. 멸종 위기에 처한 따오기처럼 서글픈 우리나라의 현실을 노래하면서 '해'와 '달'을 통해 극복의 기운을 염원하는 노래라고 할 수 있다. 여기에서는 그런 시대적인 상황을 잠시 접어두고 우리의 문화에 면면히 흐르는 '포용'에 초점을 맞춰 가사의 의미를 들여다보고자 한다.

　'보일 듯이 보일 듯이 보이지 않는'의 상태는 참 아리송하다. 보인다는 것인지 안 보인다는 것인지 명확하지 않다. 어느 쪽으로 단정 지을 수 없어서 애매하게 느껴지지만, 분명하게 말할 수 있는 것은 '존재'하고 있다는 것이다. 안개 속에 휩싸인 듯하나 풍광 자체가 없는 것은 아니다. 온통 희뿌옇게 보이지만 실체가 사라진 것은 아니다. 오히려 그렇게 시야가 불분명한 탓에 내면의 시각이 활성화되고 마음으로 바라보는 행위가 극대화될 수 있다. 가려진다는 것은 표면 이면의 심층을 들여다보는 것을 의미한다. 깊은 내면으로 들어가기 위해서는 가려야 한다. 눈과 입을 가리는 것은 외부에 빼앗긴 에너지를 내면으로 가져오게 하는 일련의 과정이다. 온전하게 가려질 때 내면이 열린다. 마음 안으로 들어가야지만 광대무변한 무의식의 세계 속에서 힘의 원천을 찾아내는 일이 가능해진다. 은밀하게 가림으로써 드러나는 지극히 모순적인 상황은 회화와 소묘에서 쓰이는 스푸마토^{sfumato} 기법을 연상하게 한다.

스푸마토는 회화나 소묘에서 매우 섬세하고 부드러운 색조 변화를 표현하는 데 쓰는 음영법을 가리키는 용어다. 이탈리아어로 '색조를 누그러뜨리다', '연기처럼 사라지다'라는 뜻의 'sfumare'에서 유래되었다. 레오나르도 다빈치^{Leonardo da Vinci} 와 그 추종자들이 자주 사용했다고 알려져 있다. 그들은 밝은 면에서 어두운 면까지의 모든 부분을 선이나 경계선을 쓰지 않고 명암을 섬세하게 변화시켜서 표현했다. 이 기법은 특히 얼굴과 대기효과를 고도로 사실적으로 처리하기 위해 사용되었다. 잘 알려진 그림 〈모나리자〉의 그림 속 알 듯 모를 듯한 신비한 미소는 바로 스푸마토 기법에 의한 것이다. 스푸마토의 특징은 경계선을 명확하게 구분하지 않는 데 있다. 명확한 선을 유보함으로써 오히려 생동감을 일궈내는 것이다. 스푸마토의 두드러진 효과는 바로 '부드러움'에 있다.

안개가 잔뜩 낀 길에 있다고 생각해보자. 평소에 분명하게 보이던 시야가 흐려져 있다. 모든 사물들을 하얀 천으로 덮어 놓은 것만 같다. 명확한 사물들의 경계가 흐릿해지고, 윤곽은 불분명하다. 그 길 위에 서서 길 저편을 바라보면, '애매'하기 그지없다. 평소 자주 다니던 길이라고 하더라도 방향감각을 잃을 정도다. 그 길을 걷는다고 생각해보자. 한 걸음 한 걸음 조심스럽게 떼면서 앞으로 나아가는 길에서 갑자기 명징해지는 것이 있다. 바로 사물의 낯설음이다. 뻔한 장소와 뻔한 사물들이 새로움으로 다가오게 된다. 자주 다녀서 눈에 익은 사물들을 낯선 장소, 새로운 세계에 옮겨놓은 것만 같다. 부드러움이 가져오는 놀라운 변신이다. 안개는 낯익음을 낯설게 하는 극명한 효과를 낸다. 분명하던 것이 애매해지는 단계에 이르러 길은 새로워진다. 안개 낀 길을 걸을 때는 외부만 향하던 눈이 조금 다른 역할을 담당한다. 잔뜩 흐린 길만 뚫어지게 본다고 해서 안개 낀 길을 잘 걸어가는 것이 아니다. 보면 볼수록 시야의 한계만 느낄 뿐이다. 평소 성큼성큼 걷는 습관마저 이럴 때는 바뀌게 된다. 조심스럽게 발을 떼면서 눈은 자신의 발걸음과 모호한 길을 동시에 바라보게 되는 것이다. 그저 옮겨 다니는 수단에 불과했던 발걸음이 생생해진다.

그것이 바로 낯익음을 낯설게 하는 순간 일어나는 의식의 확대이다. 분명한 경계선을 지닌 사물들을 덮어씌움으로써 오히려 드러나게 되는 역설이 작용하게 된다. 경계를 흩트리는 것, 부드럽게 흘려놓는 것은 어떤 생생함을 도출시키는가? 그것은 바로 내면의 인식이다. 외부로만 향하던 시선을 내면으로 돌리는 작업, 내면의 새로운 상을 맺게 하는 것이 애매함의 효과이다. 스푸마토의 언어적 작업 역시 마찬가지이다. 분명한 답변, 예를 들어 긍정과 부정을 언어내는 답변은 그 경우와 상황에 따라 필요할 수 있다. 직접적이고 구체적인 답변이 필요한 상황도 분명 있다. 표층 구조로 이뤄진 소통이 때로는 효율적인 대화의 방법일 수도 있다. 자각과 비평과 자극을 위한 방편으로 이런 언어를 효과적으로 사용할 수 있을 것이다. 그렇지만, 은유적 언어는 그렇지가 않다. 외부로 향한 눈을 내면 깊숙한 곳으로 끌어들이기 위해서는 분명한 시야를 흩트려놓을 장치가 필요하다. 그러한 장치는 내면의 시선을 집중해서 포착하는 효과를 품고 있다.

다시 노래 가사로 돌아가보자. '보일 듯이 보일 듯이 보이지 않는'과 '잡힐 듯이 잡힐 듯이 잡히지 않는'의 상징적 감각은 부드러움, 따뜻함, 은은함이다. 여기에 따른 의미는 의식의 차원에서 이루어지는 광대함이며, 차원의 한계를 열어젖

혀 다른 차원으로 갈 수 있는 열린 가능성을 담고 있다. 이러한 특징을 한 단어로 '포용'이라고 말할 수 있을 것이다. 어우러질 때 더 큰 힘이 일어나고, 통합은 새로운 창출의 효력을 지니고 있다. 사람과 사람끼리의 포용도 그렇지만, 나 자신의 과거와 현재, 혹은 현재와 미래의 포용 또한 그러하다.

심상 시 치료 기법으로서 따오기

순서 ————————————————————————

1 치료사가 〈따오기〉 노래를 안다면, 내담자와 함께 불러본다. 혹시 잘 알지 못한다면, 파일이나 유튜브를 통해 노래를 감상한다.

2 〈따오기〉의 가사를 함께 읽고 뜻을 나누며, 다시 노래를 감상한다.

3 종이를 반으로 접은 다음, 왼쪽 면에 색연필이나 사인펜을 사용해 '지금, 현재, 이 순간의 마음' 하면 떠오르는 색깔로 마음을 그린다. 추상적으로 자유롭게 그려도 되고 단순한 선으로 나타내도 좋다. 자연스럽게 마음이 가는 대로 그린다.

4 　3의 그림을 가만히 바라보면서 떠오르는 생각과 느낌을 한 단어로 표현해서 그림의 뒷면, 그림을 그린 쪽 뒤편에 적는다. 그리고 그 이유를 적는다.

5 　3을 그린 그림 오른쪽 면에 '포용'의 마음을 뜻하는 그림을 그린다. 색연필이나 사인펜을 사용해서 떠오르는 색깔로 '포용'의 마음을 그린다. 추상적으로 자유롭게 그려도 되고 단순한 선으로 나타내도 좋다. 자연스럽게 마음이 가는 대로 그린다.

6 　5의 그림을 가만히 바라보면서 떠오르는 생각과 느낌을 한 단어로 표현해서 그림의 뒷면, 그림을 그린 쪽 뒤편에 적는다. 그리고 그 이유를 적는다.

7 　왼쪽 그림과 오른쪽 그림을 한데 합친다. 그림을 마주 보게 하고 '포옹'할 수 있도록 손으로 종이를 접어 세우는 것이다. 현재의 마음과 포용의 마음을 그린 그림을 합친 다음 기도하는 자세로 손을 모은 상태로 마음을 그린 종이가 가운데 끼어 있도록 한 상태에서 눈을 감고 잠시 머무른다. 그리고 다음의 복식호흡과 이완의 단계로 자연스럽게 넘어간다.

8 　다음 심상 시 치료 멘트대로 행한다.

(눈을 감고 간단한 복식호흡과 이완을 한 후 진행한다.)

지금 내 마음과 마음은 포옹하고 있습니다. 오른편에는 포용이 가득한 따뜻하고 부드럽고 자상한 내 마음이 있고, 왼편에는 지금, 현재, 이 순간의 마음이 있습니다. 포용 가득한 내 마음이 이 순간 내 마음으로 흘러들고 있습니다. 나는 지금 부드럽고 포근하고 따뜻한 마음을 지니고 있습니다. 포용의 마음이 내게 가득 흘러들고 있습니다. 따뜻하고 자상한 마음의 출렁임을 느껴보시기 바랍니다. 자, 이제 이 상태에서 제가 셋을 세면 포용하는 마음이 온전히 내 지금 마음을 감싸 안게 됩니다. 포용하는 마음이 위로 올라오게 해서 이 마음을 가만히 책상 위에 놓으면 됩니다. 제가 셋을 세겠습니다. 하나, 둘, 셋! …… 네, 좋습니다. 이제 지금, 현재, 이 순간의 마음은 포용력으로 가득 차 있습니다. 지금, 포용 가득한 내 마음이 지금 나에게 메시지를 주고 있습니다. 그 메시지를 잘 들어보시기 바랍니다. …… …… …… 네, 좋습니다. 이제 메시지를 마무리 짓습니다. 이 포용이 가득한 마음은 내 마음 깊숙이 늘 간직하고 있을 것입니다. …… …… …… 잠시 후 셋을 세면 포용력이 가득한 마음을 그대로 품은 채 눈을 뜨시면 됩니다. 제가 셋을 세겠습니다. 하나, 둘, 셋!

9   심상 시 치료 멘트대로 행하고 나서의 느낌과 포용하는
    마음이 내게 전해주는 메시지를 적는다. 혹시 떠올리지
    않았다면, 눈을 뜬 채 멘트대로 장면을 상상해서 적는
    다.

10 9에서 적은 글을 함께 충분히 나눈다.

치유 효과

포용적이고 관용적인 내 마음이 나를 스스로 위로해주고 다
독여주는 과정을 통해 고립감과 소외감, 외로움과 혼란함을
내려놓을 수 있다. 또한, 세상을 바라보는 관점과 가치관을
융통성 있고 관대하게 변화시킴으로써 내면의 긴장을 이완시
키고 스트레스를 해소할 수 있다. 심상 시 치료의 과정 중 '마
음의 빛 확산' 단계에 적합하다.

CHAPTER 16

용서

나룻배와 행인
불국사
처용

용서란 '지은 죄나 잘못한 일에 대하여 꾸짖거나 벌하지 아니하고 덮어주는 것이다. 한자어로는 '용서하는 마음을 담는 것'으로 해석할 수 있을 것이다. 영어로 표기하자면, 'forgive'이며, 'for'와 'give'를 아우르는 말로 되어 있다. 'for'는 '~에게'라는 전치사이며, 'give'는 '주다'라는 동사이다. 누구에게 주는 것이 용서라는 의미가 된다. 여기에서 누구란, 자기 자신 및 타인이다. 먼저 용서하는 마음을 담아 누구한테 줌으로써 결국 나와 타인이 소통하고 관계가 회복되는 것이다. 용서는 바로 내면의 자신과 신성이 합치될 때 일어난다. 그것은 구속을 완연하게 떨쳐내는 자유이고 치유인 것이다. 용서와 화해의 문제 해결법을 기독교의 영향과 더불어 발전시킨 고대 하와이인들의 호오포노포노Ho'oponopono를 기록한 조 바이텔Joe Vitale은 다음과 같이 말하고 있다.

"외부 상황을 유발한 자신 안의 것에 대해 그것이 무엇이든 용서를 구하는 것을 '기도'라고 여긴다. 그럴 때 비로소 기도자는 신성과 재접속된다. 그리고 신성이 자신을 치유해줄 것이라 믿는다. 내가 치유되면 외부 세계도 치유된다. 모든 것은 내 안에 있다. 여기에 예외는 없다."⁶⁴

우리의 문화 속에서 용서는 각별한 의미를 지닌다. 우리나라는 기실 '용서의 민족'이라고 해도 과언이 아니다. 베풀고 위하고 인내하고 용서하는 것을 미덕으로 삼았다. 게다가 사랑하는 사람을 위해서는 기꺼이 희생하면서 마음의 앙금을 가지지 않고 오로지 잘되기만을 바랐다.

01 나룻배와 행인

나룻배와 행인의 치유 비평

「나룻배와 행인」은 한용운이 쓴 시로, 1926년 『님의 침묵』에 발표하였다. 한용운은 1879년 충청남도 홍성에서 출생했다. 본관은 청주이며 자는 정옥^{貞玉}, 속명은 유천^{裕天}, 법명^{法名}은 용운^{龍雲}, 법호^{法號}는 만해이다. 어려서 서당에서 한학을 수학한 뒤, 1896년 설악산 오세암에서 불교에 입문한 이후 1905년 설악산 백담사에서 연곡선사를 은사로 삼아 출가하여 승려가 되었다. 1913년 한국 불교의 개혁 방안을 제시한 실천적 지침서인 『조선불교유신론』을 발간함으로써 불교계에 일대 혁신 운동을 일으켰고, 1918년에는 본격적인 불교 잡지 『유심』을 발간하였다. 1919년에는 3 · 1 운동에 주도적으로 참여하기도 했다. 이후 1944년 6월 29일 작고 때까지 물산장려운동을 지원하는 등 불교의 대중화와 민중 계몽, 민족의식 고취에 힘썼다. 만해는 88편의 시를 모아 1926년 『님의 침묵』이라는 첫 시집을 발간하였고, 시조와 한시를 포함하여 모두 300여 편에 달하는 작품을 남겼다.

다음은 「나룻배와 행인」의 전문이다.

나는 나룻배

당신은 행인

당신은 흙발로 나를 짓밟습니다.

나는 당신을 안고 물을 건너갑니다.

나는 당신을 안으면 깊으나 옅으나 급한 여울이나 건너갑니다.

만일 당신이 아니 오시면 나는 바람을 쐬고 눈비를 맞으며

밤에서 낮까지 당신을 기다리고 있습니다.

당신은 물만 건너면 나를 돌아보지도 않고 가십니다 그려.

그러나 당신이 언제든지 오실 줄만은 알아요.

나는 당신을 기다리면서 날마다 날마다 낡아갑니다.

나는 나룻배

당신은 행인

　이 시의 화자는 '나룻배'이다. 나룻배는 나루터에서 사람이나 짐 등을 실어 나르는 배를 말한다. 그리고 '당신은 행인'이다. 나룻배는 배가 뜰 수 있는 물 위에서만 존재한다. 당신은 행인이므로 물 위를 걸어가지 못한다. 물을 건너가기 위해서는 어쩔 수 없이 나에게 의존할 수밖에 없다. 나는 그것을 기꺼이 받아들인다. 나는 나룻배이므로 행인이 타지 않으면 움직이지 않는다. 그리하여 행인이 올 때까지 기다린다. 바람이 휘몰아치고 눈비가 쏟아져도 밤낮 없이 기다린다. 그렇게 기다리는 동안 세월이 가고 낡아가는 자신을 느낀다. 당신이 오면 고스란히 당신을 안고 움직이기 시작한다. 흙발에 짓이겨져도 기꺼이 감수하며, 당신을 안은 채 건너간다. 당신은 뭍에 도착하는 즉시 몸을 일으켜서 황황히 떠난다. 뒤를 돌아보지도 않는다. 무정하고 야속하기 그지없는 노릇이다. 그래도 나는 여전히 당신을 기다리고 있다. 물살의 흐름에 삐거덕거리는 신음을 속으로 삭이면서 날마다 기다리고 기다린다.

이 기다림은 이유가 없다. 득실을 따지지 않는 이 사랑은 넓고 큰 사랑, 박애[博愛]다. 박애는 인격과 인성의 꽃이다. 가치관과 합리성에 입각한 평가를 하면서 사람을 구분하지 않는다. 모든 것을 초월한 인간 존재에 대한 사랑이다. 나룻배의 입장에서 보자면, 행인은 괘씸하기 짝이 없다. 행인이 결코 할 수 없는 일, 물 위를 지나가는 것을 나룻배는 해냈다. 행인이 한 것이라고는 배를 타는 동안 발로 나룻배를 밟고 있었던 것뿐이다. 그럼에도 땅에 도착하자, 뒤도 돌아보지 않고 떠나버린다. 배반감에 치를 떨 수도 있겠으나 나룻배는 그렇게 하지 않는다. 모든 것을 수용하면서 그저 하염없이 행인의 뒷모습을 지켜보며 배웅한다. 나룻배의 어디에도 원한과 증오는 숨겨져 있지 않다. 나룻배는 행인을 용서한 것이다. 행인을 만날 때까지 기약 없는 기다리는 시간들도, 마침내 행인이 와서 함부로 발을 딛고 타는 순간에도, 뭍에 도착해서 훌쩍 행인이 내려서 총총 사라진 순간에도, 별과 태양이 번갈아가면서 빛을 내뿜으며 숱한 날이 지나가는 것마저도 나룻배는 다만 용서할 뿐이다. '용서'는 나룻배가 살고 있는 곳과도 연결된다. 물은 끊임없이 흐르고 있으며, '용서'는 고여 있는 마음이 흘러가는 것이다. 이 시의 정서는 '기다림'에서 '용서'로 확장된다. 매 순간 가질 수 있는 원한을 강물에 띄워 보내는 것이 바로 나룻배가 한 적극적 행위이다. 그로 인해 나룻배의 '기다림'은 '사랑'의 힘으로 완성된다. 즉, 용서는 드높은 차원에서 존재하는 '사랑'을 채움으로 인해서 실현된다. 그리하여 나룻배 안에 담겨 있는 것은 우주의 에너지이다. 그 형언할 수 없는 큰 에너지가 용서할 수 있는 근원적 힘을 낼 수 있도록 한다. 행인의 의미를 면밀하게 떠올려보면 알 수 있는 것이 있다. 물을 건너기 위해 오로지 단 하나의 존재, 나룻배한테 모든 것을 의탁하고 있다. 나룻배한테 자신을 믿고 맡기는 행인은 강의 다른 쪽까지 자신을 실어줄 것이라는 기대와 강한 신뢰를 품고 있다. 만약 의심했다면, 나룻배를 타지 않을 것이다. 나룻배는 행인을 실어 나르는 동안, 또 행인을 기다리는 동안, 모든 시간을 통틀어 행인을 기다리며 포용하고 있다. 그리하여 행인의 한계까지 품은 나룻배의 포용은 늘, 변함없이 포용으로 충만해 있다.

심상 시 치료 기법으로서 나룻배와 행인

1 「나룻배와 행인」을 낭송한다. 첼로와 피아노로 연주한 파헬벨의 〈카논 변주곡 Canon in D〉을 배경음악 삼아 낭송하면 더욱 절묘한 조화를 느낄 수 있다.

2 시를 더 잘 느낄 수 있도록 치료사는 위에 언급한 치유 비평을 참고해서 내담자에게 설명하고 안내한다.

3 「나룻배와 행인」의 느낌을 충분히 나눈다. 특히 눈에 띄는 구절이나 단어가 있으면 말하도록 하고, 그 이유를 말한다.

4 내가 이 시에서처럼 '나룻배'가 되어 '내 안의 행인', 즉 지식이나 지혜, 열정, 사랑 등 성장을 위해 변화가 필요한 내 마음 안의 존재를 기다린다고 가정해본다. '내 안의 행인'은 무엇인지 떠올리고, 그렇게 떠올린 이유를 적도록 한다.

5 다음 심상 시 치료 멘트대로 행한다.

(눈을 감고 간단한 복식호흡과 이완을 한 후 진행한다.)

나는 나룻배입니다. 나는 ○○○을(순서 4에서 떠올린 존재.

이하 같음) 기다리고 있습니다. 나는 ○○○이 오실 것이라는 사실을 압니다. 시간이 얼마나 지나가든지 상관하지 않습니다. 언젠가 이 와서 나는 ○○○을 태우고 이곳에서 저곳까지 건너갈 수 있다는 사실을 압니다. 이제 잠시 후 셋을 세면 ○○○가 다가올 것입니다. 하나, 둘, 셋! 자, 이제 ○○○가 다가와서 내 안에 올라탔습니다. 나는 ○○○을 싣고 부지런히 움직여서 앞으로 나아갑니다. 천천히 앞으로 나아가고 있습니다. ⋯⋯ ⋯⋯ ⋯⋯ 자, 이제 목적지에 도착했습니다. 나는 ○○○와 작별 인사를 합니다. 그리고 언제든 다시 돌아오리라는 것을 믿습니다. 나는 지금 빈 배이지만, 내 안에 가득한 우주의 에너지를 느낍니다. 나는 혼자가 아니라 강력한 에너지를 가진 채 그 어떤 상황에도 용서하면서 기다리고 있습니다. 문득, 지금 들려오는 하늘의 메시지가 있습니다. 어떤 메시지인지 들어보시기 바랍니다. 나는 자연스럽게 하늘과 대화를 나눕니다. 어떤 대화가 오고 가는지 들어보시기 바랍니다. 이제 대화를 마무리 짓습니다. ⋯⋯ ⋯⋯ ⋯⋯ 지금, 현재의 느낌을 그대로 간직한 채 셋을 세고 눈을 뜹니다. 하나, 둘, 셋!

6   심상 시 치료 멘트대로 행하고 나서의 느낌과 하늘과

나눈 대화를 그대로 적는다. 혹시 아무것도 떠오르지 않았다면, 눈을 뜬 채 멘트대로 장면을 상상해서 적는다.

7   6에서 적은 글을 함께 충분히 나눈다.

치유 효과

'기다림'과 '그리움'과 '사랑'이 풍성하게 배합된 시 「나룻배와 행인」을 통해 자기 자신이 나룻배와 행인이 되어서 성장하기를 원하는 마음으로 강을 건넌 후 나룻배 안에 담기는 우주의 큰 에너지를 내재화하여 긍정적인 내면의 힘을 체득할 수 있다. 심상 시 치료의 과정 중 '마음의 빛 확산' 단계에 적합하다.

02 불국사

불국사의 치유 비평

사적 제502호 불국사佛國寺는 신라 경덕왕 10년(751)에서 혜공왕 10년(774년)에 걸쳐 지은 사찰이며, 1969년에서 1973년 사이 복원하여 현재에 이르렀다. 통일신라 김대성의 발원으로 창건하였는데, 『삼국유사』에는 "김대성이 현세의 부모를 위해서 이 절을 창건하였다"고 기록되어 있다. 하지만 김대성이 생애를 마칠 때까지 완공되지 못했고 그의 사후에 나라에서 완공하였다. 준공 당시 이 절은 대웅전을 중심으로 한 일

곽 등 다섯 개의 지역으로 구분되어 있었다. 대웅전, 극락전, 비로전, 관음전, 지장전 등을 중심으로 한 구역이다. 이 밖에도 위치를 알 수 없는 건물이 마흔다섯 채나 있다.

불국사를 발원한 김대성에 얽힌 다음과 같은 설화가 있다. 「석탈해설화」(재생담), 「금와탄생담과 거등왕탄생담」(기자담), 「죽지랑탄생담」(영혼전이담) 등에 나오는 화소들을 바탕으로 형성된 설화이다.

경주의 모량리에 가난한 경조慶祖에게는 한 아들이 있었다. 머리가 크고 이마가 넓은 것이 성과 같아서 '대성大城'이라고 불렀다. 대성은 복안의 집에서 품팔이를 하여, 그 집에서 밭을 빌려 농사를 짓고 살았다. 어느 날 흥륜사 스님 '점개'가 와서 "누구든지 보시를 정성껏 하면, 천신이 항상 보호하고, 하나를 보시하면 그 만 배의 이익을 얻고 안락장수하게 되리라"고 했다. 이에 복안은 베 50필을 선뜻 시주하고, 대성은 그의 어머니한테 달려가 이런 말을 했다. "제가 문에서 스님이 축원하는 염불 소리를 들으니 하나를 보시하면 만 배를 얻는다고 합니다. 우리는 전생에 닦은 선이 없어 이렇게 가난하게 사니 지금 보시하지 않으면 다음 생에 더욱 가난하게 고통을 받을 것입니다. 우리가 품팔이를 해서 얻은 밭 몇 이랑을 법회에 시주하여 뒷날의 과보를 얻는 것이 좋겠습니다." 어머니가 이에 흔쾌히 승낙을 해서 보시를 하게 된다.

얼마 뒤 대성이 갑자기 죽음을 맞이하게 되었다. 그날 밤 재상 김문량은 하늘에서 말하는 소리를 듣는다. "모량리 대성이라는 아이가 이제 네 집에서 다시 태어나리라." 그 말을 듣고 놀란 김문량이 수소문한 끝에 대성이라는 아이가 죽었다는 기별을 듣게 된다. 하늘의 전언을 들은 그날 김문량의 아내가 잉태하고, 그 뒤 아들을 낳는다. 손에 대성^{大城}이라고 쓰인 금간자^{金簡子}를 쥐고 있었다. 이에 김문량은 아이가 대성의 환생이라고 확신했다. 그래서 아이 이름을 대성이라고 짓고 그의 어머니까지 모시고 와서 봉양했다.

어느 날 대성은 토함산에서 곰 한 마리를 잡은 뒤 산 아랫마을에서 묵었다. 그날 밤 꿈에 곰이 나타났다. 곰은 "네가 어째서 나를 죽였느냐? 내가 환생해서 너를 잡아먹으리라"라고 했다. 대성은 자신의 잘못에 대해 곰에게 용서를 빌었다. 그러자 곰은 "네가 나를 위하여 절을 짓고 기원하여줄 수 있겠는가?"라고 했고, 이에 대성은 그렇게 하겠다고 약속했다. 잠에서 깬 대성의 땀이 온몸과 이불을 흠뻑 적실 지경이었다. 대성은 이때부터 사냥을 하지 않고, 곰을 잡은 곳에 장수사^{長壽寺}를 지었다. 그 뒤 발원하는 바가 더욱 돈독해져서 현생의 부모를 위해 불국사를, 전생의 부모를 위해서는 석불사^{石佛}

寺를 지어서 신림, 표훈 등 의상의 제자들로 하여금 각각 머물게 했다. 석불을 새길 때 돌을 깎아서 감실 뚜껑을 만들려고 했는데, 홀연 돌이 세 조각으로 쪼개졌다. 대성이 분한 마음을 어찌지 못하다 졸고 있는 사이 천신天神이 내려와 이를 완성하고 돌아갔다. 잠이 깬 대성은 급히 남쪽 고개로 달려가 향을 태워 천신에게 바쳤다. 또한, 불국사에서 전해지는 기록에 따르면 751년(경덕왕 10)에 대상大相 대성이 처음으로 불국사를 세웠는데, 774년(혜공왕 10) 섣달 초이튿날 대성이 죽자 나라에서 완성시켰다고 한다.[65]

김대성의 설화에서 보면, 현세에서 당한 가난과 고난을 극복하고, 좋은 업을 많이 쌓아서 다음 생에 이를 갚고자 하는 기원의 마음이 담겨 있다고 할 수 있다. 설화 전체를 볼 때, 세 가지 측면에서 용서를 발견할 수 있다.

첫째, 현세의 삶에 대한 용서이다. 이 용서는 또한 가난에 대한 힘든 처지를 그대로 수용하면서 주어진 삶에 대한 용서로 이어진다. 스님의 말을 듣고 대성이 어머니한테 보시하기를 청해 결국 보시를 하고 만다. 삶 자체에 대한 원한이 가득하다면, 이러한 보시의 마음을 내기 힘들다. 가난하지만, 앞날을 향한 염원을 가지고 보시할 수 있는 마음을 내는 것은 현재의 가난한 삶에 대한 용서인 것이다. 이 용서는 주체는 대성과 대성의 어머니이고, 용서의 대상은 딱히 무엇이라 지목할 수 없지만, 굳이 말하자면 운명이나 주어진 상황이 될 것이다.

둘째, 어긋난 기대에 대한 용서이다. 보시한 뒤 곧바로 복을 기다리지는 않았겠지만, 적어도 살아갈 힘은 주어야 할 것이다. 어이없게도 대성은 보시하고 나서 얼마 안 가 죽고 만다. 세속적인 관점에서 보자면, 허망하기 이를 데 없다. 어머니는 아들이 죽었으니 얼마나 원통할 것인가. 그러나 상황은 새로운 국면을 맞이하게 된다. 재상 김문량이 예지몽을 꾸게 되고, 사람을 시켜 알아보니, 김대성이 죽고 다시 환생하게 된다는 꿈이 맞는다는 것을 알게 된다. 이로 인해 김대성의 모친은 김문량의 집으로 가서 대접을 받으며 살게 된다. 한쪽 문이 닫히고 다른 쪽 문이 열리게 된 것이다. 그것은 아들의 죽음과 가혹한 운명에 대해 불평하거나 원망하지 않았으므로 찾아온 축복이다. 잘 살고 싶은 소망에 당장은 어긋났지만, 부정적인 감정에 매몰되지 않음으로 인해서 복이 들어오게 되었다.

셋째, 어느 정도 자란 대성이 곰을 죽이고 곰한테 용서를 받은 일이다. 곰 사냥을 한 날, 꿈에서 자신을 왜 죽였냐고 따지며 호통 치는 분노한 곰을 만나게 된다. 대성은 용서를 빌고, 곰은 자신을 위해 절을 지어 기원하라는 말을 남기고 사라진다. 자신을 죽인 존재를 용서하는 것은 어려운 일이다. 곰은 '용서'의 진정한 힘을 실천한 것이다. 이 약속을 지키기 위해 대성은 갖은 노력을 기울이고, 그 후로는 사냥을 하지 않았다.

김대성의 설화에서 볼 수 있는 '용서'의 힘은 '불국사'로 완성된다. 잘못을 저질렀지만, 곰은 결국 품어주고 감싸주면서 이해해주고 격려해주면서 같은 잘못을 되풀이하지 않기를 바라는 마음을 낸 것이다. '용서'는 이처럼 마음의 보물과 같다. 이것이야말로 극락을 만들 수 있는 핵심 요소이다. 곰의 용서와 당부가 지상에서 극락을 그리워하고 포용적인 마음을 담은 불국사를 만들게 했다.

심상 시 치료 기법으로서 불국사

순서

1   치료사는 불국사에 대한 간략한 설명과 불국사를 발원한 '김대성 설화'를 내담자에게 들려준다.

2   불국사에 대한 직·간접 체험을 나누고, '김대성 설화'

에 대한 느낀 점을 충분히 나눈다.

3 '곰의 용서'에 초점을 맞춰서, 자신의 인생에서 '곰'이 했던 것처럼(용서를 해주는 주체가 되어서) 용서를 해준 적(힘들었지만 상대방을 용서한 적)이 있었는지 생각해보고, 있었다면 그 일화를 간략하게 적는다. 없었다면 '곰의 용서'처럼 '누군가를 용서해주고 싶다'는 생각을 가지고 그 대상을 떠올려서 적는다.

4 3을 충분히 나눈다.

5 '나는 ○○○(순서 3에 등장한 용서를 해줄 대상)을 용서합니다'로 시작하는 메시지를 3의 존재한테 쓴다. 용서해야 하는 '일'에 대해 쓰는 것이 아니라 '용서를 하는 사실'에 초점을 맞춰서 쓴다.

6 5를 소리 내어 읽되, 3에 떠올린 대상자가 되어서 그 대상자와 마음을 합해서 읽는다.

7 3에 떠올린 대상자와 마음을 합해서, 그 대상자가 내가 쓴 메시지를 읽고, 보내는 답장 형식으로 글을 쓴다.

8 7에서 적은 글을 함께 충분히 나눈다.

9 1에서 8까지 행한 느낌을 충분히 나눈다.

치유 효과 ———————————————————————

불국사를 발원한 김대성 설화를 중심으로 '용서'의 의미를 포착해서 직접 용서를 하는 주체가 되어보고, 특정한 대상에게 그 용서를 베푸는 적극적인 마음을 냄으로써 내면의 흐름을 원활히 해주는 긍정의 기회를 얻을 수 있다. 심상 시 치료의 과정 중 '깊은 내면' 단계에 적합하다.

03

처용

처용의 치유 비평

『삼국유사』는 고려 충렬왕 때의 보각국사 일연(一然, 1206~89)이 신라 · 고구려 · 백제 삼국의 유사를 모아서 지은 역사서이다. 문헌 속에서 우리는 처용處容을 만날 수 있다. 처용은 신라 시대의 설화에 나오는 기인으로 알려져 있다. 『삼국유사』 권2 「처용랑 망해사」에 실려 전해지는 내용은 다음과 같다.

"나라가 태평을 누리자 왕이 879년(헌강왕 5)에 개운포(開雲浦, 지금의 울산) 바닷가로 놀이를 나갔는데, 돌아오는 길에 구름과 안개가 자욱하게 덮이면서 갑자기 천지가 어두워졌다. 갑작스러운 변괴에 왕이 놀라 좌중에 물어보니, 천문 관측과 점성을 담당하던 일관日官이 말하기를 이것은 동해 용의 짓이므로 좋은 일을 행하여 풀어야 한다고 하였다. 왕이 용을 위하여 절을 짓도록 명하니 바로 어두운 구름은 걷히고(이로부터 이곳을 개운포開雲浦라 하였다), 동해 용이 일곱 아들을 데리고 나와 춤을 추었으며 그중 하나가 왕을 따라오니, 그가 처용이었다. 왕을 따라온 처용은 달밤이면 거리에 나와 가무를 하였다. 왕은 그를 미녀와 짝지어주고 급간 벼슬을 주었다. 이 아름다운 처용의 아내를 역신이 사랑하여 범하려 하므로 처용이 노래를 지어 부르며 춤을 추었더니 역신이 모습을 나타내어 무릎 꿇고 빌었다. 그 뒤부터 백성들은 처용의 형상을 그려 문간에 붙여 귀신을 물리치고 경사가 나게 하였다. 그리고 헌강왕이 세운 절 이름을 망해사望海寺, 혹은 신방사新房寺라고 하였다. 이때 처용이 춘 춤이 악부에 처용무處容舞라 전해지고 이 춤은 조선 시대에 이르러 궁중무용인 정재呈才와 세말에 궁중에서 악귀를 쫓는 연극 행사인 구나의驅儺儀 뒤에 추는 향악의 춤으로 발전하였으며, 이를 처용희處容戱라고도 한다."[66]

아름다운 여인과 결혼한 처용이 어느 날, 늦은 밤에 귀가해서 보니 희한한 일이 벌어져 있다. 댓돌 위에 두 짝의 신발이 놓여 있다. 한 켤레는 아내의 것이고 다른 한 켤레는 낯선 이의 것인데 남자의 것이 틀림없다. 굳게 닫힌 방문 밖에서 처용은 잠시 머리가 하얘졌다. 다음 순간, 온몸의 피가 거꾸로 솟구치는 느낌이 들면서 분노가 치밀어 올랐다. 문을 벌컥 열자 눈앞에 펼쳐진 광경은 짐작한 대로다. 네 다리가 얽히고설켜 있다. 더 이상 무슨 말을 할 수 있겠는가. 인간의 말은 어떤 상황에서는 속수무책이다. 감정과 느낌과 행동만이 유일하게 터져 나오고 만다. 욕을 해대며 여자와 남자 둘을 떼놓으려 발버둥 칠 수 있을 것이다. 오열에 가까운 고함을 지르며 이들을 흠씬 두들겨 팰 수도 있을 것이다. 이것이 이런 상황에 맞닥뜨렸을 때 누구나 보일 수밖에 없는 자연스러운 반응일 것이다. 하지만 처용은 그렇게 하지 않았다. 그는 조용히 방문을 닫았다. 그러고는 방을 등지고 가만히 서 있었다. 행동으로 나오지 않는 숱한 생각들이 그 순간 무수한 가시가 되어 처용 자신을 찌르고 있었을 것이다. 아내도 건사하지 못하는 못난 이, 그렇다고 덤벼들어 싸우지도 못하는 멍청이, 애정을 담은 눈빛으로 서로 평생을 언약하던 아내는 어디로 갔단 말인가. 처용은 돌멩이 하나까지 자신을 손가락질하고 있다는 것을 느끼며 괴로워한다. 심지어 평소에 그렇게도 즐기던 밝고 환한 달조차 조롱 섞인 웃음을 보내고 있다. 모든 것은 순식간에 바닥으로 가라앉고 말았다. 더 이상 내려갈 수도 없는 바닥으로 치닫는 것을 무연히 지켜보던 처용은 그다음 순간, 자신의 것이 아닌 어떤 다른 존재를 느낀다. 아니, 자신 안에 숨겨져 있던 또 다른 자신, 자신의 한계에 갇히지 않는 초월적인 자신이 서서히 발산되는 것을 느낀다.

자아를 둘러싼 생각, 당위적인 합리성, 가치판단, 도덕이 작용하는 이성을 홀연히 놓아버렸을 때, 분노는 봇물처럼 터져 나와 흘러갔다. 더할 나위 없이 청명하고 신선한 기운이 자신을 휘감고 있다. 보다 큰 내가 나와 연결되는 순간이었다. 설명할 수 없는 평강이 찰랑거리며 물결치듯 처용한테 찾아왔다. 그것은 실로 놀라운 체험이었다. 살아남으려는 모든 그악한 몸짓들을 놓아버렸을 때, 애쓰지 않고 텅 비우게 될 때, 채워지는 신비한 감정들이었다. 기쁨, 환희, 감사 그리고 사랑.

사실 이러한 것들은 도무지 말이 되지 않는, 터무니없을 정도의 감정들이다. 설명할 수 없는 절대적인 분위기 속으로 처용은 빨려 들어가 춤을 추었다. 몸짓 하나하나에 너울거리며 휘날리는 소매가 달빛과 별빛을 스르르 휘감아 와서 처용의 가슴에 안겼다. 세상은 처용과 같이 춤을 추고 있었고, 다 함께 찬가를 부르고 있었다. 살아 있는 모든 존재에 대한 존경과 감사의 노래였다. 발끝에 닿는 돌멩이조차 빛나고 있었다.

그때였다. 급하게 방문이 열리더니 누군가가 후다닥 뛰쳐나가는 소리가 들려왔다. 그 소리조차 감사했다. 감사하지 못할 존재는 세상 그 어디에도 없었다. 얼마나 그렇게 춤을 추었을까. 찬란한 연주가 잔잔한 여운을 남기며 끝나듯이 처용이 마지막 몸짓을 하고 나서 천천히 뒤를 돌았을 때, 그곳에는 그가 여태 알던 모습 그대로의 아내가 사랑스러운 눈빛으로 앉아 있었다.

이때 처용이 추던 춤은 처용무로, 부르던 노래는 처용가로 우리 문화 속에서 전승되어왔다. 아내를 범하던 존재는 질병을 일으키던 역신이었으며, 역신은 그 이후 처용을 너무나 두려워해서 처용의 얼굴을 그려서 대문 앞에 붙여놓으면 범하지 못했다. 객관적이고 합리적으로 파악해보자면, 말이 되지 않는 상황이다. 자연스러운 인간의 감정이 아닌 억지라고 비난할지도 모른다. 그 상황에서 춤을 춘다는 것은 실성한 탓이 틀림없다고 말할지도 모른다. 그러나 이것이 바로 이성과 합리성을 뛰어넘는 초감각적이고 초월적인 인간의 잠재력이다. 이것이 바로 '용서의 힘'이다.

용서에는 엄청난 힘이 존재한다. 극심한 상태에서 나오는 용서일수록 더욱 그러하다. 두려움을 주는 상대를 오히려 두려움에 떨게 하는 것이 바로 '용서'이다. 그러한 용서는 바로 내면의 자신과 신성이 합치될 때 일어난다. 처용의 '용서의 힘'은 옛 설화 속에서만 존재하고 있지 않다. 우리 민족의 문화 속에서 면면히 이어져오고 있다. 비단 춤이나 노래를 말하는 것이 아니다. 용서에는 지극한 힘이 뒤따른다. 이것을 한 번 더 힘주어 말하자면, '치유'라고 할 수 있다. 용서는 곧장 치유와 연결된다. 용서의 힘을 체득한 자는 치유를 누릴 수 있다.

그 반대의 경우를 짚어보자. 용서하지 못하는 마음은 '화'라는 앙금을 남긴다. 용서하지 못하면 과거의 그 상황, 그 일에 얽힌 인물들은 그대로 살아 있다. 과거의 그 시간을 떠올리기만 해도 이미 그 시간을 지나온 현재의 내가 영향을 받게 된다. '화'는 오랜 시간 동안 축적되면 걷잡을 수 없이 커지게 된다. 게다가 쉽게 녹지 않을 만큼 단단해진다. 마음속에 머물러 있는 화는 자기도 모르는 사이에 밖으로 불쑥 튀어나오기도 한다. 그러다가 한순간, 폭발하듯이 터져 나와 결국 사고를 치게 만든다. 그렇게 드러나는 형태를 폭력이라고 말할 수 있다. 또 어떤 이들의 마음속에서는 우울이라는 형태로 자리하게 된다. 표출되지 않는 화는 내면을 갉아먹는다. 이것이 화의 두 얼굴이다. '화'는 시간이 간다고 해서 저절로 가라앉지 않는다. 잘 토닥이고 보살펴주어야 한다. 화를 얼마나 잘 다스리는가에 따라서 삶의 태도와 질이 달라지기 때문이다.

우리의 문화에서 처용을 만나보았다. 처용이야말로 용서의 힘을 제대로 안 인물이다. 용서할 때 화는 기적처럼 사라진다. 처용이 이 땅의 지금, 현재를 살아가는 현대인들에게 던지는 메시지는 자명하다. 용서할 수 없는 극심한 상황들은 결국 그 상황에 부딪혀 갖게 되는 마음의 상태 때문이며, 용서는 다만 마음에서 오는 것이 아니라, 다른 차원에서 기적처럼 오는 것이라는 사실이다. 용서는 한 마디로 축복처럼 주어지는 것이다. 다만 '화'를 비울 때, '화'를 내려놓을 때, 그다음 순서로 용서가 찾아오는 것이다.

파울로 코엘료 Paulo Coelho에 의하면, 용서하는 순간 두 가지 길이 생겨난다. 하나는 상대방에게로 가는 소통의 길이며, 다른 하나는 자기 자신에게로 향한 화해의 길이다.[67] 이 두 가지 길의 출발점은 자기 자신이다. 자신을 사랑하지 않음으로 인해 결국 병리적 증상들이 나타나게 된다. 마음의 병으로 힘들어하는 사람들의 공통적인 문제점이 바로 자기 자신에 대한 사랑의 결여이다. 이는 종종 이 세상에 자신을 태어나게 한 존재를 부정하는 것에서부터 시작한다. 자기 자신에 대한 화를 투사시켜 가까운 대상에 대한 화, 분노, 악한 감정들을 갖게 한다. 그런 의미에서 볼 때, 치유의 시작은 자기 자신에 대한 사랑에서부터 시작한다고 할 수 있다. 자신을 진정 사랑하게 되면 타인에게도 관대해지며 인생의 참맛을 알게 된다. 아름다운 삶이란 사랑과 용서의 종을 조화롭게 울리는 것이다.

이런 의미에서 '용서'의 힘을 보여준 처용의 이야기는 그 의미가 깊다.

심상 시 치료 기법으로서 처용

순서 ————————————————————

1   치료사는 처용의 설화를 소개하고, 구체적인 장면을 이미지로 전개하면서 설명한다.

2   처용 설화에 대한 느낌을 한 단어로 표현하고 그 이유를 적는다.

3   2를 함께 나눈다.

4   다음 심상 시 치료 멘트대로 행한다.

(눈을 감고 간단한 복식호흡과 이완을 한 후 진행한다.)

내 키만 한 얼음이 있습니다. 이 얼음은 오래전부터 이곳에 있었습니다. 오래전에는 크기가 작았습니다. 세월이 흐르는 동안, 얼음의 부피는 점점 커져갔습니다. 얼음 주위에는 차가운 바람이 일고, 아무도 얼음 가까이 얼씬하지 않습니다. 얼음이 커지는 과정을 나는 잘 알고 있습니다. 얼음은 내 나이만큼 자라왔습니다. 얼음 근처만 가도 차가운 바람이 입니다. 나는 이 얼음을 녹이기로 결심합니다. 얼음 주위에 따뜻한 난로를 놓아둡니다. 난로의 열기가 후욱 내 얼굴을 스치고 얼음 위로 옮겨집니다. 난로의 열기를 그대로 느껴보시기 바랍니다. …… 잘 녹지 않을 것만 같던 얼음이 조금씩, 조금씩 녹기 시작합니다. 머리 위에서부터 무너지면서, 크기가 줄어듭니다. 나는 다가가 얼음을 안아줍니다. 내 품에 얼음을 끌어안고 있습니다. …… …… 나는, 얼음이 이토록 크게 자랐으리라고 결코 상상하지 못했습니다. 이제, 이 얼음을 내 품으로, 난로의 열기로 녹이고 있습니다. …… 얼음의 크기가 점점 줄어듭니다. 찬바람 대신, 훈훈한 바람이 감돌고 있습니다. 점점, 점점, 얼음이 녹고 있습니다. 이제, 손바닥 안에 한 덩이의 얼음만 남았습니다. 얼음 위로 다른 쪽 손바닥을 포개어봅니다. 얼음이 내 손바닥 안에서 점점 녹아서, 이제 물이 되었습니다. 손바닥에 물기만 남았습니다. …… 지금, 문득 떠오르는 단어가 있습니다. 이 단어를 그대로 마음속에 간직해봅니다. …… …… …… 지금 이 느낌을 그대로 간직한 채 셋을 세고 눈을 뜹니다. 하나, 둘, 셋!

5   심상 시 치료 멘트대로 행하고 나서의 느낌을 얼음을 녹이기 전, 녹이는 도중, 녹이고 나서의 세 장면으로 구분해서 적는다. 그리고 마지막에 떠올린 단어를 적는다. 혹시 떠올리지 않았다면, 눈을 뜬 채 멘트대로 장면을 상상해서 적는다.

6   5에서 적은 글을 함께 충분히 나눈다.

치유 효과

얼음이 상징하는 것은 부정적인 마음이다. 얼음을 녹일 수 있는 건 온기뿐이다. 내 안의 얼음을 녹이기 위해서는 먼저 얼음의 존재를 인식해야 한다. 그런 다음 녹이기를 결심하고, 얼음을 안아주는 일련의 행위를 통해서 내 안의 부정적인 마음을 줄여갈 수 있다. 이 기법은 용서의 핵심, 자기 자신을 용서하는 효과가 있다. 심상 시 치료의 과정 중 '마음의 빛' 단계에 적합하다.

CHAPTER 17

극복

댓돌
바리데기
해와 달이 된 오누이

극복은 악조건이나 고생 따위를 이겨내는 것을 말한다. 우리의 삶은 숱한 극복으로 이뤄져 있다. 살아나간다는 것 자체가 바로 고생이고 수고로운 일이다. 버텨낸다는 것, 마지못해 살아내는 것도 극복해나가는 과정으로 볼 수 있다. 어쨌듯 살아 있기 때문이다. 삶은 터널을 통과하는 것과 같다. 당연한 말이지만, 터널과 동굴은 나오는 방법이 다르다. 들어갈수록 깊어지고 다시 돌아 나와야만 벗어날 수 있는 것이 동굴이라면, 당장은 어둠밖에 보이지 않더라도 계속 같은 방향으로 걷다 보면 결국 반대편 출구에 다다르게 되는 것이 터널이다. 그리고 우리의 삶은 동굴이 아니라 터널이다. 마음의 어둠은 일시적인 현상이며, 장막을 들추면 찬란한 '빛'이 있다는 사실을 깨닫는 것이 바로 '자각'이다.

동굴이 상징하는 것은 암울한 상황, 혹은 닫혀버린 현재의 마음이다. 결연히 빠져나오겠다고 결심하고 행동으로 옮기면, 이미 문제 해결 능력을 발휘하고 있는 것이다. 빛은 갈등을 해소하고, 혼돈을 정리하는 상황에 대한 상징적 의미를 지니고 있다. 우리 문화 속에서 극복의 의미는 요소요소에 존재한다. 우리 민족을 '극복의 민족'이라고 정의할 수 있을 것이다. 언제나 외세의 위협과 난관에 맞서왔으며, 지금도 세계 유일의 분단국가라는 아픔을 안고 있을지언정 꿋꿋이 살아남아 있다.

극복은 삶을 살아나가는 핵심 역량이다. 잘 극복할 수 없다면, 사실상 '성공'을 기대하기 어렵다. 다시 말하자면, '성공'의 정의는 '역경의 극복'이라고 할 수 있다. 역경을 얼마나 잘 이겨냈는가가 바로 성공의 척도이다. 그리하여 성공의 정의는 이렇게 새롭게 내려져야 한다. 계속된 성공의 체험이 결국 자신의 삶을 성공으로 이끈다. 성공할수록 성공할 확률이 높아진다. 관점을 달리해서 말하자면, 커다란 역경과 시련을 이겨냈다는 사실만으로도 이미 성공한 것이고, 이런 성공이 영혼을 성장시킨다. 제대로 된 성공의 정의를 깨닫는 과정을 통해 현재의 난관을 헤쳐나갈 원동력을 체험할 수 있으며, 삶을 바라보는 내면의 시각이 보다 확대되어 결국 성공을 향한 마음의 길을 내게 될 것이다.

01

댓돌

댓돌의 치유 비평

댓돌은 집채의 앞뒤에 오르내릴 수 있도록 놓은 돌층계를 말한다. 또한, 기단을 구성하는 돌을 말한다. 기단은 서민들의 살림집에서는 낮고 양반집이나 궁궐에서는 높다. 한 단으로 만들어진 기단은 외벌대, 두 단은 두벌대, 세 단은 세벌대라고 한다.[68]

한편, 댓돌은 디딤돌, 섬돌, 보석, 석세, 석단, 석제, 승강석 등 여러 용어로도 사용했다. 댓돌은 다양한 용도로 쓰였으며,

적당한 자연석을 약간만 다듬어 쓰기도 했고, 대개는 화강석을 잘 다듬어서 장대석으로 만들어 쓰기도 했다. 마루가 아니더라도 밖에서 안으로 들어가는 문지방이 높은 경우에는 문지방의 안팎으로 디딤돌을 놓는 경우도 있었다. 마루가 상당히 높은 경우에는 디딤돌을 2단으로 놓는다. 이럴 때는 아랫단은 넓게 하고 그 위에 다시 한 단을 놓는 형식이 보통이다. 또한, 돌 대신에 큰 나무토막을 가져다 놓기도 하였다. 잘 만든 계단의 디딤돌 중에는 연꽃이나 연잎을 새겨놓은 것도 있다.

엄밀하게 구분하자면, 댓돌 위에 디딤돌이 따로 놓여 있어서 디딤돌 위에 신발을 놓고 방 안으로 들어섰다. 하지만 디딤돌과 댓돌의 구분을 따로 하지 않고 용어를 혼용해서 쓰기도 하므로 이 글에서는 '댓돌'로 통일해서 말하고자 한다.

댓돌이 '극복'의 주제에 맞는 이유는 두 가지 때문이다.

첫째, 사람들은 늘 댓돌을 밟으면서 방으로 드나든다. 그러니까 댓돌은 밟히기 위해 존재하는 돌이다. 어지간히 단단하고 굳세지 않으면 그 역할을 제대로 해낼 수 없다. 게다가 댓돌은 평평하고 반듯해야 한다. 균형을 잘 잡고 움직임 없이 있어야 한다. 그래야 자신의 역할을 감당할 수 있다.

둘째, 댓돌은 집 안에 들어설 때와 집을 나설 때 가장 일선에서 맞이하는 사물이다. 밖으로 나갈 때는 댓돌 위에서 신발을 신고 마당을 통해 나간다. 안으로 들어갈 때는 댓돌 위에 신발을 벗어놓고 방문을 열고 들어선다. 상황에 따라 마음가짐이 달라지기 마련이다. 날마다 다른 마음들이 댓돌 위에 고스란히 얹혀 있게 된다. 또한, 댓돌이 품고 있는 신발은 신발의 주인이 어디에서 무엇을 했는지, 어떤 감정을 느꼈는지 고스란히 담고 있다. 아마도 말을 할 수만 있다면, 댓돌은 신발의 자취에 담긴 무수한 이야기들을 쏟아내리라. 댓돌은 집을 드나드는 숱한 순간들의 기억을 고스란히 간직하고 있다. 그러면서도 참 고맙게도 묵묵히 아무런 말도 하지 않고 그 자리에 버티고 있다. 배우려고 든다면, 우리는 댓돌에게서 얼마든지 배울 것이 있다. 한결같이 그 자리에 버티고 있으면서 삶의 숱한 고초와 희로애락을 묵묵히 지켜보고 있는 것이다.

심상 시 치료 기법으로서 댓돌

순서 ——————————————————————————

1   치료사는 '댓돌'의 이미지를 준비해서 내담자에게 제시하고 느낌을 나눈다. 혹 '댓돌'에 대한 추억이 있다면, 그에 대한 느낌을 나누어도 좋다.

2 '내 마음의 댓돌' 하면 떠오르는 마음을 한 단어로 포착해서 적는다. '내 마음의 댓돌'이란 '내 마음속 긍정의 방'에 드나들 때 가지는 내 마음으로 만든 '댓돌'을 말한다. 어떤 마음으로 '내 마음의 댓돌'을 이루고 있는지 떠올린 마음을 한 단어로 나타내고 그렇게 포착한 이유를 적는다.

3 2를 충분히 나눈다.

4 '내 마음의 댓돌'을 통해 들어가는 '내 마음속 긍정의 방'은 어떤 느낌인지 한 단어를 포착해서 나타내고, 그렇게 단어를 사용한 이유를 적는다.

5 4를 충분히 나눈다,

6 다음 심상 시 치료 멘트대로 행한다.

(눈을 감고 간단한 복식호흡과 이완을 한 후 진행한다.)

나는 마음속 긍정의 방을 드나들기 위한 댓돌을 만듭니다. 이 댓돌은 내가 떠올린 ○○○(순서 2의 단어를 말한다. 이하 같음)으로 이뤄져 있습니다. 나는 내가 떠올린 ○○○으로 내 마음속 긍정의 방을 드나들 수 있는 댓돌을 만들었습니다. 이 댓돌을 내 마음의 방 앞에 두시기 바랍니다. 내 마음으로 만든 내 방 안으로 들어가는 댓돌입니다. 지금의 느낌이 어떤지 고스란히 느껴보시기 바랍니다. …… ……

…… 지금, 이 느낌을 그대로 간직합니다. 이제 셋을 세고 눈

을 뜹니다. 하나, 둘, 셋!

7   심상 시 치료 멘트대로 행하고 나서의 느낌을 그대로
    적는다. 혹시 아무것도 떠오르지 않았다면, 눈을 뜬 채
    멘트대로 장면을 상상해서 적는다.
8   6에서 적은 글을 함께 충분히 나눈다.

치유 효과

댓돌을 마음의 방으로 가기 위한 디딤돌로 인식하고 긍정적
인 마음과 댓돌을 함께 연결 지어서 내면 깊이 극복의 의미를
지닐 수 있는 효과가 있다. 심상 시 치료의 과정 중 '마음 잇
기' 단계에 적합하다.

02 바리데기

바리데기의 치유 비평

바리데기 설화는 죽은 사람의 영혼을 위하여 일정 기간 안에 하는 굿이다. 죽은 사람이 생전에 이루지 못한 소원이나 원한을 풀어주고 죄업을 씻어 극락 천도를 기원하는 오구굿을 말한다. 또는 전라도 일부에서 씻김굿의 마지막에 하는 굿거리를 말하며, 잔치판에 꼬여 든 잡귀 잡신들을 물리쳐냄과 동시에 망자의 넋을 해원^{解寃}하는 해원굿의 일부를 구성하는 서사무가로 구전되어왔다. 굿을 하기 전이나 중간에 하는 사설에

이 설화가 포함되어 있다. 무당은 바리공주 서사무가를 진오기굿의 말미 거리에서 장고를 세우고 방울을 흔들며 서너 시간에 걸쳐 구송한다. 바리공주는 관북 지방에 전해져 내려오는 설화의 인물로, 흔히 무당의 조상으로 알려져 있다. 발리공주 혹은 사희공주라고 하여 바리때(절에서 쓰는 공양 그릇. 나무나 놋쇠 따위로 대접처럼 만들어 안팎에 칠을 한다)를 지니며 베푸는 공주를 뜻한다.

설화의 내용은 다음과 같다. 왕의 이름은 지역에 따라 조금 다르게 나타나는데 전남 지역에서는 오구시왕이다. 오구는 원한 맺힌 귀신이라는 뜻이며 시왕은 열 명의 판관을 일컫는다. 사람이 죽으면 시왕의 판결을 받아 어디로 갈 것인지 결정하게 된다고 한다. 우리나라에 어느 왕(어비대왕 혹은 오구대왕)이 있었다. 혼례를 1년 미루어야 아들을 낳고 길하다는 예언을 무시하고 결혼한 탓에 계속해서 아들을 낳지 못하였다. 딸만 줄줄이 낳다가 마침내 일곱째도 딸을 낳자 태어나자마자 버렸다. 그가 바로 바리공주였는데 구사일생으로 비리공덕할아비와 비리공덕할미에 의해 살아남아 양육되었다. 훗날에 왕과 왕비가 죽을병이 들어 점을 쳐보니 자신들에게 필요한 약이 무장승이 있는 곳에서 얻을 수 있는 양유수와 꽃임을 알게 된다. 부왕은 여섯 공주에게 서천서역국(죽은 사람의 영혼이 머무는 곳)에 가서 양유수를 구해 오라고 하지만, 여섯 공주는 갖은 핑계를 대면서 가지 않겠다고 한다. 하는 수 없이 버린 일곱 번째 공주에게 부탁하기 위해서 공주를 찾는다. 바리공주와 부모는 서로 재회하고, 사정을 들은 바리공주는 남장을 하고 부모를 살릴 약수를 구하기 위해 저승 여행을 떠난다. 그곳까지 가는 동안 바리공주는 여러 가지 주문과 주령을 들고 지옥에서 신음하고 있는 이들을 구원한다. 마침내 저승에 이르러서 남성인 무장승을 만난다. 무장승에게 여러 가지 일을 해주면서 공덕을 쌓은 끝에 아이들을 낳고, 마침내 그곳에 있는 꽃이나 약물이 부모를 살릴 수 있는 것임을 알게 된다. 바리공주는 양유수와 꽃을 가지고 남편과 자식을 데리고 오다가 강림도령을 만나 인산거둥(因山擧動, 부모의 사망)이 났음을 알게 된다. 더욱 서둘러 가서 양유수와 꽃으로 부모를 모두 되살린다. 그 덕분에 부왕에게 신직을 부여받는데, 아이들은 칠성으로 자리하고 무장승은 시왕군웅 노릇을 하게 되었으며, 바리공주는 만신의 몸주 노릇을 함으로써 만신의 섬김을 받는다.[69]

바리데기는 태어날 때부터 버림받은 존재이다. 부모를 원망하는 게 당연하다. 부모를 구할 유일한 방법이 저승에 찾아가 양유수와 꽃을 가져오는 것임을 알면서도 기껏 키워온 여섯 딸들은 하나같이 그 일을 맡기를 거부한다. 이치대로라면, 바리데기 또한 거부해도 욕할 이 하나 없는 상황이다. 하지만 바리데기는 이를 거부하지 않는다. 자신을 희생하면서 부모의 생명을 구하려고 하는 것은 '사랑'이다. 사랑이 아니면 이뤄질 수 없는 행위이다. 좋은 것을 취하고 안 좋은 것은 내뱉는 조건부의 사랑이 아니라 추하고 싫은 것조차 사랑하며, 아픔을 주고 자신을 내친 존재조차 사랑하는 넓은 사랑, 박애博愛의 화신이 바로 바리데기다. 바리데기의 활약은 저승에서 일어난다. 망자를 해방하고 극락으로 인도하는 것은 바로 자유를 주는 행위이다. 꽃의 상징이 '의미'라면, 물은 '생명'이다. 어둠에 갇혀 있던 이들을 풀어주고 마침내 새로운 생명으로 부활하도록 이끈 것이다. 저승에서 바리데기가 했던 일은 곧 이승으로 돌아와 부모를 회생시킨다. 바리데기는 설화 속의 인물이지만, 우리나라의 굿 문화 속에서 면면히 이어져오면서 산 자와 죽은 자를 함께 치유해주었다.

바리데기의 내면 극복은 다음 세 가지로 요약할 수 있다.

첫째, 자신을 낳자마자 버린 부모에 대한 극복이다. 오랫동안 찾지 않았던 부모가 목숨이 위태로워지자 뒤늦게 딸을 찾았고, 바리데기는 이를 받아들였다. 부모에 대한 원망과 원한을 가졌을 법도 하건만, 그녀는 오로지 자신을 낳아준 은덕을 갚고자 하였다.

둘째, 생명의 위협으로부터의 극복이다. 영약을 구하기 위해 저승에 가는 것조차도 불사할 만큼의 기개를 발휘하였다. 이는 '죽기로 싸우면 반드시 살고, 살려고 비겁하면 반드시 죽는다.'는 의미인 '필사즉생필생즉사^{必死則生必生則死}'를 실현하는 것이다. 즉, 삶은 마치 치열한 전장과도 같아서 중요한 일에 대해 필사^{必死}의 열정과 각오로 임할 때 마침내 성공하게 된다는 뜻을 가지고 있다.

셋째, 저승에서 만난 무장승에 대한 극복이다. 바리데기는 무장승과의 사이에 아이들을 낳게 되지만, 그녀가 원했던 만남도 결혼도 아니었다. 영약을 구하기 위해 무장승을 요청을 받아들이고 응한 것이다. 그 과정에서 그녀가 겪었던 심리적 갈등과 상처는 말로 표현할 수 없을 정도였을 것이다. 하지만 바리데기는 이마저 큰 뜻으로 극복하고 갈등을 이겨낸 끝에 마침내 신의 자리에 오르게 되었다.

생명을 부여할 수 있을 정도의 강력한 치유의 힘은 처음부터 존재한 것이 아니다. 자신의 한계를 끊임없이 넓혀나가는 '극복'을 통해 성장한 것이다. 그런 의미에서 바리데기는 '극복의 화신^{化神}'이라고 말할 수 있다. 극복으로 인해 자신도 세상도 살린 것이다.

심상 시 치료 기법으로서 바리데기

순서

1 진행자는 바리데기 설화를 간추려서 소개한다.

2 바리데기 설화에 대한 느낌을 한 단어로 압축해서 표현하고, 그 이유를 적는다.

3 2를 충분히 나눈다.

4 '내 삶의 극복의 순간' 하면 떠오르는 경험을 구체적으로 언제, 어느 때, 무슨 일이었는지 생각나는 대로 적는다.

5 4를 충분히 나눈다.

6 '극복'이라는 단어와 어울리는 색깔의 색연필 혹은 사인펜을 하나 선택한다. 그 색깔만으로 종이 위에 '극복의 꽃'을 그린다. 꽃의 형태는 원하는 대로 자유롭게 그리면 된다.

7 '극복의 꽃' 주위에 그리고 싶은 것이 있으면 추가해서 더 그릴 수 있도록 한다. 이때는 다른 색깔을 써서 마음껏 원하는 대로 그리면 된다.

8　　7의 그림을 가만히 들여다본다. 침묵하면서 '극복의 꽃'을 보게 한다. 문득, 떠오른 단어를 다른 종이에 적게 하고, 그 이유를 적게 한다.

9　　다음 심상 시 치료 멘트대로 행한다.

(눈을 감고 간단한 복식호흡과 이완을 한 후 진행한다.)

나는 지금 '극복의 꽃'을 가지고 있습니다. 이 꽃을 보고 나는 한 단어를 생각해냈습니다. 꽃의 모습과 단어를 지금 다시 떠올려봅니다. …… …… …… 나는 지금 이 '극복의 꽃'을 내 마음속에서 찾아냈으며, 이제 마음속에 영원히 간직하려고 합니다. 그 어떠한 고난과 어려움, 실망과 좌절의 순간이 오더라도 이 꽃은 나와 함께할 것입니다. 그리하여 내가 그 어떤 어려움과 낙담을 겪더라도 결국 나는 '극복'할 것임을 압니다. 삶이 아무리 나를 속인다고 하더라도 나는 극복의 꽃향기를 맡으며, 꽃의 환하고 화사하고 싱그러움을 마음속에서 꺼내어 꿋꿋하게 삶의 길을 걸어갈 것입니다. 자, 이제 이 꽃을 내 마음에 그대로 새깁니다. 잠시 후 셋을 세면, 양손을 가슴에 살며시 갖다 대어보시기 바랍니다. 지금 양손에는 극복의 꽃이 들려 있습니다. 내가 지금 들고 있는 극복의 꽃을 내 가슴에 갖다 대면, 내 마음 깊숙이 극복의 꽃이 자리하게 됩니다. 제가 셋을 세겠습니다. 하나, 둘, 셋!
…… 자, 이제 이대로 머물러보시기 바랍니다. 가슴속으로
극복의 꽃이 들어갔습니다. 지금, 이 느낌을 고스란히 간직
해보시기 바랍니다. …… …… …… 네, 좋습니다. 이제 다시
한번 셋을 세면, 지금 이 느낌을 그대로 간직한 채 눈을 뜨시
면 됩니다. 하나, 둘, 셋!

10 심상 시 치료 멘트대로 행하고 나서 느낌을 적는다. 혹
시 아무것도 떠오르지 않았다면, 눈을 뜬 채 멘트대로
장면을 상상해서 적는다.

11 10에서 적은 글을 함께 충분히 나눈다.

치유 효과 ─────────────────────────

'극복의 꽃'을 마음에 새김으로써, 매 순간 꽃이 피듯 마음이
환히 열리리라 긍정하며, 현재의 삶을 극복해나갈 수 있는 진
취적인 마음가짐을 얻을 수 있다. 심상 시 치료의 과정 중 '깊
은 내면' 단계에 적합하다.

03 해와 달이 된 오누이

해와 달이 된 오누이의 치유 비평

『해와 달이 된 오누이』는 해와 달의 기원을 알려주는 설화이다. 해-누이, 달-오빠 또는 해-오빠, 달-누이 형식의 민담은 전 세계 곳곳에 존재하고 있다. 또한, 해와 달의 기원을 설명하고 있기에 '일월기원신화'라고도 불린다. 한국에서는 『해와 달이 된 오누이』 또는 『해님 달님』 등의 제목으로 널리 구전되어왔다.

가장 일찍 채록하여 알려진 자료는 1911년에 경상남도에서 오수화가 구연한 〈해와 달〉(정인섭 채록)이다. 이 구연 설화는 민담의 기본 요소를 잘 갖추고 있다. 즉, 호랑이의 어머니 살해, 호랑이와 오누이의 대결, 오누이의 승천과 호랑이 징계, 오누이의 일월 자리 바꾸기로 구성되어 있다. 이 이야기는 구비 전승되어오면서 많은 변이들이 생겨났다. 호랑이가 개입하여 동물담으로 구연되면서 "살려주시려면 굵은 동아줄을, 죽이시려면 썩은 동아줄을 내려주세요"라는 오누이의 기원을 호랑이가 따라 하다가 실패하는 모방담 형식이 덧붙여졌고, 호랑이의 추락과 죽음으로 인해 수숫대가 붉어진 유래담도 생겼다. 이본에 따라서는 호랑이 대신 개나 늑대가 등장하기도 한다. 또, 해와 달에 관한 기원담은 생략되고 수숫대가 붉게 된 유래만 내용으로 삼는 유형도 있다. 천상에 올라간 오누이의 역할 바꾸기에도 여러 변이들이 나타났다. 본래 신화에서는 오빠가 늘 누이를 쫓아가므로 오빠는 달, 누이는 해가 된다. 그런데 누이가 밤이 무섭다고 해서 오빠가 달이 되거나, 오누이가 싸우다가 오빠가 누이의 눈을 찔러서 누이가 해가 되는 유형이 있는가 하면, 누이가 무섭다고 해도 오빠가 한번 정해진 것을 바꿀 수가 없다고 하여 오빠가 해가 되는 유형도 있다. 해와 달이 양과 음의 표상이 되면서, 원형으로 돌아가고자 하는 쪽과 남성이 양이라는 고착된 이미지를 유지하고자 하는 쪽으로 이야기가 형성되었다.[70] 널리 알려진 줄거리는 다음과 같다.

품팔이를 하며 살고 있는 가난한 늙은 엄마와 오누이가 있었다. 하루는 엄마가 건넛마을에 일하러 갔다가 팥죽을 머리에 이고 돌아오고 있었다. 고개를 넘어가니 호랑이가 나타나서 팥죽을 달라고 하며, 팥죽을 주면 안 잡아먹겠다고 했다. 팥죽을 주었는데 다시 고개를 넘어가자 호랑이가 나타나서 팔 한쪽을 떼어달라고 했다. 떼어주고 또 고개를 넘어가자 다시 나타나서 다른 팔도 달라고 하더니 결국 엄마를 다 잡아먹어버렸다. 그러고는 엄마의 치마와 저고리를 입고 나타나서 아이들을 찾아왔다. 호랑이는 엄마 흉내를 내면서 문을 열라고 했지만, 아이들은 엄마 목소리가 아니라며 열지 않았다. 호랑이는 찬바람을 맞으며 논을 매느라 목소리가 변했다며 다시 문을 열라고 했다. 아이는 문구멍으로 손을 내밀어보라고 했다. 문틈으로 들어온 것이 엄마 손 같지 않다고 하자, 호랑이는 들에서 벼를 베다 보니 벼풀이 묻어 거칠어졌다고 했다. 오누이는 문구멍으로 밖을 내다보고는 마침내 호랑이인 줄 알아차리고 뒷문으로 도망가서 정자나무 위로 올라갔다. 호랑이가 정자나무 아래 우물을 보고, 그 우물에 아이들이 빠진 줄 알고 조리로 건질까, 바가지로 건질까 하던 차에 아이들이 까르르 웃고 말았다. 그러자 호랑이가 위를 올려다보고 어떻게 올라갔는지 물었다. 영리한 오빠가 기름을 바르고 올라갔다고 하자 호랑이는 부엌에서 기름을 가져다가 나무에 발랐지만 미끄러워서 올라갈 수가 없었다. 호랑이가 다시 어떻게 올라갔는지 묻자 어린 여동생이 도끼로 나무를 찍어서 올라갔다고 사실을 털어놓았다. 그러자 호랑이가 도끼를 가져와서 나무를 찍고 기어오르기 시작했다. 호랑이한테 곧 잡히려는 찰나, 오누이는 하느님한테 기도를 드리기 시작했다.

"하느님. 불쌍한 우리를 살려주시려면 새 동아줄을 내려주시고, 죽이시려면 헌 동아줄을 내려주세요."

그 말에 새 동아줄이 내려왔고 아이들은 그것을 타고 하늘로 올라갔다. 호랑이도 덩달아서 같은 말을 했지만, 헌 동아줄이 내려와서 호랑이는 매달리다가 줄이 끊어져 떨어지고 말았다. 호랑이가 떨어진 곳은 수수밭이었고, 이후로 수숫대는 호랑이 피가 묻어 빨갛게 되었다고 한다. 새 동아줄을 타고 하늘로 올라간 오누이는 해와 달이 되었다.

『해와 달이 된 오누이』 얘기에서 오누이를 둔 늙은 엄마는 가련하기 짝이 없다. 고개를 넘어갈 때마다 나타나서 잡아먹겠다고 엄포를 놓는 호랑이는 양심도 없는 파렴치한 존재이다. 하지만 이 민담 속에 슬프고 억울하고 한이 맺히는 구절은 없다. 이야기의 초반에는 지극히 못되고 탐욕스러운 호랑이로 인해 치명적인 해를 입게 되지만, 결국 선이 이기고 악이 멸망한다. 게다가 오누이는 마침내 호랑이를 물리치고 이 세상의 존재가 아닌 천상의 존재, 해와 달이 된다. 잘못하면 죽임을 당할 것 같은 긴박함 속에서도 웃음이 흘러나온다. 욕망으로 가득 찬 호랑이는 한 치 앞을 보지 못하는 어리석은 존재다. 오로지 자신의 이익에 눈이 멀어 계략을 꾀하나 눈 가리고 아웅 하는 격이다. 반면, 졸지에 고아가 된 어린 오누이는 용감하고 적극적이며 지혜롭다. 결국 신은 그런 오누이를 돕고, 호랑이를 벌한다.

이 이야기가 원한과 분노로만 느껴지지 않는 이유는 바로 신의 도움에 의해 오누이가 강력한 힘을 가진 초월적 존재, 천상의 존재가 되었기 때문이다. 반면, 호랑이는 신에 의해 죽음을 맞는다. 약자를 괴롭히던 존재의 최후는 보는 이로 하여금 카타르시스를 느끼게 한다. 즉, 감정의 긴장이 배설되고 그로 인해 정화되는 것이다. 또한, 오누이는 기지와 재치로 극악한 상황을 극복해냈다. 두려운 존재로부터 벗어나기란 쉬운 일이 아니다. 다만 회피하는 것이 아니라 현명하고 지혜롭게 극복해나갔다는 점에서 이 이야기는 '극복담'이라고 할 수 있다. 하늘을 향해 도움을 청할 때도 오누이는 떼를 쓰고 울부짖으면서 새 동아줄을 내려달라고 하지 않았다. 모든 것을 하늘의 결정에 맡기는 겸손한 모습이 오히려 하늘을 감동하게 했다. 그렇게 죽고 사는 운명을 하늘에 맡김으로써 드디어 불멸의 존재가 된 것이다.

심상 시 치료 기법으로서 해와 달이 된 오누이

순서 ────────────────────────────

1 치료사는 『해와 달이 된 오누이』를 준비(동화책이나 줄거리 요약본)해서 함께 읽는다.

2 『해와 달이 된 오누이』에 대한 생각과 느낌을 한 단어로 포착해서 적고, 그렇게 쓴 이유를 적는다.

3 시간의 흐름에 따라 다음과 같이 구분해서 오누이의 마음이 어떠할지를 나눈다.

① 호랑이가 엄마라고 속이며 문을 열라고 할 때

② 밖을 내다보고 상대가 호랑이라는 사실을 알게 되었을 때

③ 호랑이를 피해 뒷문으로 도망칠 때

④ 우물 위의 정자나무로 올라갈 때

⑤ 호랑이가 나무 위로 따라 올라올 때

⑥ 하느님께 동아줄을 보내달라고 기도드릴 때

⑦ 해가 되고 달이 되었을 때

4 　내 삶의 경험이 3에서 나눈 각 단계에 따른 마음과 비슷할 때가 있었는지 나눈다. 어떤 경험이라도 떠오르는 대로 이야기해본다.

5 　내가 도저히 할 수 없는 것, 오로지 하늘의 뜻에 맡겨야 하는 것이 있다면, 어떤 것인지 적는다.

6 　5에서 적은 글을 함께 충분히 나눈다.

7 　다음 심상 시 치료 멘트대로 행한다.

(눈을 감고 간단한 복식호흡과 이완을 한 후 진행한다.)

나는 신께 간절히 기도드립니다. 내가 어찌할 수 없는 일이 있습니다. 도저히 내 힘으로 할 수 없기에 이것을 하늘의 뜻에 맡깁니다. 나는 오로지 지금, 하늘의 메시지를 듣고, 그대로 받아들이려고 합니다. …… 안락하고 하얀 큰 구름 하나가 내려옵니다. 나를 태우고 올라갑니다. 하늘 높이 올라가고 있습니다. 이 느낌을 그대로 느껴보시기 바랍니다. 나는 아주 높이 올라가고 있습니다. …… …… 지구가 아주 조

그렇게 보이다가 결국 점이 되어 사라집니다. 나는 우주의 한 공간 속으로 들어왔습니다. 이 공간에서 문득 신의 목소리를 듣습니다. 뭐라고 하는지 그대로 들어보시기 바랍니다. …… 나와 신은 자연스럽게 대화를 나눕니다. 뭐라고 하는지 그대로 들어보시기 바랍니다. …… …… …… 자, 이제 대화를 마무리하면서 작별 인사를 나누고 있습니다. …… …… 다시 구름이 나를 태우고 아래로 내려가고 있습니다. 눈 깜짝할 사이에 나는 원래 있던 이곳으로 돌아왔습니다. 나를 내려놓고 구름은 하늘로 다시 올라갔습니다. …… …… 이 느낌을 그대로 간직한 채 셋을 세고 눈을 뜹니다. 하나, 둘, 셋!

8   심상 시 치료 멘트대로 행하고 나서의 느낌과 신과 나눈 대화를 적는다. 혹시 떠올리지 않았다면, 눈을 뜬 채 멘트대로 장면을 상상해서 적는다.

9   8을 충분히 나눈다.

치유 효과

살아나가면서 의지와 달리 일어나는 일에 대해서는 오로지 섭리에 맡겨야 할 때가 있다. 이런 때에 신의 뜻을 담은 메시지를 듣고 수용하는 것은 근원적인 힘 안으로 들어가서 내면의 힘을 체득하게 되는 것이며, 이러한 초월적 경험을 통해 현실을 극복할 수 있다. 심상 시 치료의 과정 중 '마음의 빛 확산' 단계에 적합하다.

CHAPTER 18

해학

도깨비
민화 속 호랑이
하회탈

해학은 익살스럽고도 품위가 있는 말이나 행동을 말한다. 그리고 익살이란 남을 웃기기 위해 의도적으로 하는 우스운 행위를 일컫는다. 해학은 위트와 유머와 구별된다. 위트^{wit}는 단순한 풍자나 조롱이나 언어적인 표현으로 웃음을 유발하는 것이다. 유머^{humor}는 남을 웃기는 말이나 행동을 뜻한다. 유머라는 단어의 기원은 기원전 5세기경으로 거슬러 올라가며, 생리학 용어로서 개개인의 기질과 관계되는 네 가지의 체액을 뜻하였다. 히포크라테스^{Hippocrates}의 시대부터 중세에 이르기까지 사람들은 인간의 체질과 기질이 네 가지 유머(humor, 체액)의 배합에 의해 정해지는 것으로 믿었다. 즉, 다혈질$^{sanguine humor}$, 담즙질$^{choleric humor}$, 우울질$^{melancholic humor}$, 점액질$^{phlegmatic humor}$이었다. 즉, 유머^{humor}는 생애 초기부터 관찰되는 정서·운동·반응성 및 자기 통제에 대한 안정적인 개인차를 의미하는 기질, 타고난 성정이라는 뜻을 포함하고 있다. 유머는 '해학'이라는 말로 대체해서 사용할 수 있겠으나 엄밀하게 말하자면, '해학'은 타고난 기질보다는 '품위'에 초점이 맞춰져 있다.

누군가를 웃기기 위해서는 지혜와 재치가 필요하며, 그런 웃기는 행위 속에서도 품위 즉, 사람이 갖추어야 할 위업이나 기품을 지니고 있다는 면에서 해학은 '삶의 활력소'라고 말할 수 있다. 해학은 상대방을 비꼬거나 미운 마음에서 해하고자 하는 비웃음이 아니다. 해학은 좀 더 인간적인 차원에서 인간에 대한 동정, 이해, 긍정적인 관점을 안고 있다. 해학은 정다우면서도 누구나 그런 처지에 그럴 수 있겠다는 동감과 함께 스스로 돌아볼 수 있는 성찰까지 일궈내는 차원 높은 웃음을 말한다. 해학은 표현하는 대상과 주체, 독자가 대등한 위치에서 다 함께 웃을 수 있는 특징을 갖고 있다. 그러므로 해학은 인간에 대한 선의의 마음으로 약점과 실수를 부드럽게 감싸주며 이를 극복하도록 긍정적 자극을 한다.

01

도깨비

도깨비의 치유 비평

도깨비는 민간신앙에서 믿고 있는 초자연적 존재다. 도채비·독각귀·독갑이·허주·허체·망량 등의 이름으로 불리기도 한다. 『삼국유사』의 「비형설화」는 문헌에 기록된 최초의 도깨비 이야기다. 비형은 도깨비의 두목으로 신라 진평왕 때, 하룻밤 사이에 신원사 북쪽 도랑에 큰 다리를 놓아 다리 이름을 '귀교鬼橋'라고 붙였다. 인간에게 긍정적인 면과 부정적인 면을 모두 보이며, 무섭고 힘이 센 존재이지만 인간을 죽일

정도로 악하지는 않다. 인간의 꾀에 곧잘 넘어가고 초자연적 힘을 이용당하는 어리숙한 모습을 보이기도 했다.

도깨비 중에는 불도깨비·거인도깨비 등과 같이 눈에 보이는 도깨비와 사발 깨지는 소리, 말발굽 소리, 기왓장 깨지는 소리와 같이 소리로만 들리면서 보이지 않는 도깨비가 있다. 형체가 있는 도깨비는 머리를 산발하고 다니거나 하나뿐인 다리로 껑충껑충 뛰어다니거나 키가 커서 하늘까지 닿고 머리가 구름 위에 솟아 있다고 전해진다.

도깨비의 성별은 구분되지 않으나 제주도의 도깨비신의 신화인 「영감본풀이」에 의하면 서울 허정승의 일곱째 아들로 나타난다. 일반적으로 머리를 산발한 도깨비는 남성 도깨비로서, 성질이 거친 경우가 많다. 대개 산이나 들에서 마주치게 된다. 민간에서는 음력 정월 14일 밤과 상원날(음력 정월 보름날) 밤에 도깨비불을 보고 그해 농사의 흉년과 풍년을 점치기도 했다. 즉, 도깨비들이 불을 켜고 왕래한다는 그날 밤에 도깨비불이 동에서 서로 가면 풍년이고 서에서 동으로 가면 흉년의 징조라고 알려졌다. 이때, 도깨비는 정체를 잘 드러내지 않으나 걸음이 빨라서 넓은 들을 순식간에 건너간다. 도깨비는 변화무쌍하고 신출귀몰해서 형체가 일정하지 않고 다양하다. 아이에서 노인, 남녀 등 자유자재의 모습으로 나타난다.

차일도깨비는 차일처럼 넓게 생겼는데, 하늘에서 사람의 머리 위를 덮어씌운다고 한다. 또한, 불을 켜고 다니는 등불도깨비, 굴러다니는 달걀도깨비, 멍석도깨비, 홑이불도깨비 등과 같이 그 모양과 생김새에 따라 여러 가지 종류가 있다. 사람이 죽은 다음 그 영혼이 변해서 되는 귀신과는 달리, 도깨비는 나무·돌 등의 자연물이 변해서 되고 산과 들에서 흔히 나타난다. 또한, 도깨비를 만나는 사람에 따라 도깨비의 종류도 달라진다.

대개 자연물이나 사람이 쓰던 물건이 변하여 도깨비가 되는 경우가 많다. 장계이의 『해동잡록』에 의하면 도깨비는 산과 바다의 음령한 기운이며, 풀·나무·흙·돌의 정기가 변해서 된 것이라 한다. 옛 문헌에 망량은 물도깨비·산도깨비·목석괴를 가리킨 것이고, 양매는 다리가 하나인 도깨비, 이매는 산속의 이기異氣에서 생긴 도깨비를 가리킨 것이다. 즉, 도깨비는 자연물이 변해서 되는 경우, 또 다르게는 사람이 사용하던 것이 변해서 되는 경우가 있다. 후자의 예는 빗자루와 부지깽이 이외에도 짚신, 절굿공이, 체, 키, 솥, 깨어진 그릇, 방석 등과 같이 사람의 손때가 묻은 것과 여성의 혈액이 묻었던 것이 대부분이어서, 시골에서는 그러한 물건은 불에 태우는 일이 많다.

우리나라 도깨비의 특징을 다음 다섯 가지로 요약할 수 있다.

첫째, 노래와 춤을 즐기고 잘 논다.

둘째, 미련해서 잘 속아 넘어가고 꾀를 부릴 줄 모르고 융통성이 없다.

셋째, 짓궂은 장난을 잘 치고 특히 사람한테 장난을 잘 걸어온다.

넷째, 신출귀몰한 도깨비이지만, 양심이 있어서 꾼 돈을 갚거나 약속을 하면 지킬 줄 안다.

다섯째, 인간과 같은 성정을 지니고 있어서 희로애락을 느끼나 특히 기쁘고 신나고 즐거운 일에 몰두하려는 경향을 보인다.

도깨비는 음기로 이루어진 존재여서 어두운 밤, 비가 내리는 낮에 나타난다. 도깨비가 아는 성은 김 씨뿐이라 도깨비를 '김 서방'이라고 부르기도 했다. 제주도의 경우 신격화되어 집안의 수호신인 일월조상, 어선의 선신船神, 대장간의 신, 그리고 마을의 당신堂神으로 모셔져 수호신으로 기능하기도 하였다.[71]

도깨비가 종잡을 수 없는 존재, 초자연적인 존재, 인간에게 겁을 주는 존재이긴 하지만, 생명을 앗아갈 정도는 아니고 인간이 꾀를 내면 도깨비의 능력을 빌려다 쓸 수 있다는 점에서

도깨비는 친근하고 해학적이다. 사람이 주로 쓰는 생활용품, 일상적 도구들이 밤이 되면 도깨비로 변해 나타났기 때문에 삶에 깊이 관여하고 있다고도 볼 수 있다. 즉, 사람과 친하면서 늘 혹사당하는 용품들이 밤이라는 시간대에 도깨비로 변해서 활동하는 것이다. 인간의 손에서 놀아나야 했던 존재가 초월적인 존재가 되어 밤이 되면 자유로워지는 마법의 세상이 되는 셈이다. 도깨비는 일상의 질서를 뒤엎고 흩트리고 떠들고 놀며 예의를 차리지 않는다. 어떻게 보면 인간으로서 해야 할 도리, 지켜야 할 법도, 예의범절을 내던져버린 존재이다. 이런 모습은 사실 너무나 인간적이어서 무례하고 모자란 듯하고 외형은 볼품없이 꾸미지도 않고 투박하지만 인간의 한계를 초월한 엄청난 힘을 가지고 있다. 그 힘을 그저 노닥거리는 데 쓰지, 재산을 부풀리고 명예를 쌓는 데 혈안이 되어 있지 않다. 이 모든 도깨비의 성정은 인간이 지향하는 올바른 언행을 해야 하는 도덕의 뒤, 후미진 곳에서 억눌러 왔던 무의식의 발산에 다름 아니다. 도깨비가 하는 짓은 그야말로 예측할 수 없이 충동적이다. 그렇게 억압하면서 숨겨진 인간의 욕망들이 도깨비에 투사되어 무의식 세계에서 튀어나와 함부로 날뛰게 되는 것이다. 그리하여 우리는 엉뚱하지만, 인간이라면 누구나 가지고 있을 욕망의 출현을 바라보면서 웃음 짓게 된다. 도깨비의 그런 모습들에 감정이입을 하면서 카타르시스를 느끼고 삶의 애환을 풀어낼 수 있다.

심상 시 치료 기법으로서 도깨비

순서 ─────────────────────────────────────

1   '유쾌한 내 친구 도깨비' 하면 어떤 이미지가 떠오르는
     지 그림으로 그려본다. 색연필과 사인펜을 이용해서 그
     리되 잘 그리려고 하지 말고 손길 가는 대로 가볍게 그
     려보도록 한다.

2   1에서 그린 도깨비에게 이름을 붙여주고, 이름을 붙인
     이유, 도깨비의 특징을 그림 옆에 적는다.

3   다음 심상 시 치료 멘트대로 행한다.

     (눈을 감고 간단한 복식호흡과 이완을 한 후 진행한다.)
     나에게는 도깨비 친구가 있습니다. 이 친구 이름은 ○○○
     (순서 2에서 붙여준 이름을 말한다)입니다. 이 친구의 이름
     을 세 번 부르면, 이 친구는 내 앞에 나타날 것입니다. 마음
     속으로 세 번을 불러보세요. …… 네, 도깨비 친구가 나타났

습니다. 이 친구는 내 손을 잡고 어디론가 갑니다. 어디로 가는지 그대로 따라가보시기 바랍니다. …… 이곳에서 이 친구와 나는 함께 대화를 나눕니다. 어떤 대화가 오고 가는지 그대로 지켜보시기 바랍니다. …… …… …… 자, 이제 이 친구와 나는 이 장소를 빠져나옵니다. …… 이제 도깨비 친구와 작별 인사를 합니다. 언제나, 어디서나 이 친구는 내가 이름을 세 번 부르면, 내 앞에 나타나서 유쾌한 말과 행동을 할 겁니다. 자, 지금 현재의 느낌을 그대로 느껴보시기 바랍니다. 잠시 후 셋을 세면, 지금 이 느낌을 그대로 간직한 채 눈을 뜹니다. 하나, 둘, 셋!

4   심상 시 치료 멘트대로 행하고 나서의 느낌과 도깨비 친구와 함께 간 장소, 나눈 대화를 그대로 적는다. 혹시 아무것도 떠오르지 않았다면, 눈을 뜬 채 멘트대로 장면을 상상해서 적는다.

5   4에서 적은 글을 함께 충분히 나눈다.

치유 효과 ─────────────────────────

도깨비가 주는 친근하고 유쾌한 이미지를 내면의 '즐거운 아이'와 연결해서 자신도 모르게 억눌러왔던 내면의 모습을 표출함으로써 마음의 조화와 균형을 이뤄낼 수 있다. 심상 시 치료의 과정 중 '내면 진입' 단계에 적합하다.

02

민화 속 호랑이

민화 속 호랑이의 치유 비평

호랑이는 고양잇과에 속하는 포유동물로, 범이라고도 한다. 호랑이는 서울올림픽대회의 마스코트로 선정될 정도로 우리나라를 상징하는 동물이다. 우리나라의 건국신화에도 등장하며, 그 밖의 여러 설화를 비롯하여 그림과 조각 등 미술품에도 자주 나타난다.

특히, 백두산 호랑이는 '한국 호랑이'라고도 불리며 우리나라를 대표하는 호랑이다. 높은 산 우거진 곳에서 살며, 가장 큰 것은 몸 전체 길이가 390센티미터에 달한다. 머리는 크고 다리는 굵고 튼튼하며 귓바퀴는 짧고 둥글다. 백두산 호랑이는 특징적으로 등 쪽에 노란빛을 띤 갈색 털이 나고 스물네 개의 검은 가로줄무늬가 있다. 배 쪽은 흰색이며, 등 쪽보다 연한 빛깔의 가로줄무늬가 있다. 꼬리는 몸통의 반 정도 길이고 연노랑빛을 띤 갈색이며, 8줄의 검은 고리 무늬가 있다. 북한과 중국 둥베이지방, 만주 우수리강 등지에 분포하고 있으며, 남한에서는 멸종된 것으로 보고 있다. 2012년 5월 31일 멸종위기 야생동물 1급으로 지정되어 보호받고 있다.[72]

호랑이는 민간신앙 속에서 산신으로, 풍수에서는 서쪽을 통칭하는 백호白虎로, 설화 속에서는 어리석지만 우직하고 신의가 있는 모습으로 나타난다. 이 글에서는 특히 우리 민화 속의 호랑이를 살펴보고자 한다.

민화는 정통 회화의 조류를 모방하여 그린 그림이다. 장식을 위한 목적이거나 민속적인 관습에 따라 제작된 실용화를 말한다. 조선 후기 서민층에서 유행하였으며, 이규경(李圭景, 1788~1865)의 『오주연문장전산고五洲衍文長箋散稿』에서는 '속화俗畵'라 하면서 여염집의 병풍·족자·벽에 붙인다고 하였다. 대부분이 정식 그림 교육을 받지 못한 무명화가나 떠돌이 화

가들이 그렸으며, 정통 회화와는 수준과 의미의 차이가 많았다.[73]

민화의 소재로 자주 등장하는 것이 호랑이다. 호랑이는 삿된 귀신을 물리치는 신통하고 영험한 능력을 지녔다고 믿었기 때문이다. 매년 정초에는 호랑이 그림을 대문에 붙여서 액운을 막고자 했고, 재앙과 역병을 물리치고자 했다. 민화 속 호랑이는 벽사(辟邪, 요사스러운 귀신을 물리침)의 성격과 길상(吉祥, 운수가 좋을 조짐)의 의미를 가지고 있었다. 민화 속 호랑이는 무섭고 사나운 모습이 아니라 재미있고 우스꽝스럽고 친근하면서도 인정스럽게 그려져 있어서 한마디로 해학성이 짙다. 두렵고 용맹스러운 호랑이를 이처럼 친근하고 다정하게 묘사한 것은 우리 선조들의 마음이 그대로 반영된 결과라 볼 수 있다. 즉, 인간에게 친절하고 좋은 일을 가져다주는 의미에서 호랑이를 등장시킨 것이다. 민화 속 호랑이들은 위엄 있고 초자연적인 신령한 존재이면서도 인간미가 있으며 웃음을 불러일으키는 자태를 지녔다. 민화의 속으로 들어가서 호랑이를 만나면 어깨를 툭 치면서 함께 정답게 얘기라도 나눌 수 있을 정도다.

민화 속에서 '까치와 호랑이'가 함께 많이 등장하는 것도 좋은 소식이 오기를 기원하는 마음 때문이었다. 호랑이 등에 까치가 앉아서 마음껏 노래를 부르면, 민화 속 호랑이는 너털 웃음을 지으면서 음정, 박자가 다 틀린 채로 노래를 따라 부를 것만 같다. 신과 비견되는 위엄과 힘을 지녔지만, 이를 겉으로 드러내지 않고 소탈하고 재미있게 표현한 민화 속 호랑이는 권위의 힘을 빼고 인정스럽고 친하게 다가온다. 바로 이런 모습이 사회적 페르소나^{persona}를 벗고 본연의 얼굴이 되어 겸손한 자신을 돌아보게 함으로써 긍정적 자극을 준다. 즉, 우리 선조들은 민화 속 호랑이를 통해 본래면목^{本來面目}의 자신을 성찰하는 마음까지 담았던 것이라고 추측해볼 수 있다.

심상 시 치료 기법으로서 민화 속 호랑이

순서 ───────────────────────────

1 치료사는 '민화 속 호랑이'의 그림을 준비해서 보여준다. 이때, 민화의 호랑이는 신령스러운 초자연적 능력을 가진 존재이나 해학적으로 그려졌음을 설명한다.

2 그림의 느낌을 충분히 나눈다.

3 '내 삶의 호랑이'에 관해 생각해보고 적는다. '내 삶의 호랑이'는 처음에는 두렵고 무섭고 피하고 싶었지만,

겪어보니 처음의 부정적 마음을 극복하고 해결이 된 것에 대한 일화이다. 구체적으로 언제, 어느 때, 무슨 일이 일어났는지를 적고 그때의 느낌과 지금 내가 떠올렸을 때의 느낌을 적는다.

4   3에서 적은 글을 함께 충분히 나눈다.

5   다음 심상 시 치료 멘트대로 행한다.

(눈을 감고 간단한 복식호흡과 이완을 한 후 진행한다.)

나는 지금 호랑이가 그려진 민화 앞에 있습니다. 이제, 잠시 후 셋을 세면, 민화 속으로 들어가게 됩니다. 하나, 둘, 셋! …… 자, 나는 그림 안으로 들어왔습니다. 주위를 둘러보시기 바랍니다. 무엇이 보이시나요? 어떤 느낌이 드시나요? …… 지금, 호랑이가 내 곁에 와 있습니다. 호랑이의 표정을 보시기 바랍니다. 호랑이는 무섭지 않고 친근하고 정이 많은 존재입니다. 그리고 오히려 그림 안으로 내가 불쑥 들어오자 놀란 표정으로 뒷걸음질을 하고 있는 중입니다. 잠시 호랑이의 등을 두드리면서 안아주시기 바랍니다. 그리고 호랑이와 어떤 대화가 오가는지 들어보시기 바랍니다. …… …… …… 이제 대화를 마무리합니다. 작별 인사를 나눕니다. …… …… 내 삶의 호랑이는 그 당시에는 아주 컸고, 무섭고 두려웠지만, 지금 내가 만나고 있는 이 호랑이는 재미있고, 신이 나 있고, 즐겁게 놀기를 원하는 호랑이입니다. 세월이 지나면서 같은 호랑이는 이렇게 변했습니다. 한때는 무섭고 두려운 존재였지만, 그 시절을 지나왔기 때문에 지금은 이렇게 우스운 호랑이가 되어 있습니다. 지금 어떻게 느껴지는지, 가만히 느껴보시기 바랍니다. …… 이 느낌을 그대로 간직한 채 셋을 세고 눈을 뜹니다. 하나, 둘, 셋!

6   심상 시 치료 멘트대로 행하고 나서 호랑이와 나눈 대화와 느낌을 적는다. 혹시 아무것도 떠오르지 않았다면, 눈을 뜬 채 멘트대로 장면을 상상해서 적는다.

7   6에서 적은 글을 함께 충분히 나눈다.

치유 효과

두렵고 무서웠던 과거의 기억 중에 '호랑이'의 이미지와 연관된 일화를 떠올려봄으로써 힘든 과거를 거쳐왔던 자신을 이해할 수 있다. 또한, 그 상황을 지나오면서 극복한 힘으로 인해 해학적으로 변화된 호랑이 이미지를 다시 떠올려봄으로써 두려움의 원인을 가볍게 다룰 줄 아는, 변화된 인식을 경험할 수 있다. 심상 시 치료의 과정 중 '마음의 빛' 단계에 적합하다.

03

하회탈

하회탈의 치유 비평

하회탈은 경북 안동시 풍산면 하회마을에서 만들어지는 목조 탈이다. 하회탈은 고려 중기에 만들어진 것으로 추정된다. 주 재료로는 오리나무가 많이 쓰였고, 옻칠하고 정교한 색을 내 어 해학적 조형미가 잘 나타나 미적 가치가 높은 것이 특징 이다. 일반 평민들이 많이 활용하였으며, 특히 전통 역할극인 별신굿 놀이에서 주로 사용하였다. 원래 극중 역할에 따라 탈 은 열네 가지가 있는데, 현재까지 보존되어 있는 탈은 주지

두 개·각시·중·양반·선비·초랭이·이매(하인)·부네(첩 또는 기녀)·백정·할미 탈 등이며, 총각·별채·떡다리 탈은 소실되어 남아 있지 않다. 이 중에서 중·선비·양반·백정 탈은 턱이 따로 분리되어 있어 말을 할 때 턱 부분이 움직일 수 있게 하여 생동감이 표현될 수 있도록 제작되어 있다.

특히 하회마을과 이웃한 병산리에서 전해져온 양반탈과 선비탈은 하회탈과 함께 같은 국보 제121호로 지정되어 있는데 모두 하회탈의 이매탈처럼 턱이 없는 형태다. 이매 탈에는 다음과 같은 전설이 있다. 옛날 고려 때 허 도령이 서낭신의 계시를 받고 아무도 보지 않는 곳에서 탈을 깎고 있었다. 마지막으로 이매탈의 턱을 깎을 때 그를 사모하던 처녀가 금기를 어기고 문구멍으로 들여다보는 순간, 허 도령이 그 자리에서 피를 토하고 죽었다. 그래서 지금까지 턱이 미완성인 채로 남아 있다는 것이다.

원래 하회마을 소유였던 하회탈은 1964년 국보로 지정된 뒤 국립중앙박물관이 보관해오다가 2017년 12월 27일 고향인 경북 안동으로 돌아왔다. 하회탈의 원래 소유주인 하회마을 보존회 측에서 국립중앙박물관에 하회탈 보관 장소 변경을 요구했고 박물관이 이를 수용했기 때문이다. 고향으로 돌아온 국보 하회탈은 양반·선비·백정·각시·초랭이·이매·

부네·중·할미·주지(2점) 등 하회탈 11점과 병산탈 2점이다. 탈은 하회마을에서 귀환을 알리는 고유제告由祭를 지낸 뒤 보관 장소인 안동시립민속박물관으로 옮겨져서 현재까지 보관 중이다.[74]

흔히 이매는 하회 별신굿 탈놀이에서 바보 하인이나 별채의 역할을 하는 인물을 말한다. 이매는 턱이 없고 왼쪽 다리를 절룩거리는 외모 때문에 바보스러운 하인으로 여겨진다. 이매는 양반·선비마당의 결말 부분에 등장한다. 양반과 선비가 지위와 학식을 자랑하고 부네를 서로 차지하려고 다투다가 화해하고 사노私奴인 초라니 및 부네와 어울려 대동춤을 출 때 이매가 등장하여 "환재 바치시오" 하고 세 번 외치면, 모두 뿔뿔이 흩어져 사방으로 도망친다. 양반과 선비가 재담을 나누며 갈등을 표출하고 대동춤으로 화해 국면을 표현할 때 이매가 등장하여 환재(還財, 환곡제도에서 춘궁기에 관아로부터 곡식을 빌렸다가 추수가 끝났을 때 이자를 붙여서 되갚는 곡물을 가리키는 용어로 각종 세금 제도 등이 문란했던 때 백성들을 괴롭히던 대표적인 악습의 하나)의 상환 명령을 전달함으로써 조선 후기 전정田政, 군정軍政과 함께 문란했던 삼정三政의 하나인 환곡제도를 비판한다. 이매는 관노官奴로 볼 수도 있고, 초라니와 공모하여 양반과 선비를 희롱하기 위해서 관노 시늉을 한 것으로도 볼 수 있다.

또한 이매는 양반·선비·부네·초라니를 마당에서 퇴장시키는 역할을 수행한다. 이매탈은 원래는 턱이 있는 별채의 탈이었으나, 턱이 분실된 이후로 그 기괴한 모양이 도깨비를 연상시켜 왼쪽 다리를 절룩거리면서 '비틀비틀 이매 걸음'을 걷게 되는 변이를 일으키고, 이름도 도깨비를 뜻하는 '이매魑魅'로 바뀐 것으로 보인다. 안동 인근에서는 소가 병들었을 때 침을 놓는 사람을 이매쟁이라고 부르고, 경상북도 봉화군 명호면·안동시 도산면 가송리의 서낭당 안에 쓰여 있는 글 가운데 이매란 말이 나온다. 이매의 행동은 심술과 장난으로 특징지어지는 도깨비와 통한다. 이매는 무턱이와 절름발이이면서 어리석고 바보스러운 하인상으로 영특하고 민첩한 하인상인 초라니와 대조되는 이미지다.[75]

이매탈을 보면 우습기 그지없다. 얼굴에서 각진 부분을 만나보기가 어렵다. 양 눈은 둥글고 가늘어 초승달 모양이다. 그 위의 눈썹은 굵고 진하지만, 마치 두 개의 산봉우리가 사이좋게 만난 듯하다. 코는 표주박을 엎어놓은 모양이다. 눈 아래 주름은 자연스럽게 물결치는 물살을 연상시킨다. 입과 턱의 텅 빈 공간조차 원만하다. 얼굴 전체에 자연의 기운이 흐르고 있다. 그 얼굴에서 '악'이란 찾아볼 수 없다. 바보 같고 어리석을지언정 누군가를 해치고 속일 염려는 없다. 하회탈을 대표하는 이미지가 바로 이매탈이다. 얼굴 속에서 이미 자연의 기운을 느낄 수 있다. 억지를 부리지 않는 편안한 이미지가 바로 하회탈이 가진 특징이다.

우리가 흔히 '사람 냄새'가 난다고 말할 때의 어감은 사람이 주는 어리숙함에 있다. 완벽하고 완전하며 우수하고 뛰어나고 특출해서 추앙을 받는 동시에 부러움과 시샘받는 존재라는 의미와는 상반된다. 오히려 좀 모자라고 앞뒤가 안 맞는 듯하며 부족하지만 너그럽고, 실수는 하더라도 누군가에게 피해 주지 않으려고 노력하고, 자신은 손해 보더라도 누군가의 이익을 위해 앞장설 줄 아는 사람을 두고 '사람 냄새'가 난다고 말한다. '사람 냄새'는 인격의 향기이다. 잘못하더라도 그런 자신을 돌아보고 성찰할 줄 아는 것이 바로 인격, 사람으로서의 품격이다. 오히려 단 한 번의 실패도 실수도 없이 성공의 길로 달려간다면, 그것이야말로 '사람됨'을 거부하는 일일 것이다. 사람은 모순투성이고 실수와 좌절을 경험하면서 희망의 색채를 칠해가는 존재다. 모자라고 부족하기 짝이 없는 하회탈에서 사람의 냄새를 맡을 수 있다. 즉, 인격의 향기가 묻어 있는 웃음, '해학'의 정신을 느낄 수 있다.

해학은 삶의 어떠한 고난의 순간에도 웃음을 잃지 않는 것을 말한다. 웃을 수 없는 순간에도 웃을 수 있다면, 고통은 더 이상 환난으로만 존재하지 않는다. 어려움을 뚫고 나갈 수 있는 단서를 쥐게 되는 것이다. 웃을 수 있는 여유는 고통의 물결 속에 그저 떠내려가고 있는 동안에는 결코 일어나지 않는다. 물결을 벗어나서 흔들리지 않는 곳에서 보아야 물결의 흐름이 어느 정도인지 알아차릴 수 있다. 세차게 흐르는 물결이 어디에서 시작되었는지, 어디로 흘러가서 결국 어떻게 합해지는지 알기 위해서는 좀 더 높은 곳으로 올라가봐야 한다. 이렇게 자신의 삶을 관조할 수 있다면, 감정의 휘말림에서 벗어날 수 있으며 자신을 객관적으로 들여다볼 수 있다. 그렇게 할 때, 슬기롭게 헤쳐 나올 수 있는 지혜가 생긴다. 해학은 삶을 관조하고 있을 때 드러난다. 해학의 뼈대는 바로 삶에 대한 여유로운 시선이다.

심상 시 치료 기법으로서 하회탈

순서 ────────────────────────────

1   치료사는 '하회탈' 이미지를 준비해서 내담자에게 제시하고 간략한 설명을 덧붙인다.

2   '하회탈'의 느낌을 충분히 나눈다.

3 치료사는 얼굴 크기 정도의 '하회탈' 그림을 준비해 나눠준다. 이를 마분지에 풀로 붙인 뒤 탈의 윤곽선대로 오린다.

4 탈 모양에 색연필, 사인펜을 활용해서 원하는 대로 색칠한 후 얼굴에 갖다 대어보도록 한다.

5 4를 하고 나서의 느낌을 충분히 나눈다.

6 다음 심상 시 치료 멘트대로 행한다.

(눈을 감고 간단한 복식호흡과 이완을 한 후 진행한다.)

지금 우리는 하회탈 중 이매탈을 만들었습니다. 그리고 각자 탈의 특징을 잘 살려서 직접 꾸미고 색깔도 칠한 후 이름을 붙였습니다. 우리의 이름은 다 다르지만, 이매탈의 특징대로 각자의 삶을 관조하고 내면을 들여다보면서 너그럽고 따뜻한 웃음 짓는 '해학'의 정신을 담고 있습니다. 자, 이제 잠시 뒤 이 탈을 쓰게 될 것입니다. 이 탈을 쓰면 나는 '해학'의 정신을 가진 나로 다시 태어나게 됩니다. 지금, 현재, 이 순간에 가지고 있는 그 어떠한 고민과 갈등도 고스란히 그대로 놓아둡니다. 나는 높은 산 위에서 나를 내려다볼 수 있는 관조의 힘으로 자신을 들여다보고 그 누구보다 나 자신을 이해하고 받아들일 수 있는 존재가 됩니다. 자, 이제 셋을 세면 마음속으로 내 탈을 직접 써보시기 바랍니다. 하나, 둘, 셋! …… 나는 지금 내 삶의 물결에서 슬며시 빠져나와 있습니다. 내 삶의 물결이 급하게 흘러가는 것을 바라봅니다. …… 나는 지금 높은 곳으로 갑니다. 아주 높은 산으로 가서 내 삶의 물결을 내려다봅니다. 이 물결이 어디에서부터 시작해서 어디로 가서 결국 어디로 흘러갈 것인지를 보고 있습니다. …… …… 자, 이제 하회탈을 쓰고, 내 삶을 이해하고 있는 너그럽고 부드러운 나는 '내 삶'을 바라보면서 지금 이 순간의 나에게 말을 걸고 있습니다. 어떤 말을 전해주고 있는지 그 메시지를 들어보시기 바랍니다. …… …… …… 자, 이제 메시지를 마무리 짓습니다. 지금의 느낌이 어떤지 고스란히 느껴보시기 바랍니다. …… …… 지금, 이 느낌을 그대로 간직합니다. 이제 셋을 세고 눈을 뜹니다. 하나, 둘, 셋!

7 심상 시 치료 멘트대로 행하고 나서, 나에게 하는 메시지와 느낌을 적는다. 혹시 떠올리지 않았다면, 눈을 뜬 채 멘트대로 장면을 상상해서 메시지를 떠올려서 적는다.

8 7에서 적은 글을 함께 충분히 나눈다.

치유 효과

하회탈과 더불어 자신의 현재를 자각하면서 성찰하고, 자신과 대면하는 용기를 내어 내면의 성장과 성숙을 위한 통찰을 할 수 있다. 심상 시 치료의 과정 중 '깊은 내면' 단계에 적합하다.

CHAPTER 19

조화

무궁-소리⁽옴⁾-춤추는 둥근 호흡
품앗이
한글

조화調和는 서로 어울리는 것이다. 어울린다는 것은 자신만의 고유성을 가진 채 상대와 함께 우주의 질서 안으로 들어가는 것을 말한다. 잘 어울릴 때 천상의 아름다움이 우러나오게 된다. 만물은 우주의 조화로 인해 탄생했으며, 우주의 조화가 미치지 않는 곳은 없다. 이 자명한 이치 앞에서 선악과 미추의 경계는 존재하지 않는다. 나와 너의 경계도 사라진다. 그것은 내가 없어지는 것이 아니라 서로가 서로에게 번져 흘러 들어가서 함께 흐르는 것이다.

우리의 정신이나 영혼, 마음이나 생각, 말이나 글, 에너지는 조화를 이룰 때 아름답다. 반대로 말하자면, 조화롭지 못할 때 무너지고 갈라지고 고통스럽게 된다. 여러 모순과 갈등 속에서도 그나마 인간답게 살고 있는 이유는 '조화' 때문이다. '조화' 안에는 각고의 노력들이 담겨 있다. 그냥 내버려두지 않는 노력 즉, 사랑의 실현이다. 그것은 생명을 유지하는 반엔트로피 법칙이다. 엔트로피는 열역학 제2법칙이며, 자연현상의 물질의 상태 또는 에너지 변화의 방향을 설명하는 법칙이다. 1865년 독일 물리학자인 루돌프 클라우시우스Rudolph Clausius가 변화를 뜻하는 그리스어 '$\tau\rho o\pi\eta$'와 에너지를 뜻하는 'En'을 합쳐 엔트로피라는 이름을 붙였다. 열역학 제 2법칙인 '엔트로피' 법칙은 전체 계system의 엔트로피는 항상 증가하는 방향으로 일어난다는 것이다. 즉, 우주 전체의 엔트로피가 감소하는 변화 현상은 일어날 수 없다. 엔트로피는 일반적으로 보존되지 않고, 열역학 제2법칙에 따라 시간에 따라 증가한다. 정확한 열역학 제2법칙의 정의는 '우주의 엔트로피는 자발적인 과정에서는 항상 증가하고, 가역적인 과정에서는 변화하지 않는다'이다.[76]

가역적可逆的은 물질의 상태가 바뀐 다음에 다시 본래로 되돌아가는 것을 말한다. 생명을 가지고 활발하게 살아가고 있는 자체는 바로 반엔트로피 상태라고 할 수 있다. 무질서를 질서로 바꾸는 것도 그러하다. 확장된 의미로 볼 때, 삶과 죽음, 음과 양, 통합과 분열을 이루는 모든 유기체가 그러하듯이 엔트로피와 반엔트로피 모두 '조화'에 속해 있다. 그리하여 우주는 엔트로피와 반엔트로피가 큰 조화 안에서 춤을 추는 것과 같다. 엔트로피로 치닫는 것을 가역적인 반응으로 반엔트로피 상태로 돌리려는 노력은 끊임없이 바위를 위로 밀어 올려야 하는 시시포스Sisyphus를 연상하게 한다. 인간이 인간다울 수 있도록 자신의 삶을 성찰하고 통찰하는 아름다움이 바로 우주적 조화라고 볼 수 있다. 이제 이러한 오묘한 우주의 향연을 포함한 이야기를 꺼내보고자 한다.

01

무궁-소리⁽옴⁾-
춤추는 둥근 호흡

무궁-소리⁽옴⁾-춤추는 둥근 호흡의 치유 비평

벽강⁽碧江⁾ 류창희⁽柳昌熙⁾는 1949년 전주 출생으로 원광대학교 미술
교육과를 졸업하고 동 대학원 회화과를 졸업하였다. 1985년
에 미술대전 특선을 하였으며, 1986년부터 2014년까지 원광
대학교 미술대학 한국화과 교수로 재직하였다.

　벽강의 화풍은 '몽현주기화⁽夢現宙氣畵⁾'이다. 몽현주기화란 벽
강이 창안한 화풍으로, 우주의 기운을 조화롭게 화폭에 담아
내는 방식을 말한다. 꿈이 영감을 내며 이끌어주고 있지만 그

림의 주가 되는 것은 우주의 에너지이다. 꿈을 통해 광활하고 원대한 우주적 치유의 에너지를 끌어 화폭에 담아내는 작업이다. 그리하여 그리는 이나 보는 이가 함께 작품 속에 흐르는 강한 기의 흐름을 느낄 수 있다. 1986년부터 시작하여 대략 3~4년을 주기로 해서 각 단계가 이어져왔으며, 몽현주기화의 단계는 현재까지 크게 아홉 단계로 구분할 수 있다. 즉, 탈피, 꿈, 윤회, 상생, 우담바라, 우담화, 수미산, 무궁, 소리 단계이다.[77]

특히 '소리 단계'는 가장 최근에 이뤄지고 있으며, 현재 진행하고 있는 단계이다. 보다 파격적인 방식으로 모든 형상들을 단순화하고 추상화시켜서 원초적인 표현 형태인 원과 선이 구심력이 되어 구성해나가는 방식으로 작업하고 있다. 2017년 하반기부터 '소리' 단계는 태초의 소리, 우주의 근원을 뜻하는 의미에서 '옴[om]'을 덧붙여 '소리-옴' 단계로 나아가고 있다. '옴'은 산스크리트 옴의 음역을 말한다. 원래는 헤브라이어의 '아멘'에 해당하는 말로, 승낙을 나타내는 경어이다. 불교에서는 옴을 태초의 소리, 우주의 모든 진동을 응축한 기본음으로 보고 부처에게 귀의하는 자세를 상징한다. 베다 성전을 통독하기 전후, 또는 일반적으로 만트라(진언)나 기도 문구 전에 제창하는 성음이다. 우파니샤드에서 가끔 이 성음은 우주의 근원, 중성 원리로서의 브라만이라고 하며 명상의 수단으로 이용되었다.

벽강 작품의 각 단계들의 특징에도 불구하고, 이를 관통하는 주제는 '꿈의 에너지'이다. '몽현주기화'라는 이름이 내포하고 있는 대로 작품으로 형상화한 각 단계의 마디의 엮음은 바로 '꿈'이다. 말하자면, 각 단계에 따라 독특한 꿈을 실제로 꾼 것인데 꿈의 인도에 따라서 작품의 세계가 펼쳐졌다고 볼 수 있다.

벽강이 추구하는 세계는 꿈에서 발현되었지만, 다만 몽환적이거나 허황 속에 파묻혀 있지 않다. 선명하고 분명한 실체를 화폭에 등장시키고 있다. 작품 속에는 통합과 융합적인 요소가 곳곳에 어우러져 있다. 경관의 웅장함을 나타내는 고원高遠과 깊음을 드러내는 심원深遠, 넓음을 의미하는 수평시水平視가 한데 뒤섞여 있되 현란하지 않다.

해와 달이 한곳에서 부둥켜안거나 가까이에서 서로를 반영하고 있다. 산과 강이 조응하고 있고, 길과 하늘이 서로를 부르고 있다. 천연의 자연이 있는가 하면, 현대문명의 상징인 자동차가 등장한다. 거시의 거대한 세계가 큰 획을 긋고 있는 한편, 미시의 세세한 시각이 움트고 있다. 빛과 어둠이, 돌출과 함몰이, 장대한 나무와 낮게 깔린 꽃이 한데 어우러져 있다. 매끈한가 하면 오돌토돌하며, 뾰족한가 하면 둥그스름하다. 그런 그의 작품 속에는 극과 극이 존재하지만, 서로서로 스며들고 껴안고 있다. 혼돈이 아니라 찬란하고 강한 에너지를 느낄 수 있다. 상반된 것들을 끌어당기는 우주의 작용을 불러와서 편재된 에너지를 확장하고 극대화한다. 벽강이 창안한 원근 기법인 '배래 기법(우리 전통 복식인 배래 부분의 은은함을 차용한 방식)' 위에 벽화처럼 안착하여 뚜렷하게 각인되는 느낌을 주는 그림의 피사체들은 저마다 고유한 빛깔을 연주하고 있다. 이들 연주가 생기를 불러일으켜서 제각각 현으로 배치되어 결국 큰 하나의 악기로 재탄생해서 광활하게 연주하는 우주의 교향곡이 되는 것이다.

생존해 있는 화가인 벽강의 작품을 여기에 옮기는 이유는 다음 세 가지 때문이다.

첫째, 벽강의 몽현주기화 화풍은 꿈의 에너지를 담아 독특하게 창안한 그만의 화풍이지만, 이 화풍 안에는 한국화의 진수眞髓가 담겨 있다. 한국화의 가장 기본적인 요소인 붓, 한지(화선지)를 사용하여 선線을 통해 표현하고 있기 때문이다. 한지韓紙는 우리나라 고유의 제조법으로 만든 종이를 말하며, 닥나무 껍질 따위의 섬유를 원료로 한다. 한지의 특징인 번지고 스며드는 원리를 사용해서 삶과 꿈을 조화롭게 풀어내고 있다. 한지 위에는 과거와 현재와 미래가 공존하고 3차원과 그 이상의 차원이 공생하여 새로운 시간과 공간인 꿈을 형상화 하고 있다.

둘째, 벽강은 가장 한국적이면서도 가장 현대적인 작가다. 전통 수묵화의 먹과 선으로 표현하는 데에서 머무르지 않고 과감하고 도전적으로 색채를 쓰되 한국적인 오방색으로 화 려한 듯하나 소박하게, 진중한 듯하나 가볍게, 채워진 듯하나 비워가면서 표현하고 있다. 이로써 벽강은 전통문화와 예술 의 맥을 오늘날까지 끈끈하고 웅숭깊게 이어주는 역할을 하 고 있다.

셋째, 벽강은 우리나라의 아름다움을 날로 발전시켜나가는 작가다. 우리 민족의 정서를 '사랑'에 두고 맺히고 아픈 고리 를 풀고 굽이굽이 넘어 큰 강과 바다로 어우러져가는 깊은 의 미를 작품으로 승화시키고 있다. 또한, 한국적인 원근법을 창 안한 '배래 기법'을 주로 '한글'의 자모로 표현하기도 하고 그 림 속에 한글을 넣거나 한글과 관련한 입체 작품을 제작하기 도 하는 등 적극적으로 우리의 고유한 미를 작품에 담아내고 있다.

벽강의 2020년 작품 〈무궁-소리(움)-춤추는 둥근 호흡〉을 보자. 배래 기법으로 표현한 한글의 자음이 은은하게 비치고 있다. 가장 한국적인 장소를 그대로 들어 올려 행성과 항성들이 곳곳에 놓여 있는 우주로 보냈다. 그 안에 인간의 형상이 있지만, 사유할 수 있는 어떤 외계 혹은 다른 차원의 존재로 보아도 무방할 것이다. 음과 양이 한데 어우러져 태극을 이루는 곳에 한 사람이 있다. 그 위로는 붉은 해와 하얀 달이, 혹은 하얀 해와 붉은 달이 끊임없이 대극으로, 대극의 반전을 거듭하다가 다시 융합을 이룰 기세로 놓여있다. 번지고 스며들고 흘러가는 것들은 화폭에 있는 모든 존재들의 '기운' 때문이다. 서로 당기고 슬쩍 놓아주기도 하는 조화들이 우주의 에너지를 그대로 담아내고 있다. 그리하여 존재하고 있는 모든 이들은 함께 호흡하고 무경계를 이루며 하나가 된다. 이 물리적인 우주의 공간은 저 멀리 존재하는 알 수 없는 곳에 대한 동경만을 의미하지 않는다. 이 공간이 그대로 마음으로 들어오게 된다. 극도의 확장과 밀집된 축소가 함께 일어나는 불가사의한 현상이 마치 에피파니(Epiphany, 신의 현현)처럼 다가온다. 이는 꿈이면서 동시에 실재이다. 이 모든 것이 우주의 호흡, 즉 둥근 호흡으로 인해 하나를 이룬다.

심상 시 치료 기법으로서 무궁-소리(옴)-춤추는 둥근 호흡

순서 ————————————————————————

1   아래에 나오는 벽강의 작품 〈무궁-소리(옴)-춤추는 둥근 호흡〉을 감상한다. 치료사는 그림의 색깔이 원작품 그대로 나와 있는 파일을 구해서 내담자에게 제시한다.

2   작품에 대한 느낌을 한 단어로 포착하고, 그 이유를 적는다.

3   2에서 적은 글을 함께 충분히 나눈다.

4   작품 안의 가장 중심에 보이는 원 안의 사람의 형상에 초점을 맞춰서 어떤 느낌인지 나눈다. 그리고 잠시 후 눈을 감고 이 안으로 들어가서 이 자리에 내가 있을 것이라고 미리 알린다.

5   다음 심상 시 치료 멘트대로 행한다.

(눈을 감고 간단한 복식호흡과 이완을 한 후 진행한다.)
나는 지금 〈무궁-소리(옴)-춤추는 둥근 호흡〉이라는 작품 앞에 있습니다. 잠시 후, 셋을 세면 작품 속 가장 중앙의 자리에 들어가게 됩니다. 셋을 세겠습니다. 하나, 둘, 셋! ……

나는 지금 작품 안에 있습니다. 주위를 둘러보시기 바랍니다. 어떤 느낌이 드는지 고스란히 느껴보시기 바랍니다. …… …… …… 나는 지금 우주의 에너지를 그대로 받고 있습니다. 그것은 내 마음의 중심에 있는 빛이기도 합니다. 내 안의 빛으로 연결된 우주의 에너지가 지금 나에게 어떤 말을 들려주고 있습니다. 마음의 빛이 하는 메시지를 그대로 들어보시기 바랍니다. 그리고 나도 함께 대화를 나눕니다. 어떤 대화가 오고 가는지 들어보시기 바랍니다. …… …… …… 자, 이제 대화를 마무리 짓습니다. …… …… 자, 이제 지금, 현재의 느낌을 그대로 간직한 채 셋을 세고 눈을 뜹니다. 하나, 둘, 셋!

6   심상 시 치료 멘트대로 행하고 나서의 느낌과 마음의 빛과 나눈 대화를 그대로 적는다. 혹시 아무것도 떠오르지 않았다면, 눈을 뜬 채 멘트대로 장면을 상상해서 적는다.

7   6에서 적은 글을 함께 충분히 나눈다.

치유 효과

벽강의 작품 속에 나오는 우주의 기운과 마음의 빛을 연결 지

어 내면의 근원적인 힘을 체득하고 삶의 조화를 위한 내면의
메시지를 들음으로써 궁극적으로 영혼의 성장을 위한 긍정적
자극을 체험할 수 있다. 심상 시 치료의 과정 중 '마음의 빛'
단계에 적합하다.

품앗이

품앗이의 치유 비평

품앗이는 서로 일을 거들어주면서 상호 교류하는 노동을 말한다. '품아이', '품바꾸이' 등으로 바꿔 부르는 곳도 있다. 특히 함경도 지방에서는 '돌레', '돌개', '품들이'라고 하였으며 평안도에서는 '품바꿈'이라고도 불렀다. '품'은 어떤 일에 드는 힘이나 수고를 뜻하는 순우리말이다. '앗이'는 받고 갚는다는 의미이다. 품앗이는 더불어 살아가는 조화로운 삶에서 생겨난 자연스러운 우리나라의 풍습이다. 두레보다는 규모가 작고 단순한 일에서 주로 이루어졌고 개인적인 교류에 활용되었다. 한 가족의 부족한 노동력을 해결하기 위해 현명하고 지혜롭게 다른 가족의 노동력을 빌려 쓰고, 그것을 또 갚는 형태로 더불어 사는 것이다. 주로 가래질하기, 모내기, 물대기, 김매기, 추수, 풀베기, 지붕의 이엉 엮기, 퇴비 만들기, 길쌈하기와 같은 농촌 생활에서 활용했으며, 관혼상제 등 집안의 큰 행사 때도 품앗이를 주로 했다.

두레가 촌락공동체 단위의 집단적인 규모의 공동 노동이라면, 품앗이는 개인적인 교분으로 맺어진 촌락 내의 소집단 구성원 간에 이뤄지는 공동 노동이다. 친지, 이웃 간에 품앗이를 하는 경우가 대부분이었다. 이런 활동이 이뤄질 수 있는 이유는 상생을 바탕으로 한 의리와 정 때문이었다. 서로 돕고 살아야 한다는 관념과 힘들 때 얼마든지 도와줄 수 있다는 믿음이 품앗이를 가능하게 하였다. 또한, 도움을 받은 대상에게 다시 도움으로 되갚는다는 마음은 인성을 베풀고 나누고 드리우는 과정이라고 할 수 있다. 품앗이는 시기와 계절을 가리지 않고 이루어졌으며, 직업의 종류와도 상관없이 수시로 행해졌다. 자작농, 소작농, 머슴들이 한마음으로 조화를 이뤄서 자발적으로 행했으며 품삯을 받지 않음으로써 서로의 나눔을 아름답게 지속할 수 있었다. 현대에 이르러 품앗이의 양상은 많이 변화된 것이 사실이지만, 품앗이의 정신은 면면하게 이어져 내려오고 있다.

　'품앗이'라는 우리나라 전통의 아름다운 풍습이 존재하고 있다는 것만으로도 사람이 살 만한 세상이라고 여길 수 있다. 현대의 각박한 상황에서 안타깝게도 이 풍습이 원형 그대로 지속할 수는 없다. 하지만 한국인이라면 누구나 '품앗이'라는 말을 알고 있을 정도로 '품앗이'의 정신은 이어져 내려오고 있다. '품앗이'라는 말이 주는 의미는 다음 세 가지의 심리적 작용을 일으킨다.

　첫째, 사람은 혼자이면서, 결국 혼자가 아니라는 것이다. 이 모순적인 말은 사실 그대로이다. 누구나 존재론적으로 볼 때, 혼자이고 외로운 것이 당연하다. 그러다 보니 힘들 때 아무도 도와줄 사람이 없다고 생각하기 쉽지만, 사실 그것은 도움의 손길을 스스로 차단해서이다. 시도 때도 없이 타인에게 의존하라는 것이 아니다. 다만 도움이 절실하게 필요할 때는 도와달라고 요청할 줄 알아야 한다. 도움을 받은 대로 나도 되돌려주겠다는 건강한 상호호혜의 마음으로 손을 내밀 때, 그 손을 잡는 누군가가 나타날 것이다. 결국 사람은 타인과 어울려서 조화롭게 살아갈 수밖에 없다.

둘째, 누구나 힘들 때가 있다는 보편적 사실을 깨닫는 것이다. 살아나가는 것은 고역이다. 그것은 생명을 유지하기 위해서 엔트로피 법칙을 거슬리는 가역적 반응을 매일같이 행해야 하기 때문이다. 그렇다고 해도 결국은 엔트로피 법칙에서 벗어날 수 없지만, 살아 있는 한 지속적인 '힘'이 가해질 수밖에 없다. 혼자서 해낼 수 없다는 사실을 스스로 깨닫게 될 때, 부족한 자신을 솔직하게 인정하며 도움을 청할 수 있다. 우리는 대개 자신이 충분히 일어설 수 있다는 자만심에 빠져 있다가 상황상 그렇게 되지 못할 때 수치심을 느끼며 자기 안으로 웅크리게 된다. 자만심이나 수치심 모두 영혼을 갉아먹는 행위이다. 인간은 누구나 힘들 때가 있고, 혼자 견디기에는 힘에 부칠 때가 있다. 인간적인 것이 가장 자연스럽고 건강하다. 품앗이는 그런 인간의 향기를 자연스럽게 드러나게 한다.

셋째, 더불어 살아가는 조화로운 삶을 알아차리는 것이다. 혼자 하면 잘할 것 같지만, 경우에 따라서는 전혀 그렇지 않을 때가 있다. 머리를 맞대고 해야 하는 일들이 분명히 있기 마련이다. 인간이 사회를 이루고 있는 궁극적인 이유도 바로 그 때문이다. 나와 다른 숱한 사람들이 다양한 마음과 생각과 관점으로 보고 이해하고 접근하고 해결해가면서 지식과 지혜를 쌓아가는 것이다. 품앗이를 하면서 서로의 노동뿐만 아니라 오고 가는 정겨운 격려, 서로를 위해 흘리는 땀, 믿음으로 나누는 눈빛, 수고 많았고 감사하다고 나누는 인사에서 그러한 조화로운 상생의 힘을 체득할 수 있다.

심상 시 치료 기법으로서 품앗이

순서 ────────────────────────────

1   품앗이에 대해 나눈다. 특히 품앗이의 정신, 마음을 중심으로 나눈다.

2   품앗이에 대한 느낌을 나눈다.

3   '내 삶의 품앗이' 하면 떠오르는 것을 한 단어로 나타내고 그렇게 쓴 이유를 적는다. '내 삶의 품앗이'란 대가를 바라지 않고 아낌없이 베푼 경우를 말한다. 혹시 기억나지 않는다면, 그렇게 베풀 만한 대상을 떠올리고 무조건적으로 베푸는 경우를 상상해서 한 단어로 나타내고 그렇게 쓴 이유를 적는다.

4   3에서 적은 글을 함께 충분히 나눈다.

5   다음 심상 시 치료 멘트대로 행한다.

(눈을 감고 간단한 복식호흡과 이완을 한 후 진행한다.)

나는 기꺼이 내 마음을 줄 수 있는 헌신의 마음을 가지고 있습니다. 내가 준 것에 대해 어떤 대가나 이익을 바라지 않고 그저 베풀려고 합니다. 지금, 이 순간, 누군가를 떠올려봅니다. 내가 오로지 베풀고자 하는 한 대상, 한 존재입니다. …… 지금, 그 존재가 내 앞에 있습니다. 나는 내 마음을 보냅니다. 내가 줄 수 있는 마음을 아무런 대가를 바라지 않고 보냅니다. 헌신하는 마음으로 보냅니다. 이 존재가 나에게 무언가 말을 합니다. 어떤 말을 하는지 들어보시기 바랍니다. 이어서 나와 자연스럽게 대화를 나눕니다. 어떤 대화를 나누는지 그대로 들어보시기 바랍니다. …… …… …… 이제 대화를 마무리 짓습니다. 작별 인사를 합니다. …… …… 나는 언제, 어디서나, 지금처럼 이 마음을 이 존재한테 보낼 수 있습니다. 이제 셋을 세면, 이 느낌을 그대로 간직한 채 눈을 뜹니다. 하나, 둘, 셋!

6 심상 시 치료 멘트대로 행하고 나서 떠올린 존재와 나눈 대화와 느낌을 적는다. 혹시 떠올리지 않았다면, 눈을 뜬 채 멘트대로 장면을 상상해서 적는다.

7 6에서 적은 글을 함께 충분히 나눈다.

치유 효과

주고받는다는 품앗이의 의미를 끌어와서 먼저 줄 수 있는 헌신의 마음을 냄으로써 성장한 자기 자신을 깨닫고 자각하고 세상과 원활한 소통을 이뤄낼 수 있다. 심상 시 치료의 과정 중 '마음의 빛' 단계에 적합하다.

03

한글의 치유 비평

한글은 세계의 여러 문자들 중에서 가장 과학적이고 신비로운 문자라고 할 수 있다. 세계 문자들 가운데 유일하게 한글만이 그것을 만든 사람, 반포일, 글자를 만든 원리까지 알 수 있기 때문이다. 그래서 국보 제70호인 『훈민정음해례본』은 1997년 10월, 유네스코 세계기록유산으로 등재되었다. '한글'이라는 이름은 1910년대 초, 주시경 선생을 비롯한 한글 학자들에 의해 사용되기 시작했다. '한'은 순우리말로 '크다'

는 것을 뜻하니 한글은 '큰 글'을 뜻한다.

『훈민정음해례본』은 세종이 직접 서문을 쓰고 정인지 등의 학자들로 하여금 글자에 대한 설명을 적게 한 책으로 1446년 세종의 명으로 간행된 주석서이다. 전권 33장 1책이며 목판본이다. 훈민정음은 크게 '예의'와 '해례'로 나뉘어 있다. 예의는 세종이 직접 지었는데 한글을 만든 이유와 한글의 사용법을 간략하게 설명한 글이다. 해례는 성삼문, 박팽년 등 세종을 보필하며 한글을 만들었던 집현전 학사들이 한글의 자음과 모음을 만든 원리와 용법을 상세하게 설명한 글이다. 한글 창제 원리가 밝혀져 있는 예의와 해례가 모두 실려 있는 훈민정음 정본인 『훈민정음해례본』이 1940년경 안동 어느 고가에서 발견되어 비로소 알려지게 되었다. 이에 관한 눈물겨운 노력이 있어서 잠시 소개해본다.

간송 전형필 선생은 1940년대 초기에 이미 우리나라를 넘어 동북아시아까지 이름을 알린 대수장가였다. 간송은 김태준이라는 한 사회주의 국문학자로부터 해례본의 실존 소식을 접한다. 당시 일제에게는 민족주의와 사회주의는 타파해야 할 대상이었다. 게다가 조선어 말살 정책을 펴던 일본에게는 『훈민정음해례본』은 없애야 할 존재였다. 더군다나 간송은 문화적 민족주의로 이름난 인사였고 김태준 역시 일제의 입장에서는 경계의 대상이었다. 간송은 위험을 무릅쓰고 『훈민정음해례본』을 찾는 데 사활을 걸었고, 마침내 품에 안을 수 있었다. 그는 조선어학회 간부들을 불러 한글 연구를 위해 영인본을 만들며 세상에 공개했다. 이로 인해 한글은 인체 발음기관을 상형화해서 만들어졌다는 사실이 정확하게 알려졌다. 발음기관을 본떠서 만든 최초의 언어이자 일반 대중을 위하여 기획하여 언어를 창제했다는 의의도 세계 최초의 일인 것이다. 이로써 한글의 세계관과 가치는 유일하고 최고라는 사실을 알 수 있다.

한글은 발성기관이나 소리 나는 모습을 가지고 만들었기 때문에 쉽게 읽고 쓸 수 있다. 자음의 기본은 'ㄱ·ㄴ·ㅁ·ㅅ·ㅇ'이고, 이 다섯 글자에서 더하거나 포개어서 다른 글자가 나와 있다. 모음은 점(ㆍ) 하나와 작대기 두 개(ㅡ ㅣ)가 기본이다. 복잡하기 그지없는 언어에서 단지 이 세 가지로 표현할 수 있다는 사실만으로도 훌륭하다는 말밖에 할 수 없을 것이다. 'ㆍ, ㅡ, ㅣ'에는 각각 '하늘', '땅', '사람'을 뜻하는 우주와 땅, 인간의 생성 원리를 담고 있다. 한글은 이렇게 간단한 모음 체계로 가장 많은 모음을 만들어낼 수 있는 특징이 있다. 이렇게 위대한 한글이 국문으로 공식적인 인정을 받은 것은 반포 450년 후인 갑오경장(1894년~1896년) 때의 일이었다.

각고의 노력 끝에 한글의 창제 원리를 밝힌 책으로 증명되어 세상에 널리 알려지게 된 것이다.

한글의 아름다움은 알면 알수록 오묘하고 깊다. 하지만 정작 우리나라 사람들의 대부분은 다른 나라의 언어를 배우면서 한글의 귀중함을 모르고 있거나 외면하기 일쑤다. 더군다나 올바른 언어 습관을 들이지 않고 욕설과 비속어, 인터넷 신조어 등으로 한글이 가진 원래의 의미를 망가뜨리기도 한다. 이 모든 것에 대한 적극적인 대책이 필요하다. '언어 습관'으로 망가진 것은 역시 '언어 습관'으로 고쳐야만 한다. 습관은 생활 속에 그대로 배어 있고 삶에 스며들어 결국 성격을 형성하기 때문이다. 더군다나 언어는 '힘'을 가지고 있다. 말을 통해 의미가 연결되며, 그 의미는 의식과 잠재의식 모두를 자극하기 때문이다. 언어의 '힘'으로 자기도 모르는 사이에 자신이 말한 대로 되어가는 것을 살아가면서 불현듯 깨닫게 된다. 혹은 그렇게 굳어진 습관이 자신한테 있는 것도 모른 채 살아가다가 부정성에 휩쓸려버려 어찌하지 못하고 계속 부정의 기운 속에 머무른 채 살아가기도 한다. 단언하자면, 치유로서의 삶은 '언어 습관'의 변화로 인해 일어난다. 각자가 사용하는 말은 마음, 감정, 생각, 의지, 의식들의 복합적인 작용에 의해 나온다. 말은 의사소통의 수단일 뿐만 아니라

보이지 않는 영혼의 소통까지 가능하게 하는 엄청난 위력을 지니고 있다.

습관을 수정하고 고치는 일은 쉽지 않다. 그만큼 절실한 이유가 있고 노력이 있어야 가능하다. 생명이 존재하기 위해 반엔트로피의 원리가 필요한 것처럼 끊임없이 가다듬어야 한다. 올바른 습관이 형성되었다면, 거기에서부터 완만한 평지와 아름답고 광활한 대지의 기운을 느낄 수 있다. 한번 습관을 들이거나 바꾸는 것이 힘들어서 그렇지, 긍정적으로 변화한 것을 자주 쓰다 보면 거기에서 나오는 에너지는 생명을 살게 하는 원동력이 될 것이다.

바람직한 언어 습관은 캠페인을 통해서, 교육을 통해서 이뤄질 수도 있겠지만, 더욱 중요한 것은 개인적인 체험이다. 한글의 우수성을 아무리 부르짖어도 당장 진학과 취업에 급급해서 외국어를 더 중요하게 여기는 그 말이 귀에 들릴 리없다. 한글의 아름다움은 내면 깊이 한글의 힘을 체득할 때이뤄질 수 있을 것이다. 직접적인 내면의 효과를 알아차리기위해 다음과 같은 심상 시 치료 기법을 활용하고자 한다.

심상 시 치료 기법으로서 한글

순서

1   위에서 제시한 글을 토대로 '한글'의 아름다움에 대한 이야기를 간략하게 나눈다.

2   평상시 '한글'을 어떻게 느끼는지, 어떻게 생각하는지 솔직하게 얘기를 나눈다.

3   '내가 좋아하는 글자, 내가 싫어하는 글자', '내가 좋아하는 말, 내가 싫어하는 말'에 대해 종이에 적는다.

4   3에서 적은 글을 함께 충분히 나눈다.

5   새 종이를 반으로 접어서 왼쪽에 평상시 내가 많이 쓰는 말, 입으로 내뱉는 말이든 속으로 하는 말이든 간에 자주 쓰는 말을 세 가지 정도 적는다.

6   5의 종이 오른쪽에 들으면 에너지가 되는 말 한 가지를 적는다. 이때 물리적인 것(예를 들어 어디로 놀러 가자, 맛있는 것을 먹자, 무엇을 사줄게)이 아니라 자기 자신에게 할 수 있는 정신적인 긍정의 메시지를 적게 한다.

7   6에 적은 말을 내담자와 함께 나누면서 그 말을 내담자 스스로 세 번 소리 내어 자신에게 들려주도록 한다.

8   5와 6에 적은 글을 펼쳐서 글자가 같은지 다른지 스스

로 보게 한다. 같다면 응원을 해주고, 다르다면 언어 습관을 6으로 바꾸게 해서 평상시 많이 쓰는 말이 6이 될 수 있도록 의지를 북돋아준다.

9   참여한 느낌과 생각을 충분히 나눈다.

치유 효과

평상시 내가 좋아하고 싫어하는 글자, 말, 현재 많이 쓰는 말을 파악함으로써 자신의 내면을 탐색할 수 있으며, 에너지가 되는 말을 알아차리고 이를 습관적으로 씀으로써 내면의 힘을 증진시킬 수 있다. 심상 시 치료의 과정 중 '내면 진입' 단계에 적합하다.

마음의 빛 이야기

인간은 흔히 자기 자신을 사랑한다는 착각을 합니다. 혹은 자신을 사랑하지 않는다고 오해하기도 하지요. 이 말이 모순되는 것만큼이나 더 큰 것은 '사랑'의 의미에 대한 혼동입니다. 현대인들은 대부분 사랑을 소유나 성취라고 여기곤 합니다. 흔한 사고방식으로 보자면, 가치판단을 해보고 이득이 되지 않거나 값어치가 없는 것은 사랑하지 않지요. 게다가 사랑을 '자부심'이라 여기고 자신을 치켜세우게 되면 그것을 사랑이라고 생각하기도 합니다. 자신을 비롯해서 자신이 속한 가정이나 사회나 그러합니다. 또는, 하나를 주면 하나를 얻어야만 그것이 사랑을 주고받는 것이라고 여기기도 합니다. 대부분 이것이 사랑이라고 생각하며 살아갑니다. 생각했던 것만큼 사랑이 돌아오지 않으면 좌절하고 낙담하거나 분노에 휩싸이기도 하지요.

진정한 사랑은 어떤 것일까요? 이 명제에 대한 답을 명확하게 찾을 수 있는 유일한 단서가 있습니다. 바로 성경의 고린도전서 13장이지요. 말씀을 그대로 옮겨보겠습니다.

"사랑은 오래 참고 사랑은 온유하며 시기하지 아니하며 사랑은 자랑하지 아니하며 교만하지 아니하며, 무례히 행하지 아니하며 자기의 유익을 구하지 아니하며 성내지 아니하며 악한 것을 생각하지 아니하며, 불의를 기뻐하지 아니하며 진리와 함께 기뻐하고, 모든 것을 참으며 모든 것을 믿으며 모든 것을 바라며 모든 것을 견디느니라, 사랑은 언제까지나 떨어지지 아니하되 예언도 폐하고 방언도 그치고 지식도 폐하리라."

그리고 '사랑'의 귀함을 이렇게 설파하고 있지요.

"내가 사람의 방언과 천사의 말을 할지라도 사랑이 없으면 소리 나는 구리와 울리는 꽹과리가 되고, 내가 예언하는 능력이 있어 모든 비밀과 모든 지식을 알고 또 산을 옮길 만한 모든 믿음이 있을지라도 사랑이 없으면 내가 아무것도 아니요,

내가 내게 있는 모든 것으로 구제하고 또 내 몸을 불사르게 내줄지라도 사랑이 없으면 내게 아무 유익이 없느니라."

이 사랑을 어떻게 이해하고 알 수 있을까요? 13장 9절부터는 이렇게 말하고 있습니다.

"우리는 부분적으로 알고 부분적으로 예언하니 온전한 것이 올 때에는 부분적으로 하던 것이 폐하리라. 내가 어렸을 때에는 말하는 것이 어린아이와 같고 깨닫는 것이 어린아이와 같고 생각하는 것이 어린아이와 같다가 장성한 사람이 되어서는 어린아이의 일을 버렸노라. 우리가 지금은 거울로 보는 것같이 희미하나 그때에는 얼굴과 얼굴을 대하여 볼 것이요 지금은 내가 부분적으로 아나 그때에는 주께서 나를 아신 것 같이 내가 온전히 알리라."

흔히 알고 있듯이 사랑은 나부터 이뤄져야 합니다. 내가 나를 사랑할 수 있어야 상대방도 내가 속한 세상도 사랑할 수 있습니다. 성경에 나와 있는 대로 자랑이나 교만이나 자만은 사랑이 아닙니다. 사랑의 진정한 의미는 인용한 말씀 안에서 이뤄지는 것들이겠습니다. 나를 대입해볼까요? 나 자신을 오래 참고 온유하고 시기하지 않고 자랑하지도 않으며 악한 것을 생각하지 않을 수 있는지요? 그렇다면, 그것은 바로 나를 사랑하고 있는 것입니다. 하지만 아무리 내가 사랑하려고 해도 그 사랑을 이 세상에서 온전히 다 이룰 수는 없습니다. 인간의 힘으로는 여전히 한계에 봉착하고 말지요. 인간이 인간의 한계를 초월할 수는 없을까요? 완벽한 상태를 지속할 수는 없더라도 '온전한' 사랑을 잠시 맛볼 수는 있을 거라고 여겨집니다. 이 땅에 있지만 이 땅에 있는 경계를 놓을 때 우주의 사랑이 흘러들어올 것이기 때문입니다. 그렇지 않다면, 이 희미한 사랑의 실체와 귀함은 육신을 벗고 나서야 비로소 알게 될 것입니다.

끊임없이 스스로 되묻습니다.

나는 과연 나를 사랑하고자 했는가?

내가 속해 있는 문화, 한국의 문화와 예술의 고유성을 다만 자랑하고자 했는가?

이 물음에 대해 겸허해집니다. 서구 문물을 쫓아가는 오래된 습관, 문명 발달에 치중하며 달려가는 세태, 돈에 의해 가치가 매겨지고 평가되는 시대를 살면서 아닌 것은 아니라고 말하고 싶었습니다. 시끄럽게 소리 내면서 말하는 것이 아니라 은은하고 깊은 에밀레종처럼 울리고 싶었습니다. 그런 소망이 있었던 이유는 우리나라 문화와 예술에 대한 깊은 믿음 때문입니다. 우리는 아름다운 문화와 강인한 정신을 가진 훌륭한 민족입니다. 그 모든 소망과 믿음에도 불구하고 지금,

가만히 옷깃을 여밉니다. 다만, 제가 답할 수 있는 것은 우리 문화와 예술에 대한 치유성을 체득할 수 있는 접근으로 '사랑' 즉, '빛'을 전하고 싶었다는 사실입니다. 이 간절한 마음을 낸 것은 지금, 현재, 우리의 현실 때문입니다. 우리 문화를 타문화와 비교하여 폄하하고 수치스러워하거나 생소하게 여기거나 아예 관심이 없는 사람들이 늘어나고 있는 이 현실을 극복해야 한다는 우주적 책임 때문입니다. 그리하여 영혼의 핵심에 언제나, 늘, 항상 존재하는 '마음의 빛'으로 '빛나는 우리 예술과 문화'에 관한 이야기들을 전하는 전령사였을 뿐입니다. 그리하여 나를 이루는 모든 것을 사랑합니다. 이 모든 것은 신이 허락하신 것이기 때문입니다.

고린도전서 13장 13절 말씀을 남깁니다.

그런즉 믿음, 소망, 사랑, 이 세 가지는 항상 있을 것인데 그중의 제일은 사랑이라.

1. 윤선구(2006). 토픽맵에 기초한, 철학 고전 텍스트들의 체계적 분석 연구와 디지털 철학 지식지도 구축 아도르노 〈부정변증법〉-〈철학사상〉 별책 제7권 제21호. 서울대학교 철학사상연구소. 2006.

2. 김춘경, 이수연, 이윤주, 정종진, 최웅용(2016). 상담학사전. 서울: 학지사.

3. 임석진, 윤용택, 황태연, 이성백, 이정우, 양운덕, 강영계, 우기동, 임재진, 김용정, 박철주, 김호균, 김영태, 강대석, 장병길, 김택현, 최동희, 김승균, 이을호, 김종규, 조일민, 윤두병(2009). 철학사전. 서울: 중원문화.

4. 박정혜(2013). 마음의 빛을 찾아서-심상 시치료 이론과 실제-. 서울: 학지사.

5. 김춘수(1999). 시의 이해와 작법. 서울: 자유지성사.

6. 김동규(2009). 하이데거의 사이-예술론. 서울: 그린비.

7. 최천규 외 59인(2014). 학문명백과: 인문학. 서울: 형설출판사.

8. 이부영 역(1996). C. G Jung의 回想, 꿈, 그리고 思想. 아니엘라 야훼 저. 서울: 집문당. [원저 Aniela Jaffé, Erinnerungen Träume, Gedanken von C.G. Jung, 1993].

9. 한국심리학회(2014). 심리학용어사전 http://www.koreanpsychology.or.kr

10. 백영미 역(2013). 의식 혁명. 서울: 판미동. [원저 David R. Hawkins, M.D., Ph. D. POWER VS. FORCE: The Hidden Determinants of Human Behavior, 1995].

11. 박정혜(2018). 아름다운 인성을 위하여-창의인성치유의 이론과 실제-. 파주: 양서원

12. 박정혜(2013). 마음의 빛을 찾아서-심상 시치료 이론과 실제-. 서울: 학지사.

13. 이균형 역(2014). 우주가 사라지다. 서울: 정신세계사. [원저: Gary Renard, 'The Disappearance of the Universe', 2004]

14. 한국심리학회(2014). 심리학용어사전 http://www.koreanpsychology.or.kr

15. 국립중앙박물관. e뮤지엄 http://www.emuseum.go.kr/

16. 유네스코 인류무형문화유산 http://www.unesco.org/

17. 국립중앙박물관. e뮤지엄 http://www.emuseum.go.kr/

18. 한국민족문화대백과 http://encykorea.aks.ac.kr/

19. 두산백과 http://www.doopedia.co.kr

20. 한국민족문화대백과 http://encykorea.aks.ac.kr/

21. 한국민족문화대백과 http://encykorea.aks.ac.kr/

22. 국립국악원 http://www.gugak.go.kr

23. 한국민족문화대백과 http://encykorea.aks.ac.kr/

24. 허동화(2006). 우리규방문화. 서울: 현암사.

25. 정동효, 윤백현, 이영의(2012). 차생활문화대전. 서울: 홍익재.

26. 한국민족문화대백과 http://encykorea.aks.ac.kr/

27. 매경닷컴 http://www.mk.co.kr

28. 한국민족문화대백과 http://encykorea.aks.ac.kr/

29. 표시정(2012). 전래동화보다 재미있는 한국사 100대 일화. 서울: 삼성출판사.

30. 윤열수(2010). 신화 속 상상동물 열전. 서울: 한국문화재재단.

31. 한국민족문화대백과 http://encykorea.aks.ac.kr/

32. 두산백과 http://www.doopedia.co.kr

33. 한국민속신앙사전: 마을신앙 편 http://folkency.nfm.go.kr/kr/dic/3/ summary.

34. 두산백과 http://www.doopedia.co.kr

35. 백영미 역(2013). 의식 혁명. 서울: 판미동. [원저 David R. Hawkins, M.D., Ph. D. POWER VS. FORCE: The Hidden Determinants of Human Behavior, 1995].

36. 한국민족문화대백과 http://encykorea.aks.ac.kr/

37. 두산백과 http://www.doopedia.co.kr

38. 한국민족문화대백과 http://encykorea.aks.ac.kr/

39. 한국사전연구사 편집부(1994). 국어국문학자료사전, 서울: 한국사전연구사.

40. 김왕직(2007). 알기 쉬운 한국건축 용어사전. 파주: 동녘.

41. 성환길, 박민희, 장광진(2008). 우리 산야에 자생하는 약용식물 하. 고양: 푸른행복.

42. 한국민족문화대백과 http://encykorea.aks.ac.kr/

43. 한국일생의례사전 http://www.nfm.go.kr.

44. 한국민족문화대백과 http://encykorea.aks.ac.kr/

45. 허동화(2006). 우리규방문화. 서울: 현암사.

46. 김용만(2001). 인물로 보는 고구려사. 서울: 창해.

47. 한국민족문화대백과 http://encykorea.aks.ac.kr/

48. 가스펠 서버(2006). 라이프 성경사전. 서울: 생명의말씀사.

49. 백영미 역(2013). 의식 혁명. 서울: 판미동. [원저 David R. Hawkins, M.D., Ph. D. POWER VS. FORCE: The Hidden Determinants of Human Behavior, 1995].

50. 두산백과 http://www.doopedia.co.kr

51. 두산백과 http://www.doopedia.co.kr

52. 한국민족문화대백과 http://encykorea.aks.ac.kr/

53. 허동화(2006). 우리규방문화. 서울: 현암사.

54. 김우종 역(2009). 감응력. 서울: 정신세계사. [원저 Frequency 2009].

55. 세종대왕기념사업회(1972). 태조강헌대왕실록 1권 디지털자료.

56. 한국민족문화대백과 http://encykorea.aks.ac.kr/

57. 한국향토문화전자대전 http://www.grandculture.net/

58. 중앙선데이.(2011. 6. 26. 기사). "의학 발달로 죽을 사람도 살려 임사체험자 최근 두 배 급증" https://news.joins.com/article/5692720

59. 유네스코 인류무형문화유산 http://www.unesco.org/

60. 박정혜(2018). 아름다운 인성을 위하여-창의인성치유의 이론과 실제-. 파주: 양서원.

61. 한국민족문화대백과 http://encykorea.aks.ac.kr/

62. 한국민족문화대백과 http://encykorea.aks.ac.kr/

63. 세계한민족문화대전 www.okpedia.kr

64. 황소연 역(2011). 호오포노포노의 비밀. 서울: 판미동. [원저: Joe Vitale, lhaleakala Hew Len, Ph. D., ZERO LIMITS : The Secret Hawaiian System for Wealth, Health, Peace and More, 2007]

65. 한국민속문학사전 설화 편 http://folkency.nfm.go.kr/munhak/index.jsp

66. 두산백과 http://www.doopedia.co.kr

67. 최정수역(1994). 마크툽. 서울: 자음과 모음. [원저 Paulo Coelho. 'MAKTUB', 1994].

68. 김왕직(2007). 알기 쉬운 한국건축 용어사전. 파주: 동녘.

69. 임석재, 장주근(1965). 관북지방무가. 서울: 문화재관리국.

70. 한국민속문학사전 설화 편 http://folkency.nfm.go.kr/munhak/index.jsp

71. 한국민족문화대백과 http://encykorea.aks.ac.kr/

72. 두산백과 http://www.doopedia.co.kr

73. 국립중앙박물관. e뮤지엄 http://www.emuseum.go.kr/

74. 국립중앙박물관. e뮤지엄 http://www.emuseum.go.kr/

75. 한국민속예술사전 : 민화 http://www.nfm.go.kr

76. 생화학백과. 생화학분자생물학회 http://ksbmb.or.kr.

77. 박정혜(2021). 벽강 작품의 치유 비평과 활용 방안. 인문사회21, 제12권 1호.

이미지 출처

- 지혜 : 행주치마(사진-김하성), 강강술래(유네스코와 유산), 똬리(그림-벽강 류창희)

- 자애 : 반가사유상(국보 83호 반가사유상-국립중앙박물관), 골무(그림-벽강 류창희), 덕담

- 용기 : 대문놀이(그림-벽강 류창희), 옹헤야(그림-벽강 류창희), 연날리기(그림-벽강 류창희)

- 절제 : 보자기(비움 박물관), 세한도(추사 김정희-국립중앙박물관), 차(사진-김하성)

- 정의 : 단군(그림-벽강 류창희), 유관순(유관순 열사의 표준영정), 흰 소(이중섭)

- 초월 : 고수레(그림-벽강 류창희), 솟대(사진-김하성), 정화수(비움 박물관)

- 사랑 : 달항아리(보물 제1437호-국립중앙박물관), 봉선화(사진-이민룡), 약손(그림-벽강 류창희)

- 중립성 : 담(사진-김하성), 오동나무, 장독(그림-정미화)

- 자발성 : 명당(사진-김하성), 복조리(그림-벽강 류창희), 줄타기(기산(箕山) 김준근(金俊根)의 줄타기(명지대학교 LG연암문고 소장))

- 수용 : 공무도하가(그림-벽강 류창희), 조각보(사진-최선호), 진달래꽃(그림-벽강 류창희)

- 이성 : 온달과 평강공주, 사랑방(구례 운조루 고택 중 사랑채-한국민족문화대

백과), 절(그림-벽강 류창희)

- 기쁨 : 마당(사진-김하성), 복주머니(그림-벽강 류창희), 부채(그림-벽강 류창희)
- 평화 : 엄마야 누나야, 정자(사진-김하성). 풍경(사진-김하성)
- 깨달음 : 상엿소리(사진-김하성), 아리랑. 까치밥
- 포용 : 고주몽, 자장가. 따오기
- 용서 : 나룻배와 행인(그림-벽강 류창희), 불국사(경주 불국사 대웅전 정면-한국민족문화대백과), 처용(무형문화재 제39호 처용탈)
- 극복 : 댓돌(사진-김하성), 바리데기, 해와 달이 된 오누이(그림-벽강 류창희)
- 해학 : 도깨비(그림-벽강 류창희), 민화 속 호랑이(비움 박물관), 하회탈(사진-김하성)
- 조화 : 무궁-소리(옴)-춤추는 둥근 호흡(그림-벽강 류창희), 품앗이, 한글(훈민정음 해례본, 세종 28년(1446년) 국보 70호-간송미술관 소장)

우리 문화 예술 속에 담긴
치유의 빛

초판 1쇄 인쇄 2021년 3월 18일
초판 1쇄 발행 2021년 3월 25일

지은이 · 박정혜

펴낸이 · 최현선
편집 · 김현주
마케팅 · 손은혜
디자인 · 霖design 김희림
제작 · 제이오

펴낸곳 · 오도스 | 출판등록 · 2019년 7월 5일 (제2019-000015호)
주소 · 경기도 시흥시 배곧4로 32-28, 206호 (그랜드프라자)
전화 · 070-7818-4108 | 팩스 · 031-624-3108
이메일 · odospub@daum.net

ISBN 979-11-968529-9-3(03180)

odos 마음을 살리는 책의 길, 오도스